Kohlhammer

Die Herausgebenden

Dr. Douglas Yacek ist Dozent für Ethik und Interkulturelle Kompetenz an der Hochschule für Polizei und öffentliche Verwaltung NRW sowie wissenschaftlicher Mitarbeiter an der TU Dortmund.

Dr. Julia Lipkina ist Erziehungswissenschaftlerin, Pädagogin und Coach und arbeitet derzeit als pädagogische Mitarbeiterin beim Bildungswerk in Bad Homburg.

Douglas Yacek, Julia Lipkina (Hrsg.)

Unterricht jenseits der Kompetenzorientierung

Lehr- und Lernansätze für mehr Bildung

Verlag W. Kohlhammer

Dieses Werk einschließlich aller seiner Teile ist urheberrechtlich geschützt. Jede Verwendung außerhalb der engen Grenzen des Urheberrechts ist ohne Zustimmung des Verlags unzulässig und strafbar. Das gilt insbesondere für Vervielfältigungen, Übersetzungen, Mikroverfilmungen und für die Einspeicherung und Verarbeitung in elektronischen Systemen.

Die Wiedergabe von Warenbezeichnungen, Handelsnamen und sonstigen Kennzeichen in diesem Buch berechtigt nicht zu der Annahme, dass diese von jedermann frei benutzt werden dürfen. Vielmehr kann es sich auch dann um eingetragene Warenzeichen oder sonstige geschützte Kennzeichen handeln, wenn sie nicht eigens als solche gekennzeichnet sind.

Es konnten nicht alle Rechtsinhaber von Abbildungen ermittelt werden. Sollte dem Verlag gegenüber der Nachweis der Rechtsinhaberschaft geführt werden, wird das branchenübliche Honorar nachträglich gezahlt.

Dieses Werk enthält Hinweise/Links zu externen Websites Dritter, auf deren Inhalt der Verlag keinen Einfluss hat und die der Haftung der jeweiligen Seitenanbieter oder -betreiber unterliegen. Zum Zeitpunkt der Verlinkung wurden die externen Websites auf mögliche Rechtsverstöße überprüft und dabei keine Rechtsverletzung festgestellt. Ohne konkrete Hinweise auf eine solche Rechtsverletzung ist eine permanente inhaltliche Kontrolle der verlinkten Seiten nicht zumutbar. Sollten jedoch Rechtsverletzungen bekannt werden, werden die betroffenen externen Links soweit möglich unverzüglich entfernt.

1. Auflage 2025

Alle Rechte vorbehalten
© W. Kohlhammer GmbH, Stuttgart
Gesamtherstellung: W. Kohlhammer GmbH, Heßbrühlstr. 69, 70565 Stuttgart
produktsicherheit@kohlhammer.de

Print:
ISBN 978-3-17-043645-9

E-Book-Formate:
pdf: ISBN 978-3-17-043646-6
epub: ISBN 978-3-17-043647-3

Inhaltsverzeichnis

1   Kompetenzorientierung und die Eklipse des schulischen
    Bildungspotenzials. Eine Einleitung 7
    Douglas Yacek & Julia Lipkina

Teil I: Das umfassende Bildungspotenzial der Schule

2   Erziehender Unterricht mit Bildungsanspruch 15
    Thomas Rucker

3   Unterrichten mit Deeper Learning 27
    Michael Veeh

4   Von der Entdeckung der Resonanzpädagogik 42
    Wolfgang Endres

5   Schule als paradoxer Inklusionsraum. Umrisse einer
    konstellativen Bildungspraxis 52
    Pierre-Carl Link

Teil II: Lehr- und Lernansätze jenseits der Kompetenzorientierung

6   Demokratiebildung jenseits der Kompetenzorientierung? 73
    Michael May

7   Kontroverse Themen unterrichten – Über die Bildung von
    Welt- und Menschenbildern 87
    Marieke Schaper

8   Müll – Welterfahrung und Verhaltensänderungen durch
    Umweltbildung. Potentiale einer Kooperation zwischen
    Schulen und außerschulischen Lernorten 104
    Sarah Prinz & Henning Schluss

9	**Kontrafaktizität und Kontingenz. Zum Konstitutionsproblem der Unterrichtsforschung** .... *Frank Beier*	**118**
10	**Transformationen im Unterricht? Bildende Erfahrungen im Unterricht empirisch erforschen** .... *Julia Lipkina & Douglas Yacek*	**132**

Verzeichnisse

Die Autorinnen und Autoren **147**

1 Kompetenzorientierung und die Eklipse des schulischen Bildungspotenzials. Eine Einleitung

Douglas Yacek & Julia Lipkina

Wie der Unterricht heutzutage auszusehen hat, wird maßgeblich von einem neuen Paradigma pädagogischen Denkens bestimmt (vgl. Klieme, 2003; Weinert, 2001). Gemäß den Anforderungen und Ansprüchen des kompetenzorientierten Unterrichts werden Lehrer*innen damit beauftragt, fach- und lebensrelevante Fähigkeiten und Kenntnisse im Klassenzimmer zu fördern, die den Lernenden zur Bewältigung komplexer Problemstellungen im Leben und Beruf verhelfen sollen. Solche Kompetenzen umfassen komplexe Dispositionen zum Denken und Handeln, die über einen engen Zusammenhang mit der Handlungsfähigkeit und dem strategischen Entscheidungsvermögen des Individuums verfügen sollen. Kompetenzen begleiten und, im besten Fall, bereichern das (spätere) Handeln der Lernenden, sodass ihre gemeinsamen ebenso wie individuellen Vorhaben in wirksame Problemlösestrategien und Kooperationsformen gelenkt werden können (vgl. Klieme, 2003, S. 72). Zu entwickeln sind deshalb nicht nur Lese-, Schreib- und Rechenkompetenzen, sondern auch überfachliche Kompetenzen, welche die sozialen, emotionalen, politischen und kommunikativen Handlungsdomänen des Einzelnen betreffen (vgl. Rohlfs, Harring & Palentien, 2014).

Die Überzeugungskraft und Attraktivität dieser pädagogischen Zielorientierung ist kaum zu leugnen. Eine allzu inhaltsorientierte Ausrichtung des Lehrens und Lernens sorgt – wie zurecht argumentiert wurde – häufig für lebensferne Unterrichtsgestaltung auf der pädagogischen Ebene und Fetischisierungen kultureller Bildungsgüter auf der curricularen Ebene (vgl. Fuhrmann, 2000; Wirsing, 2012). So kann man sehr gut die indessen weit verbreitete Haltung nachvollziehen, dass pädagogische und curriculare Entscheidungen insbesondere anhand derjenigen Begründungsverfahren getroffen werden sollen, welche die lebenspraktische Nützlichkeit des fachlichen Lernens sowie dessen Lebensweltbezug fokussieren. Diese Haltung unterstützt nicht nur eine enge Verknüpfung der Schul- und Alltagserfahrung. Die Vorstellung von vielseitig fähigen und tüchtigen Bürger*innen, die durch eine kompetenzorientierte Bildung auf die Bewältigung gesellschaftlicher Herausforderungen vorbereitet sind, scheint nicht nur zeitgemäß, sondern auch dringend nötig.

Zugleich kann man in Frage stellen, ob diese gravierende Umorientierung des pädagogischen Denkens und Handelns nicht doch auch Engführungen und Beschränkungen des pädagogischen Blicks mit sich trägt (vgl. Zierer, 2012; Gruschka, 2016, 2012). Der Kompetenzbegriff selbst vermittelt einen unleugbar technokratischen Tenor, der insbesondere im Bildungsbereich mit Argwohn zu betrachten ist. Der Wille zur Kompetenz ist mit dem allgegenwärtigen Streben nach Effizienz und Produktivität eng verwoben, das ein charakteristisches Leitmotiv der rationalisierten

Spätmoderne darstellt. Die Gefahr einer Zusammenführung von Bildung und Technokratie besteht in einer zu eng gestrickten Auffassung des kompetent Handelnden bzw. des Lernenden selbst, der zum gelungenen Umgang mit Anderen über ein breites Spektrum an affektiven, kognitiven und ethischen Dispositionen verfügen muss, nicht nur über zweckrational begründete Handlungsstrategien.

Die Rhetorik der Kompetenzorientierung hängt außerdem oft – trotz ihrer behaupteten Distanzierung von der Normativität des klassischen Bildungsdenkens – mit einer stark wertenden Ideologie der Bildung zusammen, die ebenso einer Hinterfragung würdig ist. Exemplarisch zeigt sich dies an den Ausführungen der Kultusministerkonferenz im strategischen Weißbuch zur Bildung in der digitalen Welt (KMK, 2016). Die Einleitung dieses Strategiepapiers fing mit einer Argumentation an, welche auf ganz typische Weise eine kompetenzlogische Darstellung des schulischen Bildungsauftrags aufweist. Dabei kann eine merkliche Eingrenzung desselben beobachtet werden:

> »Die fortschreitende Digitalisierung ist zum festen Bestandteil unserer Lebens-, Berufs- und Arbeitswelt geworden. Digitale Medien wie Tablets, Smartphones und Whiteboards halten seit längerem Einzug in unsere Schulen und Hochschulen; sie gehören zum Alltag der Auszubildenden in Verwaltungen und Unternehmen. Digitale Medien halten ein großes Potential zur Gestaltung neuer Lehr- und Lernprozesse bereit, wenn wir allein an die Möglichkeiten zur individuellen Förderung von Schülerinnen und Schülern denken. Über welche Kompetenzen müssen Kinder, Jugendliche und junge Erwachsene verfügen, um künftigen Anforderungen der digitalen Welt zu genügen? Und welche Konsequenzen hat das für Lehrpläne, Lernumgebungen, Lernprozesse oder die Lehrerbildung? Die Gestaltungsmöglichkeiten in der digitalen Welt von morgen sind eng damit verknüpft, wie wir heute junge Menschen in Schulen, in der Berufsausbildung und in den Hochschulen darauf vorbereiten. Dazu bedarf es klar formulierter Ziele und einer gemeinsamen inhaltlichen Ausrichtung« (ebd., S. 3).

Diese Stellungnahme der KMK ist so verständlich wie – zumindest *prima vista* – überzeugend. Niemand will bestreiten, dass junge Menschen auf diejenigen Aufgabenstellungen und Probleme einer digital vernetzten Welt vorbereitet sein sollten, die sie nach der Schulzeit erwarten. Diese Problemstellungen sind komplex und sie betreffen in manchen Fällen sogar die Zukunftsfähigkeit der westlichen, demokratischen Lebensform (Stichwort: Klimawandel und Globalisierung). Problematisch ist nicht die Zielsetzung selbst, sondern eher das Bildungsverständnis, das schulische Bildung auf diese alleinige Zielsetzung reduziert. Diesem Bildungsverständnis zufolge verwandelt sich schulische Bildung in ein dezidiertes Projekt der *Ausstattung*. Denn der Auftrag der kompetenzorientierten Bildung ist es, Schülerinnen und Schüler mit angemessenen Formen des Wissens und Könnens zu versehen, die sie auf Erfolge im Rahmen persönlicher und gesellschaftlicher Herausforderungen vorbereiten sollen. Bildung wird somit als eine Ausrüstung gegenüber diesen (drohenden) Herausforderungen aufgefasst, mit denen junge Menschen konfrontiert werden. Zugespitzt kann man sagen, Bildung wird in diesem Sinne krisendiagnostisch begründet und dient in erster Linie dem Zweck der Krisenbewältigung (vgl. auch Hamborg, 2020). Im klassischen Sinne stellt Bildung jedoch einen Eigenwert dar und muss jenseits materieller Nützlichkeit gedacht werden – ebenso beinhaltet sie die Fähigkeit der Distanz und Kritik zu gesellschaftlichen Erwartungen.

Es sollte aus dieser Sicht nicht überraschen, dass die »Herausforderungen des 21. Jahrhunderts«, die »Anforderungen einer interkulturellen Gesellschaft« oder die »Verantwortlichkeiten einer sich rasch verändernden digitalen Welt« so oft als Schlüsselphrasen in den Argumentationen der Kompetenz-Befürworter auftauchen, wie oben bereits zu sehen ist. Obwohl diese Schwerpunktverlagerung in der Begründung und Auffassung pädagogischer Arbeit bereits einen erheblichen Einfluss auf vielerlei Facetten des schulischen Alltags ausübt, kann ihr Wirkungshorizont exemplarisch an der Verwandlung des Begriffs und Handlungsfeldes des Fachs deutlich nachgezeichnet werden. Denn die Fächer, mit denen sich Schülerinnen und Schüler in der Schule tagtäglich beschäftigen, werden durch die Brille der Kompetenzorientierung zu einer Art Technologie, einem Instrumentum, um ein Etwas außerhalb von ihnen zu erzielen – ein Problem zu lösen, eine Herausforderung zu überwinden, eine Komplexität zu verstehen. Die Fächer machen kompetente Menschen, so lautet die These: darin liegt ihre Begründung und zunehmend auch ihre inhaltliche Ausrichtung. Sie stellen in erster Linie Ressourcen bereit, um eine erfolgreiche Bildungs- oder Berufslaufbahn zu gestalten, sich an politischen Prozessen kompetent zu beteiligen, oder mit den Erneuerungen und Aufgaben der neuen digitalen Kultur Schritt zu halten.

Auch hier soll nicht bestritten werden, dass die verschiedenen Unterrichtsfächer Möglichkeiten bieten, um Kompetenzen zu vermitteln. Das Problem ist vielmehr die *Reduktion* fachlicher Bildung auf die Ausstattung junger Menschen mit funktional-instrumentellen Kompetenzen bzw. die Reduktion des Fachs selbst auf ein Instrumentum zur Bewältigung realer Problemstellungen und Herausforderungen. Denn Unterrichtsfächer umfassen jenseits dieses Vermögens reichhaltige, geschichtsträchtige und komplexe Formen gemeinsamen Lebens und Strebens, deren Sinn und Wert in erster Linie darin besteht, den Erfahrungshorizont der Lernenden in mannigfaltiger Weise zu bereichern. Sie verfügen über fesselnde disziplinäre Geschichten und spannende Persönlichkeiten, einzigartige Formen der Verständigung und der zwischenmenschlichen Beziehung, gemeinsame Werte, Tugenden und Ideale sowie neue Möglichkeiten der ästhetischen Wertschätzung und Würdigung, die bisher übersehenen oder missverstandenen Domänen der Erfahrung Farbe und Leben verleihen können. Es sind ebendiese lebensweltlichen, zwischenmenschlichen, ethischen und ästhetischen Aspekte der Unterrichtsfächer, welche die Sinnhaftigkeit der fachlichen Wissensaneignung überhaupt erst rechtfertigen. Der Schulalltag ist letztlich mit dem Lernen in Fächern statt mit dem Auswendiglernen von Werbespots oder dem Lesen von Nachrichten ausgefüllt, weil die Fächer einen besonderen Wert für die Erweiterung, Bereicherung und Transformation der Erfahrung in sich bergen (vgl. dazu auch: Giesinger 2010; Stojanov 2014).

Die Kompetenzorientierung mündet, sofern sie diese Dimensionen der fachlichen Bildung ausklammert, in einer radikalen Engführung des Bildungspotenzials fachlichen Lernens. Wenn Lernende beispielsweise in einem Mathematikkurs bloß mathematische Operationen durchzuführen, diese bei entsprechenden Problemstellungen anzuwenden und dadurch analytische Kenntnisse für ihre künftigen Deliberationen und Berufswege zu entwickeln lernen, kommt ihnen die Möglichkeit abhanden, solche Operationen auch als faszinierend, lebensbereichernd, sogar inspirierend wahrzunehmen (vgl. Yacek 2023). Jenseits des kompetenzorientierten

Lehrens und Lernens können sie Gleichungen, Integrale, griechische Buchstaben und eine klug gelöste Problemstellung ebenso sehr wegen ihrer Eleganz zu schätzen lernen wie als Beitrag zur Verbesserung ihrer Rechenkompetenzen. Sie mögen beginnen, sich für Menschen in der Geschichte der Mathematik zu interessieren, von denen sie noch nie zuvor gehört haben, oder sich für abstruse mathematische Formen und Strukturen zu begeistern, die sie nun in der Natur entdecken können. Anhand einer solchen Beziehung zum Fach Mathematik können sich die Schülerinnen und Schüler einer zunehmend erweiterten Sichtweise auf die Welt annähern, die sowohl aus den besonderen Formen mathematischer Erkenntnisse als auch aus dem neu gewonnenen Zugang zur Erfahrungswelt der Mathematik hervorgeht.

Sofern heutige Schulen sich ausschließlich auf funktional-instrumentelle Dimensionen von Wissen und Lernen konzentrieren, verkennen sie darüber hinaus ihren Status als *demokratische* Institutionen. Denn es ist ein Grundgedanke demokratischer Gesellschaften, dass jedem Menschen, unabhängig von seinem sozioökonomischen, ethnischen, religiösen oder persönlichen Hintergrund, die Chance zuteilwerden soll, sein Potenzial als Individuum so weit wie möglich zu verwirklichen. »Das individuelle Potenzial zu verwirklichen« impliziert nicht nur die Mäßigung oder Beseitigung von sozialen Ungleichheiten, die der Formulierung und Realisierung des je eigenen Selbstkonzepts im Wege stehen (vgl. Nussbaum, 2011). Positiv betrachtet, deutet diese Formel auch auf Formen pädagogischen Handelns hin, die idealerweise auf eine Bereicherung und Intensivierung der individuellen Erfahrung abzielen, so die klassische These John Deweys (2011/1916), welche jüngst von Hartmut Rosa (2016) und Rahel Jaeggi (2016) wieder aufgegriffen wurde. Eine solche Erhöhung der Erfahrungsqualität lässt sich als ein entscheidendes Kriterium für als »demokratisch« geltende Bildung verstehen, da sie sowohl an und für sich wertvoll ist als auch einen sinngebenden Endzweck für soziale und politische Bestrebungen abbildet. Man setze sich etwa für die Gleichbehandlung von Minderheiten, für den Aufbau von lebenswerten und ökologischen Städten oder für humanere Arbeitsbedingungen ein, da das Gelingen dieser Projekte das gemeinsame soziale Leben bereichern würde – es führe zu einem vertieften Gefühl von Gemeinschaftlichkeit, Naturverbundenheit und persönlichem Wohlergehen. Die Unterrichtsfächer sind Bereiche des Denkens und Handelns, die sich – in einigen Fällen seit Jahrtausenden – als einige der wirksamsten Praktiken zur Vertiefung und Bereicherung der Erfahrung erwiesen haben. Auch aus diesem Grund sollten Unterrichtsansätze priorisiert werden, die in einem umfassenden Sinne zur *Erhöhung der Erfahrungsqualität* beitragen.

Dieser Band soll eine umfassende Vision des Bildungspotenzials der Schule darstellen, welche auf eine solche Erfahungsbildung und -bereicherung im weitesten Sinnes ausgerichtet ist. Der Band fängt beispielsweise mit einem Beitrag von Thomas Rucker an, der für einen erziehenden Unterricht mit genuinem Bildungsanspruch plädiert, der stets einen Bogen zur je eigenen Aufgabe spannt, ein gelingendes menschliches (Zusammen-)Leben zu führen. Michael Veeh zeigt in seinem Beitrag auf, dass der Ansatz des »deeper learning« zu einem vielversprechenden Umdenken in der Unterrichtsgestaltung führt, was durch dessen vielschichtige Aktivierung der Lernenden ein ebenso ganzheitliches Bildungsverständnis nahelegt. Ferner wird im nächsten Beitrag von Pierre-Carl Link für eine »konstellative« Bildungspraxis argumentiert, welche die Öffnung des Unterrichtsgeschehens für andere Lebens- und Seinsweisen in den Blick nimmt und dadurch die Gelingensbedingungen inklusiver Schul- und Unterrichtsgestaltung fördern soll. Wolfgang Endres spricht sich in seinem Beitrag auch für eine Öffnung des Unterrichtsgeschehens und -erlebens aus, und zwar für eines, das nicht nur auf gewünschte Lernergebnisse, sondern auf Resonanzerlebnisse seitens der Lernenden und Lehrenden abzielt.

Über diese Lehr- und Lernansätze hinaus werden in den Folgekapiteln Bildungsdimensionen hervorgehoben, die in der aktuellen kompetenzorientierten Schulpädagogik kaum zu finden sind. Michael May beschäftigt sich zum Beispiel in seinem Beitrag mit Demokratielernen und dessen schulische Gestaltung im Lichte des Spannungsverhältnisses zwischen einem kompetenzorientierten und einem bildungstheoretisch geleiteten Ansatz. Auch Marieke Schaper geht auf die Debatte über probate Ansätze der Demokratiebildung ein, um einen neuen Ansatz zum Umgang mit kontroversen Themen in verschiedenen fachlichen Kontexten auszuarbeiten – und zwar einen, der die Bewusstmachung und Weiterbildung bereits vorhandener Welt- und Menschenbilder zum Ziel hat. Sarah Prinz und Henning Schluss plädieren in ihrem Beitrag für eine weitere schulische Schwerpunkterweiterung, nämlich die Kooperation von binnen- und außerschulischen Lernorten zur Bereicherung und Intensivierung der umweltbildenden Aufgaben der Schule.

In den letzten beiden Beiträgen des Bandes werden empirische Perspektiven und Befunde sowie Möglichkeiten der Übertragung von bildungstheoretisch interessierten und anschlussfähigen Schul- und Unterrichtskonzepten auf die Unterrichtsforschung beleuchtet. Dazu werden einige Ansätze der Unterrichtsforschung ergänzt, die sich als besonders vielversprechend für die Rekonstruktion der weiteren Bildungsdimensionen des Unterrichts erwiesen haben. Frank Beier erörtert die Grenzen einer kompetenzorientierten Unterrichtsforschung am Beispiel Kontingenz und Kontrafaktizität und plädiert für die Vorteile eines interpretativen Forschungsansatzes. Im letzten Beitrag stellen wir eine eigene Schematisierung der transformativen Dimensionen des Unterrichts dar, um zur Erweiterung des Forschungsvokabulars beizutragen, das die bildenden Dimensionen des Unterrichts begreifen soll.

Mit dieser thematischen Ausrichtung trägt dieser Band nicht nur dazu bei, den einflussreichen Diskurs um Schulgestaltung und -bildung in der Erziehungswissenschaft zu öffnen. Er soll außerdem konkrete Ansätze und Orientierungspunkte für Lehrkräfte und Unterrichtsforscher*innen darlegen, wie bildungstheoretisch-inspirierte Schulpraxis aussehen kann. So soll er dazu dienen, die unterstellten Vorteile der Kompetenzorientierung für die Gestaltung von Schule und Unterricht auf den Prüfstand zu stellen, insbesondere aus der Sicht von alternativen Orientierungsrahmen, welche zumindest teilweise mit dem Kompetenzdenken konfligieren.

Literatur

Dewey, J. (2011): *Demokratie und Erziehung: Eine Einleitung in die philosophische Pädagogik.* Weinheim: Beltz.
Fuhrmann, M. (2000): *Der europäische Bildungskanon des bürgerlichen Zeitalters.* Frankfurt: Insel Verlag.
Giesinger, J. (2010): Bildung als Selbstverständigung. *Vierteljahreschrift für wissenschaftliche Pädagogik* 86(3), S. 363–375.
Gruschka, A. (2012): Missratener Fortschritt – Glänzende Geschäfte. *Vierteljahresschrift für wissenschaftliche Pädagogik.* 88(1), S. 96–109.
Gruschka, A. (2016): Was heißt »bildender Unterricht«? *ZISU* 1/2016, S. 77–92.
Hamborg, S. (2020): *Bildung in der Krise. Eine Kritik krisendiagnostischer Bildungsentwürfe am Beispiel der Bildung für nachhaltige Entwicklung. Kontroverse Miteinander. Interdisziplinäre und kontroverse Positionen zur Bildung für eine nachhaltige Entwicklung. Frankfurter Beiträge für Erziehungswissenschaft.* Goethe-Universität Frankfurt am Main, S. 169–184.
Jaeggi, R. (2016): *Entfremdung. Zur Aktualität eines sozialphilosophischen Problems.* Frankfurt: Suhrkamp.
Klieme, E., Hermann, A. & Werner, B. et al. (2003): *Zur Entwicklung nationaler Bildungsstandards. Eine Expertise.* Bonn: Bundesministerium für Bildung und Forschung.
KMK (2016): Bildung in der digitalen Welt. Strategie der Kultusministerkonferenz. URL: https://www.kmk.org/fileadmin/Dateien/veroeffentlichungen_beschluesse/2016/2016_12_08-Bildung-in-der-digitalen-Welt.pdf (Zugriff: 14.11.2023).
Nussbaum, M. (2011): *Creating Capabilities.* Cambridge: Harvard University Press.
Stojanov, V. (2014): Schule als Ort der Selbst-Bildung. In: J. Hagedorn (Hrsg.), *Jugend, Schule und Identität.* Wiesbaden: VS, S. 153–164.
Weinert, F. E. (2001): *Leistungsmessungen in Schulen.* Weinheim: Beltz.
Rohlfs, C., Harring, M. & Palentien, C. (2008): *Kompetenz-Bildung. Soziale, emotionale und kommunikative Kompetenzen von Kindern und Jugendlichen.* Wiesbaden: VS.
Rosa, H. (2016): *Resonanz. Eine Soziologie der Weltbeziehung.* Frankfurt: Suhrkamp.
Wirsing, C. (2012): »Wir sind ohne Bildung". Eine Kritik der Bildungskritik. In: M. Winkler & K. Vieweg (Hrsg.), *Bildung und Freiheit. Ein vergessener Zusammenhang.* Paderborn: Brill Schöningh, S. 43–53.
Yacek, D. (2023): *Begeisterung wecken. Anleitung zum transformativen Lehren und Lernen.* Ditzingen: Reclam.
Zierer, K. (2012): Bildung und Kompetenz. Eine kritisch-konstruktive Analyse auf der Grundlage einer eklektischen Didaktik. *Vierteljahrsschrift für wissenschaftliche Pädagogik* 88(1), S. 30–53.

Teil I: Das umfassende Bildungspotenzial der Schule

2 Erziehender Unterricht mit Bildungsanspruch

Thomas Rucker

2.1 Schule pädagogisch denken

Die Rede von Schule kann in einem spezifischen Sinne als komplex bezeichnet werden. Schule wird aus unterschiedlichen Perspektiven beschrieben, ohne dass die Möglichkeit besteht, die Vielheit der Beschreibungen aufzulösen und Schule auf die allein ›richtige‹ Art und Weise in den Blick zu nehmen. Vielmehr kann festgehalten werden, dass die öffentliche Debatte über Schule selbst zu diesem Sachverhalt gehört: Schule ist in modernen Gesellschaften Thema einer öffentlichen Auseinandersetzung, die nicht stillgelegt werden kann (zum Begriff der Komplexität vgl. Rucker & Anhalt, 2017, S. 23 ff.). Dabei sind immer wieder auch Versuche zu verzeichnen, Schule *pädagogisch* in den Blick zu nehmen. Doch sollte dieser Umstand nicht zu der Annahme verleiten, dass in der Erziehungswissenschaft ein Konsens darüber ausgemacht werden könnte, wie Schule pädagogisch zu thematisieren bzw. woran überhaupt eine pädagogische Perspektive auf Schule erkennbar ist. In diesem Zusammenhang hat Ewald Terhart vorgeschlagen, dass eine pädagogische Perspektive auf Schule an der »Prämisse des zu achtenden und zu befördernden Eigenrechts« von Schüler*innen auf eine »eigenständige Durchdringung und Weiterführung von Lerngegenständen und Kultursachverhalten« ausgerichtet sei. Der »Erfolg von Schule« wäre entsprechend daran festzumachen, dass Schüler*innen sich »*im Durchlauf durch die Schule von der Schule frei machen*«, d. h. sich von pädagogischer Sorge emanzipieren können (Terhart, 2017, S. 49; Hv. i. O.). Schule in diesem Sinne pädagogisch zu bestimmen, verlangt u. a. nach einer Allgemeinen Didaktik, in der eine Antwort auf die Frage offeriert wird, wie ein Unterricht bestimmt werden kann, der unter dem Anspruch steht, dass sich Schüler*innen ›im Durchlauf durch die Schule von der Schule frei machen‹ können. Die These, für die ich im Folgenden argumentieren werde, lautet, dass ein schulischer Unterricht, der dem besagten Anspruch Rechnung trägt, als erziehender Unterricht, genauer: als ein *erziehender* Unterricht mit *Bildungsanspruch* konzipiert werden sollte. Um diese These zu begründen, werde ich erziehenden Unterricht als einen die schulischen Fächer in spezifischer Hinsicht ›transzendierenden‹ Unterricht beschreiben. Ein solcher Unterricht verknüpft die Thematisierung fachlichen Wissens mit Fragen eines gelingenden Lebens und Zusammenlebens und zieht Heranwachsende darüber hinaus in eine Reflexion auf die Voraussetzungen hinein, auf denen ein spezifisches Wissen und spezifische Werturteile beruhen.

2.2. Der Anspruch der Bildung

Bildung – so die Ausgangsprämisse der folgenden Überlegungen – setzt damit an, dass Menschen an einer widerständigen Welt tätig sind und in diesem Zusammenhang Differenzerfahrungen erleiden. Bildung bedeutet nicht, entsprechende Differenzerfahrungen zu ignorieren. Vielmehr ist gemeint, dass Menschen die Widerständigkeit ›durcharbeiten‹, mit der sie sich konfrontiert sehen, und in diesem Durcharbeiten die eigene Position im Verhältnis zu sich selbst und zur Welt bestimmen. Der Entwurf eigener Positionen setzt Spielräume voraus, in denen sich Menschen zu sich selbst und zur Welt in ein Verhältnis setzen können. Diese Freiräume der eigenen Positionsbestimmung entstehen dadurch, dass Differenzerfahrungen Menschen gleichsam auf die eigenen Orientierungsmuster (Wissen, Können, Haltungen) zurückwerfen. So wenig von Bildung gesprochen werden kann, wenn Differenzerfahrungen ignoriert werden, so wenig wäre auch dann von Bildung zu sprechen, wenn Menschen vorgegebene Orientierungsmuster unbefragt übernehmen, um erlittene Irritationen zu beseitigen. Bildung bedeutet vielmehr, dass Menschen sich zu internen und externen Abhängigkeiten in ein Verhältnis setzen, eigene Urteile entwerfen und diesen im Handeln zu entsprechen suchen (vgl. Rucker, 2014, S. 61 ff., 149 ff.). Fasst man Bildung in diesem Sinne als einen Prozess der selbsttätigen Auseinandersetzung von Menschen mit einer widerständigen Welt, so ist Bildung weder als Anpassung an eine vorgegebene Ordnung noch als Widerstand gegenüber einer entsprechenden Ordnung sinnvoll beschreibbar.

Unterricht als Ermöglichung von Bildung zu bestimmen bedeutet, Unterricht einem Anspruch zu unterstellen, dem diese Form des Miteinanderumgehens nicht notwendigerweise genügt (vgl. Rucker, 2020a, S. 54 ff.). Im Unterricht werden Schüler*innen grundsätzlich mit einem Wissen konfrontiert, das in einer Kultur als tradierungswürdig eingestuft wird, jedoch im alltäglichen Miteinanderumgehen von Menschen nicht vermittelt und angeeignet werden kann. Ein Unterricht, der Bildung zu initiieren und unterstützen sucht, kann nicht sinnvoll als *Unterweisung* bestimmt werden, d.h. als eine Form des Miteinanderumgehens, in der die Geltungsansprüche, die mit einem bestimmten Wissen verknüpft sind, außer Frage stehen. Die Unterweisung ist darauf gerichtet, dass Schüler*innen sich ein (vermeintlich) zweifelsfrei feststehendes Wissen zu eigen machen, *ohne* sich zu diesem Wissen in ein Verhältnis zu setzen. Ein Unterricht unter Bildungsanspruch ist demgegenüber auf die Ermöglichung von *sachlicher Einsicht* gerichtet. Diese Ermöglichung schließt notwendigerweise mit ein, Schüler*innen in eine Prüfung von Geltungsansprüchen hineinzuziehen. Es geht in diesem Fall gerade nicht darum, dass Schüler*innen ein tradiertes Wissen in seinem Geltungsanspruch fraglos akzeptieren. Der Anspruch lautet vielmehr, dass Schüler*innen die Beschreibung eines Sachverhalts als gültig einsehen.

Im Unterricht werden die Schüler*innen zur Vertiefung in und zur Besinnung auf bestimmte Inhalte veranlasst, um ihnen Einsicht in eine Sache zu ermöglichen, die in der Erwachsenengeneration als bedeutsam eingeschätzt wird. In der Auseinandersetzung mit einer Sache können Schüler*innen Erfahrungen des eigenen Nicht-Wissens machen. Das Durcharbeiten solcher Differenzerfahrungen ist nur vermittelt über ein Selber-Denken möglich – und erst wenn Schüler*innen sich der Aufgabe stellen, Differenzerfahrungen in diesem Sinne zu bearbeiten, besteht für sie auch die Möglichkeit, sachliche Einsicht zu gewinnen. Unterricht in diesem Sinne setzt damit an, dass Lehrer*innen eine Sache erst einmal fragwürdig machen, so dass Schüler*innen sich dazu angehalten sehen, sich mit einem Sachverhalt auseinanderzusetzen (1). Darüber hinaus regulieren Lehrer*innen die Vertiefung in und die Besinnung auf eine Sache – nicht, indem sie den Schüler*innen die richtigen Antworten vorgeben, sondern indem sie ihnen durch Frage- und Zeigeaktivitäten dabei helfen, die richtigen Antworten selbst zu entdecken, d. h. Wissen in einem spezifischen Sinne selber denkend und urteilend ›hervorzubringen‹ (2). Schließlich kommt es aber auch darauf an, dass die Lehrer*innen nicht nur fragen und zeigen, sondern die Schüler*innen auch zu Antworten veranlassen, die daraufhin als der Ausgangspunkt für das weitere Miteinanderumgehen von Lehrer*innen und Schüler*innen fungieren, und die selbst wiederum Anlass für Differenzerfahrungen sein können (3). Entscheidend ist: Heranwachsende werden nicht in tradiertem Wissen unterwiesen, sondern in eine sachliche Auseinandersetzung verstrickt. Damit ist eine Durchsetzung von Geltungsansprüchen gleichsam ausgeschlossen, muss sich ein bestimmtes Wissen, das vermittelt und angeeignet werden soll, in der sachlichen Auseinandersetzung doch allererst darin bewähren, die Not des eigenen Nicht-Wissens zu wenden. Man könnte an dieser Stelle auch von einer Einladung an die Schüler*innen sprechen, tradiertes Wissen nicht unbefragt übernehmen zu müssen, sondern sich dieses so anzueignen, dass es als eine nicht sinnvoll bestreitbare Antwort auf eine Frage erkannt wird.

2.3 Erziehender Unterricht

Unterricht, der als Ermöglichung von Bildung begriffen wird, muss konsequenterweise als ein er*ziehender* Unterricht konzipiert werden, in dem Schüler*innen sich nicht nur sachliche Einsichten aneignen, sondern auch die Möglichkeit erhalten, die Bedeutung des Gelernten für das eigene Leben im Umgang mit anderen zu erwägen (für die folgende Bestimmung des Grundgedankens eines erziehenden Unterrichts vgl. Rucker, 2021a, S. 34ff.). Dies ist deshalb angezeigt, weil ein Unterricht mit Bildungsanspruch auf eine Freisetzung der Heranwachsenden für ein Handeln nach eigenem Urteil gerichtet ist, das Wissen, das im Unterricht vermittelt und angeeignet werden soll, als solches in seiner Bedeutung für die Lebensführung von Heranwachsenden jedoch indifferent ist. Soll es nicht dem Zufall überlassen bleiben, ob Schüler*innen angeeignetes Wissen auf die eigene Lebensführung beziehen, so folgt hieraus, dass die Frage nach der Bedeutung unterrichtlich vermittelten und angeeigneten Wissens selbst zum Thema des Unterrichts avancieren muss. Ein Unterricht mit Bildungsanspruch geht demzufolge nicht in einer Hinführung zu sachlicher Einsicht auf, sondern ist darauf bezogen, Heranwachsende zu einer selbstbestimmten Lebensführung zu befähigen, was die Unterstützung der Entwicklung eigener, mit der Freiheit anderer Menschen abgestimmter Positionen in Fragen eines gelingenden Lebens und Zusammenlebens einschließt. Umgekehrt sind die Positionen, deren Entwicklung initiiert und unterstützt werden soll, über eine Aneignung von Wissen vermittelt. Die Schüler*innen sollen dazu befähigt werden, sich im Lichte sachlicher Einsichten zu Fragen eines gelingenden Lebens und Zusammenlebens zu positionieren (vgl. hierzu auch Rucker, 2019, S. 649 ff.).

Es ist der Entwurf von *Werturteilen*, der die Verbindung zwischen einem fachlichen Wissen und der Lebensführung der Heranwachsenden stiftet. Vor diesem Hintergrund kann erziehender Unterricht auch als *wertorientierter Unterricht* begriffen werden – als ein Unterricht, in dem Schüler*innen dazu veranlasst werden, an das Gelernte die Frage nach dessen Bedeutsamkeit für die eigene Lebensführung im Umgang mit anderen zu richten sowie umgekehrt bereits entwickelte Werturteile im Lichte sachlicher Einsichten einer Prüfung zu unterziehen. Pointiert formuliert: »Unterricht ist unter pädagogischer Perspektive nur ›vollständig‹, wenn er das zu erwerbende Wissen mit der (Wert-)Haltung der Schüler in Beziehung setzt und so zu einer verantwortungsvollen Lebensführung beiträgt« (Rekus, 1993, S. 199).

Die Lebensführung von Heranwachsenden hat unter den Bedingungen moderner demokratischer Gesellschaften im Kontext einer irreduziblen »Perspektivendifferenz« ihren Ort, die mit einer »Mehrfachcodierung der Wirklichkeit« einhergeht (Nassehi, 2017, S. 61 ff.). Vor diesem Hintergrund steht ein erziehender Unterricht unter dem Anspruch, Heranwachsende in der Entwicklung eines vielseitig dimensionierten Selbst- und Weltbezugs zu unterstützen. ›Vielseitigkeit‹ steht dieser Lesart zufolge für die Aufgabe eines wertorientierten Unterrichts, Heranwachsenden dabei zu helfen, dass sie einen Sachverhalt »in seiner objektiven Vielgesichtigkeit erkennen« (Ramseger, 1993, S. 833) lernen und – damit verbunden – ihre bereits erlangten Urteilsmöglichkeiten hin zu einer »vielseitigen Werturteilsfähigkeit« (Rekus, 1993, S. 75) (weiter-)entwickeln. In diesem Sinne kann ›Vielseitigkeit‹ als eine Kategorie interpretiert werden, die dem Aufwachsen in modernen Gesellschaften Rechnung trägt. Ohne eine entsprechend ausdifferenzierte Ordnung des Selbst- und Weltverhältnisses dürfte es nämlich schwierig, vielleicht sogar unmöglich sein, das eigene Leben im Kontext einer komplexen Gesellschaft aus gedanklicher Selbständigkeit heraus zu führen.

Umgekehrt arbeitet ein erziehender Unterricht der Freisetzung von Schüler*innen für ein Leben in Selbstbestimmung gerade dadurch zu, dass diese nicht auf bestimmte Perspektiven festgelegt, sondern vielmehr dazu befähigt werden, Perspektiven in ein Verhältnis zu setzen. Indem »Unterricht« zu einem Raum der »Erprobung unterschiedlicher Sichtweisen von Wirklichkeit« avanciert, können nicht nur »Vorurteile und Voreingenommenheiten« irritiert werden (Duncker, 1999, S. 51). Darüber hinaus erlaubt es »das Zeigen der Welt im Spiegel unterschiedlicher perspektivischer Rekonstruktionen« auch, den »Wahrheitsanspruch einer einzelnen Perspektive« zu relativieren (ebd.). Dieser Umstand erlaubt es Heranwachsenden, sich freizumachen von der Erwartung, eine bestimmte Perspektive als die allein maßgebliche anzuerkennen, und zwar indem Schüler*innen die Möglichkeit eröffnet wird, Perspektiven mit Alternativen zu konfrontieren und in einem *Wechselspiel der Perspektiven* um sachliche Einsichten und eigene Werturteile zu ringen.

2.4 Grundstrukturen

Ein erziehender Unterricht mit Bildungsanspruch ist durch bestimmte Grundstrukturen ausgezeichnet, deren Klärung dazu geeignet ist, den bislang entwickelten Gedankengang auszudifferenzieren. Ein entsprechender Unterricht zeichnet sich u. a. dadurch aus, dass *sachliche Einsicht* und *eigene Urteilsbildung* angestrebt sowie Schüler*innen dazu angehalten werden, ihre Vernunft *problematisierend* zu gebrauchen und auf die Voraussetzungen von bestimmten Einsichten und Werturteilen zu reflektieren (vgl. Rucker, 2018b, S. 475 ff.; Rucker, 2023, S. 72 ff.).

2.4.1 Verstricken in eine sachliche Auseinandersetzung

Ein erziehender Unterricht mit Bildungsanspruch setzt damit an, dass tradiertes Wissen als ein Zusammenhang von Antworten auf Fragen begriffen und die Arbeit an diesen Fragen in den Mittelpunkt des Unterrichts gerückt wird. Lehrer*innen kommt von daher, wie oben bereits angedeutet, die Aufgabe zu, Sachverhalte, die eine potentielle Gegenwarts- und Zukunftsbedeutung für Heranwachsende erkennen lassen und anhand derer exemplarisch Allgemeines einsichtig werden kann (vgl. Klafki, 2006; Rucker, 2020b), für die Schüler*innen erst einmal fragwürdig und zugänglich zu machen. Bei diesen Sachverhalten handelt es sich entweder um Methoden, die Menschen entwickelt haben, um bestimmte Fragen zu beantworten, oder um Ergebnisse des Einsatzes von Methoden. Hieraus folgt, dass Unterricht so angelegt sein muss, dass dabei dem »immanent-methodischen Charakter« (Klafki, 1985/2007, S. 123) tradierten Wissens Rechnung getragen wird, indem Schüler*innen darin unterstützt werden, den Weg, der zu einem bestimmten Wissen führt, in vereinfachter Form selbst zu gehen. Das bedeutet, ein Inhalt wird nicht in fertiger Gestalt präsentiert, sondern die Schüler*innen werden dazu veranlasst, im Wechselspiel von Vertiefung in und Besinnung auf einen Sachverhalt dessen Struktur Schritt für Schritt zu erschließen und in diesem Sinne Antworten auf die für sie maßgeblichen Fragen zu suchen und zu finden.

Ein erziehender Unterricht mit Bildungsanspruch ist daran erkennbar, dass Schüler*innen nicht nur dazu angehalten werden, den sachlogischen Aufbau eines Inhalts zu erschließen, sondern darüber hinaus auch – unter Berücksichtigung ihrer Individuallage – zur Prüfung der Geltungsansprüche aufgefordert werden, die in diesem Zusammenhang eine Rolle spielen. Dies schließt Phasen der Unterweisung nicht aus. Umgekehrt ist es durchaus möglich, Unterricht als Instruktion anzulegen, d. h. so, dass eine Prüfung tradierter Geltungsansprüche ausgespart bleibt, weshalb ein erziehender Unterricht mit Bildungsanspruch nicht vorbehaltlos als der Normalfall oder gar als eine Trivialität angesehen werden sollte. Phasen der Unterweisung müssen im Kontext eines solchen Unterrichts im Verhältnis zu dessen Aufgabe, Heranwachsenden sachliche Einsicht zu ermöglichen, gerechtfertigt werden können, d. h. sie müssen sich als notwendige Voraussetzung dafür erweisen lassen, dass Heranwachsende überhaupt sinnvoll in eine sachliche Auseinandersetzung verwickelt werden können. So müssen Schüler*innen z. B. erst in den Bezeichnungen der Seiten eines rechtwinkligen Dreiecks unterwiesen worden sein, ehe der Satz des Pythagoras erarbeitet sowie verschiedene Beweismöglichkeiten dieses Satzes durchgespielt werden können. Umgekehrt wäre ein Mathematikunterricht, in dem entsprechende Beweise außen vor blieben, als defizitär zu beurteilen – dies jedenfalls dann, wenn Schüler*innen Bildung ermöglicht werden soll. In diesem Fall wird den Heranwachsenden nämlich die Möglichkeit vorenthalten, Einsicht in den Satz des Pythagoras zu gewinnen, d. h. den damit verbundenen Geltungsanspruch *in Freiheit* zu akzeptieren. Zugespitzt formuliert:»Der Lernende soll *aufnehmen* und *behalten*, d. h. er soll lernen in der elementaren Bedeutung dieses Wortes, aber *annehmen*, d. h. für wahr halten, soll er das Gelernte nur unter dem Begleitschutz seines prüfenden und begründenden Denkens« (Koch, 2015, S. 71; Hv. i. O.).

Das Wissen, das im Unterricht thematisiert wird, ist freilich längst gefunden und wird von den Schüler*innen bestenfalls nachentdeckt. Es ist von daher nur folgerichtig, wenn Unterricht zwar einerseits als Aufforderung zum »Selberdenken« begriffen wird, die Aufforderung andererseits aber als Hilfe »zum selbständigen Finden von Erkenntnissen« (Klafki, 1999, S. 115) spezifiziert wird. Dies ist gemeint, wenn ich hier davon spreche, dass ein erziehender Unterricht mit Bildungsanspruch darauf gerichtet ist, Schüler*innen sachliche Einsicht zu ermöglichen. Der Satz des Pythagoras wird in einem Unterricht, der Bildung zu ermöglichen sucht, nicht einfach als gültig vorausgesetzt, sondern – im Erfolgsfall – von den Heranwachsenden im Durchspielen verschiedener Beweise als gültig erkannt.

2.4.2 Veranlassen zu eigener Werturteilsbildung

Für einen erziehenden Unterricht mit Bildungsanspruch ist ferner charakteristisch, dass Heranwachsende dazu veranlasst werden, im Lichte sachlicher Einsichten eigene Werturteile zu fällen. Die Frage, wie wir unter Berücksichtigung von im Fachunterricht vermitteltem und angeeignetem Wissen leben und zusammenleben sollen, wird nicht stellvertretend von den Lehrer*innen beantwortet, um die Schüler*innen schließlich auf eine Orientierung an den jeweils vorgegebenen Antworten zu verpflichten. Ein erziehender Unterricht mit Bildungsanspruch ist vielmehr dadurch gekennzeichnet, dass Schüler*innen auch in Fragen eines gelingenden Lebens und Zusammenlebens zu Suchbewegungen angehalten werden, um eigene Antworten auf diese Fragen zu finden. Hierbei spielen freilich überkommene Antworten eine zentrale Rolle, immerhin sollen Schüler*innen die Möglichkeit erhalten, auf einem bereits erreichten Niveau der Thematisierung von Fragen eines gelingenden Lebens und Zusammenlebens ihre Position zu finden. Die jeweiligen Antworten – und das ist hier entscheidend – geben jedoch nicht das Maß vor, an dem Orientierung gesucht wird. Vielmehr avancieren tradierte Antworten auf

Fragen eines gelingenden Lebens und Zusammenlebens zu Gegenständen der Auseinandersetzung im Kontext einer in die Zukunft hinein offenen Suche nach Orientierung (vgl. Fischer, 1972, S. 132).

Wertorientierter Unterricht in diesem Sinne zielt auf eigene Urteilsbildung und nicht auf die unbefragte Aneignung vorgegebener Werturteile. In einem erziehenden Unterricht mit Bildungsanspruch sind Schüler*innen nicht dazu angehalten, Vorstellungen von einem gelingenden Leben und Zusammenleben unbefragt zu akzeptieren. Ein solcher Unterricht ist vielmehr dadurch ausgezeichnet, dass Schüler*innen die Möglichkeit offensteht, tradierte Werteorientierungen zu interpretieren, zu prüfen, zu problematisieren und – unter Umständen – neu auszuhandeln, d. h. selber denkend, urteilend und experimentierend Auffassungen von einem gelingenden Leben und Zusammenleben zu entwerfen.

Der Entwurf eigener Werturteile darf jedoch nicht relativistisch missverstanden werden, denn die Positionsbestimmungen, zu denen Schüler*innen aufgefordert werden, sind Stellungnahmen im Verhältnis zu einer widerständigen Welt. Deren Widerständigkeit spielt in einem wertorientierten Unterricht nicht nur insofern eine Rolle, als Schüler*innen dazu angehalten werden, im Lichte sachlicher Einsichten Stellung zu nehmen. Die Widerständigkeit der Welt kommt auch dadurch zur Geltung, dass Andere über einen Sachverhalt anders urteilen. Heranwachsende zu eigenen Werturteilen aufzufordern, impliziert von daher für Lehrer*innen keinesfalls, jedes Urteil akzeptieren zu müssen. Ein erziehender Unterricht wäre vielmehr als der Versuch zu interpretieren, Skylla und Carybdis gleichermaßen zu umschiffen, indem die Gefahr des Relativismus *ohne* eine Normierung der Urteilsbildung von Heranwachsenden zu bannen versucht wird. Der Vorschlag lautet, Schüler*innen mit einer widerständigen Welt zu konfrontieren, ihnen dabei zu helfen, Differenzerfahrungen durchzuarbeiten, sowie sie dazu zu veranlassen, entworfene Positionierungen selbst wiederum der Widerständigkeit der Welt auszusetzen.

Zu dieser Konfrontation mit einer widerständigen Welt zählt auch und vor allem, dass Schüler*innen mit dem Anspruch konfrontiert werden, in ihren Werturteilen den Freiheitsanspruch anderer Menschen zu berücksichtigen. Es wäre jedoch mit dem Bildungsanspruch eines erziehenden Unterrichts inkompatibel, wolle man aus dieser Überlegung die Konsequenz ableiten, dass es geboten sei, Schüler*innen zumindest auf solche Werte zu verpflichten, in denen ein entsprechendes Votum für Pluralität zum Ausdruck kommt (z. B. auf den Wert der Solidarität). Ein erziehender Unterricht, der auf die Ermöglichung von Bildung gerichtet ist, wäre an dieser Stelle vielmehr als der Versuch zu begreifen, Prozesse der Dezentrierung zu initiieren und zu unterstützen, die über eine Mitwirkung der Heranwachsenden vermittelt sind. Ein entsprechender Versuch, die Urteilsbildung der Heranwachsenden für die Perspektive anderer Menschen zu öffnen, ohne diese zu normieren, besteht im Kern darin, Schüler*innen – auch immer wieder neu – mit der Frage zu konfrontieren, ob das eigene Urteil gerechtfertigt werden kann – mit Blick auf das eigene Leben, aber auch mit Blick auf ein gelingendes Zusammenleben in einer gemeinsam geteilten Welt (vgl. Rucker, 2021b; Rucker, 2021a, S. 38 ff.). Eine solche Adressierung ist nicht nur darauf gerichtet, die Selbstbezogenheit von Heranwachsenden zu durchkreuzen, sondern eröffnet diesen darüber hinaus die Möglichkeit, sich von bereits entwickelten Auffassungen eines gelingenden Lebens und Zusammenlebens zu distanzieren, um diese einer Prüfung zuzuführen und – unter Umständen – zu transformieren.

2.4.3 Hineinziehen in ein radikales Bedenken

Die Konfrontation mit einer widerständigen Welt – sei es in Form von tradiertem Wissen, sei es in Form von alternativen Werteorientierungen – soll Schüler*innen die Möglichkeit eröffnen, sich von Festlegungen freizumachen, die diese sich in ihrem Aufwachsen unbefragt aneignen. Hierbei mag es sich um Festlegungen in theoretischer Hinsicht (›Impfungen können zu Autismus führen‹) oder in praktischer Hinsicht (›Neuankömmlinge in unserem Land sind dazu verpflichtet, sich an die herrschende Kultur anzupassen‹) handeln. Dieser Prozess der Freisetzung von unbefragten Festlegungen wäre nicht konsequent genug gedacht, wenn Schüler*innen nicht auch dazu aufgefordert werden, Alternativen zu den eigenen Festlegungen einer Prüfung auf Überzeugungskraft hin zu unterziehen. Ein erziehender Unterricht fordert Schüler*innen deshalb zu einer Prüfung von Geltungsansprüchen auf, um ihnen sachliche Einsicht und eigenes Urteil zu ermöglichen. Der besagte Prozess der Freisetzung würde aber immer noch nicht konsequent genug gedacht werden, wenn man im Kontext eines erziehenden Unterrichts nicht auch berücksichtigt, dass Neuorientierungen selbst wiederum auf spezifischen Voraussetzungen beruhen, die eigens zu thematisieren, zu prüfen und – unter Umständen – zu problematisieren wären. »Vor-Urteile durchziehen unser Denken, es bedingend und zugleich ermöglichend« (Ballauff, 2004, S. 75). Hieraus folgt: »Denken muß sein eigener Gegner werden«, sollen die Heranwachsenden nicht zu »Gefangenen« von Voraussetzungen werden, »die uns zwar zunächst ›erkennen‹ lassen, aber in denen wir Denkenden ebenso auch schon verstrickt sind« (ebd.).

Jörg Ruhloff bezeichnet die Aufgabe, Schüler*innen in ein *radikales Bedenken* von Geltungsansprüchen und der sie stützenden Argumente hineinzuziehen, als Ermöglichung eines *problematisierenden Vernunftgebrauchs*. Das Argument dafür, Schüler*innen dazu zu veranlassen, ihre Vernunft problematisierend zu gebrauchen, lautet, dass ein erziehender Unterricht mit Bildungsanspruch Gefahr läuft, in einen »Dogmatismus höherer Art« (Ruhloff, 2006, S. 295) umzuschlagen, würden Schüler*innen nicht auch zu einem Bedenken der Voraussetzungen aufgefordert werden, die erhobenen Geltungsansprüchen und den sie stützenden Argumenten zugrunde liegen. Ein erziehender Unterricht mit Bildungsanspruch kann von daher konsequenterweise nicht darauf reduziert werden, Schüler*innen die Entwicklung eines »relativ festbegründeten und relativ umfangreichen Wissens und Urteilen-Könnens« (Ruhloff, 1979, S. 182) zu ermöglichen. Die Entwicklung von sachlichen Einsichten und eigenen Werturteilen führt nämlich nicht notwendigerweise dazu, dass Heranwachsende diese auch einer Reflexion auf ihre Voraussetzungen unterziehen. Schüler*innen sollten deshalb nicht nur zu sachlichen Einsichten geführt und zum Fällen eigener Werturteile aufgefordert, sondern auch in ein radikales Bedenken verstrickt werden, in dem »ein inhaltlich besonderer praktischer oder theoretischer Richtigkeitsanspruch« (Ruhloff, 1996, S. 293) im gemeinsamen Dialog »unter den Vorbehalt der fragwürdigen Geltung je spezifischer Voraussetzungen gestellt« wird (ebd.). Schüler*innen zu einem problematisierenden Vernunftgebrauch zu veranlassen, bedeutet in diesem Sinne immer auch, ihnen Spielräume der eigenen Urteilsbildung zu eröffnen, indem scheinbar feststehende theoretische und praktische Urteile auf ihre Voraussetzungen und deren Überzeugungskraft hin befragt werden. Zugespitzt formuliert: Erst mit dem »Vordringen zu den Voraussetzungen« (Ruhloff, 2006, S. 293), die den Geltungsanspruch unserer theoretischen und praktischen Urteile tragen, und dem »Durchdenken von möglichen Alternativen« (ebd.) zu diesen Voraussetzungen »erreichen wir Bildung im Sinne von gedanklicher Selbständigkeit« (ebd.).

Einem solchen Votum liegt die Annahme zugrunde, dass wir stets aus bestimmter Perspektive auf Sachverhalte Bezug nehmen, und dass sich in der Moderne verschiedene Perspektiven ausdifferenziert haben, die nicht in eine hierarchische Ordnung gebracht werden können. Das Wissen, das Schüler*innen sich unter den Bedingungen eines erziehenden Unterrichts aneignen, und die Werturteile, die Heranwachsende in diesem Zusammenhang für sich selbst als maßgeblich bestimmen, können ihre Perspektivik nicht abstreifen. Einen Sachverhalt z. B. physikalisch zu thematisieren, ist etwas anderes als in historischer Einstellung nach der Geschichte einer physikalischen Entdeckung zu fragen oder in moralischer Hinsicht mögliche Konsequenzen einer solchen Entdeckung zu ermessen. Dieser Umstand wäre im Unterricht selbst altersangemessen zu thematisieren, so dass die Schüler*innen lernen können, eine bestimmte Perspektive auf einen Sachverhalt als solche zu erkennen sowie die Möglichkeiten und Grenzen des jeweiligen Zugriffs in Relation zu alternativen Zugriffen zu beurteilen. Bleibt der Perspektivenwechsel ausgespart, so würde zwar aus bestimmter Perspektive auf Sachverhalte Bezug genommen werden, die Bezugnahme selbst bliebe jedoch unthematisiert und damit zugleich der Urteilsbildung der Schüler*innen entzogen. Die Einsicht, dass es keine Perspektive gibt, aus der ein Sachverhalt gleichsam ›auf einen Schlag‹ erfasst werden kann, mag dazu beitragen, dass Heranwachsende auch über den Schulunterricht hinaus eine gewisse Immunität gegenüber Versuchen entwickeln, Menschen für eine vermeintlich doch existierende ›Zentralperspektive‹ zu vereinnahmen (ähnlich argumentiert Koerrenz, 2020, S. 33 f.; vgl. Tenorth, 2020, S. 41 ff.).

2.5 Ein Beispiel

Abschließend möchte ich zumindest exemplarisch illustrieren, wie eine Klärung von Grundstrukturen eines erziehenden Unterrichts mit Bildungsanspruch dazu herangezogen werden kann, das Handeln von Lehrer*innen zu orientieren. Hierzu greife ich mit dem Thema ›Digitalisierung‹ einen gesellschaftlichen Transformationsprozess auf, der im Kontext von Schule zum Unterrichtsgegenstand gemacht werden kann und unter Berücksichtigung der mit ihm verbundenen Bedeutung für das gegenwärtige und voraussichtlich zukünftige Leben von Heranwachsenden auch gemacht werden sollte (vgl. Rucker, 2018a).

Heranwachsende eignen sich Wissen, Können und Haltungen in Bezug auf digitale Medien allein schon dadurch an, dass sie in einer »Kultur der Digitalität« (Stalder, 2016) aufwachsen. Man denke hier etwa an die Fähigkeit, ein Smartphone zu bedienen, aber auch an die Haltung, bestimmten Verhaltenserwartungen in sozialen Netzwerken zu entsprechen (präsent zu sein, zu liken, zu kommentieren, zu veröffentlichen usw.). Man könnte vor diesem Hintergrund fragen, wozu Unterricht in diesem Zusammenhang überhaupt notwendig ist.

Eine Möglichkeit, auf diese Frage zu antworten, besteht darin, darauf hinzuweisen, dass es im Kontext einer Kultur der Digitalität ein Wissen gibt, das nicht im alltäglichen Miteinanderumgehen angeeignet werden kann, das aber für die Heranwachsenden von Bedeutung ist, um die Welt zu verstehen, in der sie ihr Leben im Umgang mit anderen führen. Wie man mit einem Smartphone telefoniert, Fotos schießt oder Apps herunterlädt, können Heranwachsende im alltäglichen Miteinanderumgehen lernen. Für die Technologie, die diese Aktivitäten allererst ermöglicht, gilt dies hingegen nicht. Hierzu muss das alltägliche Miteinanderumgehen unterbrochen und in eine künstliche Form der Vermittlung und Aneignung von kulturellen Sachverhalten überführt wird.

Ziehen wir zur Verdeutlichung dieser Überlegung das Phänomen der sozialen Netzwerke heran. Ein Unterricht, der sachliche Einsicht zu ermöglichen sucht, würde bei der Thematisierung dieses Sachverhalts zunächst an die Erfahrungen anknüpfen, die Heranwachsende mit sozialen Netzwerken bereits gemacht haben. Unterricht hat in diesem Zusammenhang nur dann eine Berechtigung, wenn solche Erfahrungen um Einsichten erweitert werden, die im alltäglichen Miteinanderumgehen nicht gewonnen werden können. In diesem Sinne könnte z. B. thematisiert werden, was soziale Netzwerke sind, wie bestimmte Netzwerke sich entwickelt haben, wie soziale Netzwerke technisch realisiert werden oder welche Konsequenzen der Aufenthalt in entsprechenden Zusammenhängen für die menschliche Kommunikation besitzt.

Ein erziehender Unterricht geht nicht in einer Hinführung zu sachlichen Einsichten auf. Entsprechend würden die Schüler*innen bei einer unterrichtlichen Behandlung des Themas ›Digitalisierung‹ zu eigenen Stellungnahmen in Bezug auf Fragen eines gelingenden Lebens und Zusammenlebens aufgefordert werden. Im ersten Fall könnte dies z. B. bedeuten, dass Schüler*innen in die Frage verwickelt werden, welche Informationen diese über sich im Internet preisgeben möchten bzw. welche Informationen aus guten Gründen vielleicht nicht öffentlich zugänglich gemacht werden sollten. Im zweiten Fall wäre etwa daran zu denken, dass Schüler*innen mit der Frage konfrontiert werden, wie damit umgegangen werden sollte, wenn Mitmenschen in sozialen Netzwerken gemobbt, mit *Shitstorms* überzogen oder mittels *Fake News* öffentlich denunziert werden. Fragen dieser Art sind nicht darauf gerichtet, eine Sache zu klären. Es geht vielmehr darum, Schüler*innen in Fragen zu verstricken, die sie in ihrer Lebensführung im Umgang mit anderen Menschen betreffen.

Nun könnte von Seiten der Schüler*innen in einem solchen Unterricht z. B. das Werturteil geäußert werden, dass soziale Netzwerke wichtig seien, um Freundschaften zu pflegen. Schüler*innen in ein radikales Bedenken hineinzuziehen, würde nun bedeuten, dass Heranwachsende in eine Reflexion auf die Voraussetzungen dieser oftmals wie selbstverständlich geäußerten Position verstrickt werden. Dies könnte etwa dadurch geschehen, dass die Frage aufgeworfen wird, was es eigentlich bedeutet, Freundschaften zu ›pflegen‹, bzw. was überhaupt damit gemeint ist, wenn von ›Freundschaft‹ die Rede ist. Solche Fragen können dazu führen, dass eine Voraussetzung, die viele Menschen wie selbstverständlich akzeptieren, mit einem Fragezeichen versehen wird. Schüler*innen erhalten so die Möglichkeit, sich zu dieser Voraussetzung in ein Verhältnis zu setzen. Eines ist hierbei wichtig zu betonen: Heranwachsende in ein radikales Bedenken hineinzuziehen, ist *nicht* darauf gerichtet, diese zu bestimmten Positionen zu bewegen – etwa der Position, soziale Netzwerke zu meiden. Welche Konsequenzen die Heranwachsenden für ihr Leben im Umgang mit Anderen in diesem Zusammenhang ziehen, ist offen – und muss offen bleiben, wenn Unterricht darauf ausgerichtet sein soll, Heranwachsenden *Bildung* zu ermöglichen.

Literatur

Ballauff, Th. (2004): *Pädagogik als Bildungslehre* (4. Auflage aus dem Nachlass). Baltmannsweiler: Schneider.
Duncker, L. (2005): Perspektivität und Erfahrung. Kontrapunkte moderner Didaktik. In: H.-G. Holtappels & M. Horstkemper (Hrsg.), *Neue Wege in der Didaktik. Analysen und Konzepte zur Entwicklung des Lehrens und Lernens*. Weinheim: Juventa, S. 44–57
Fischer, W. (1972): *Schule und kritische Pädagogik*. Heidelberg: Quelle & Meyer.
Klafki, W. (2007): Grundlinien kritisch-konstruktiver Didaktik (1985). In: Ders., *Neue Studien zur Bildungstheorie und Didaktik. Zeitgemäße Allgemeinbildung und kritisch-konstruktive Didaktik* (6. Aufl.) Weinheim: Beltz, S. 83–161.
Klafki, W. (2006): Exemplarisches Lehren und Lernen. In: H. Ludwig, S.-E. Beuteil & K. Kleinespel (Hrsg.), *Entwickeln – Forschen – Beraten. Reform für Schule und Lehrerbildung*. Weinheim: Beltz, S. 105–121.
Klafki, W. (2009): Exempel hochqualifizierter Unterrichtskultur (1999). In: H. C. Berg & U. Aeschlimann (Hrsg.), *Die Werkdimension im Bildungsprozess: das Konzept der Lehrkunstdidaktik*. Bern: Hep, S. 103–120.
Koch, L. (2015): *Lehren und Lernen. Wege zum Wissen*. Paderborn: Schöningh.
Koerrenz, R. (2020): Bildung als ethisches Modell. Vorsätze zu Theorien globaler und postkolonialer Bildung. In: R. Koerrenz (Hrsg.), *Globales lehren, Postkoloniales lehren. Perspektiven für Schule im Horizont der Gegenwart*. Weinheim: Beltz, S. 14–34.
Nassehi, A. (2017): *Die letzte Stunde der Wahrheit. Kritik der komplexitätsvergessenen Vernunft* (2. Aufl.) Hamburg: Murmann.
Ramseger, J. (1993): Unterricht zwischen Instruktion und Eigenerfahrung. Vom wiederkehrenden Streit zwischen Herbartianismus und Reformpädagogik. *Zeitschrift für Pädagogik*, 39(5), S. 825–836.
Rekus, J. (1993): *Bildung und Moral. Zur Einheit von Rationalität und Moralität in Schule und Unterricht*. Weinheim: Beltz.
Rucker, Th. (2014): *Komplexität der Bildung. Beobachtungen zur Grundstruktur bildungstheoretischen Denkens in der (Spät-)Moderne*. Bad Heilbrunn: Klinkhardt.
Rucker, Th. (2018a): Digitalisierung, Komplexität und Urteilskraft. *Bildung+ Schule digital*, 1, S. 8–11.
Rucker, Th. (2018b): Unterricht als Praxis des Gründe-Gebens und Nach-Gründen-Verlangens. *Pädagogische Rundschau*, 72(4), S. 465–484.
Rucker, Th. (2019): Erziehender Unterricht, Bildung und das Problem der Rechtfertigung. *Zeitschrift für Erziehungswissenschaft*, 22(3), S. 647–663.
Rucker, Th. (2020): Teaching and the Claim of Bildung. The View from General Didactics. *Studies in Philosophy and Education*, 39(1), S. 51–69.

Rucker, Th. (2020b): Unterricht, Exemplarität und Subjektivität. *Pädagogische Rundschau*, 74(4), S. 397–414.

Rucker, Th. (2021a): Das Kontroversitätsgebot schulischen Unterrichts. Ein erziehungs- und bildungstheoretisch fundierter Interpretationsvorschlag. In: J. Drerup, M. Zulaica y Migica & D. Yacek (Hrsg.), *Dürften Lehrer ihre Meinung sagen? Demokratische Bildung und die Kontroverse über Kontroversitätsgebote*. Stuttgart: Kohlhammer, S. 31–43

Rucker, Th. (2021b): Erziehung zur Moralität in einer komplexen Welt. *Zeitschrift für Erziehungswissenschaft*, 24(6), S. 1573–1593.

Rucker, Th. (2023): Knowledge, Values and Subject-ness: Educative Teaching as a Regulative Idea of School Development in the Twenty-First Century. In: M. Uljens (Hrsg.), *Non-affirmative Theory of Education and Bildung*. Cham: Springer, S. 63–81.

Rucker, Th. & Anhalt, E. (2017): *Perspektivität und Dynamik. Studien zur erziehungswissenschaftlichen Komplexitätsforschung*. Weilerswist: Velbrück.

Ruhloff, J. (1979): *Das ungelöste Normproblem der Pädagogik. Eine Einführung*. Heidelberg: Quelle & Meyer.

Ruhloff, J. (1996): Über problematischen Vernunftgebrauch und Philosophieunterricht. *Vierteljahresschrift für wissenschaftliche Pädagogik*, 72(4), S. 289–302.

Ruhloff, J. (2006): Bildung und Bildungsgerede. *Vierteljahresschrift für wissenschaftliche Pädagogik*, 82(3), S. 287–299.

Tenorth, H.-E. (2020): Fächer – Disziplinen – Unterrichtswissen. Dimensionen der Fachlichkeit im Bildungsprozess. In: M. Heer & U. Heinen (Hrsg.), *Die Stimmen der Fächer hören. Fachprofil und Bildungsanspruch in der Lehrerbildung*. Paderborn: Schöningh, S. 23–45.

Terhart, E. (2017): Theorie der Schule – eine unendliche Geschichte. In: R. Reichenbach & P. Bühler (Hrsg.), *Fragmente zu einer pädagogischen Theorie der Schule. Erziehungswissenschaftliche Perspektiven auf eine Leerstelle*. Weinheim: Beltz, S. 34–53.

3 Unterrichten mit Deeper Learning

Michael Veeh

3.1 Deeper Learning

Phänomene wie Klimawandel, geopolitische Krisen, Digitalisierung und künstliche Intelligenz verändern unsere Lebens- und Arbeitswelt nicht nur grundlegend, sondern erfordern auch rasche Anpassungsfähigkeit (vgl. Sliwka, 2018, S. 86; Sliwka & Klopsch, 2022, S. 10 f.). So wurden in den letzten Jahren kontroverse Debatten angestoßen, wie im Bereich schulischer Bildung künftig besser auf die Herausforderungen des 21. Jahrhunderts reagiert werden könnte. In dieser internationalen Diskussion begegnet immer häufiger das Schlagwort Deeper Learning, ein Sammelbegriff (vgl. Mehta & Fine, 2019, S. 10) für unterschiedliche Ansätze, in denen offene Unterrichtsformen aus dem Bereich der Reformpädagogik (vgl. Glas & Schlagbauer, 2019, S. 152) mit aktuellen Anforderungen des 21. Jahrhunderts verknüpft werden. Der Komparativ ›deeper‹ umfasst dabei zwei Bedeutungsebenen: Erstens kann er als ironische Abgrenzung vom Terminus ›Deep Learning‹ verstanden werden, der sich in der Informationstechnologie auf die Weiterentwicklung künstlicher Intelligenz (KI) bezieht (vgl. Goodfellow, Benigio & Courville, 2016); im Gegensatz dazu setzt Deeper Learning auf die Erziehung mündiger Individuen, die trotz und mit der rasanten technischen Entwicklung in der Lage sind, ihre Zukunft selbst zu gestalten. Zweitens bezieht sich die Steigerungsform ›tiefer‹ darauf, dass ideale Lernprozesse – im Gegensatz zum traditionellen lehrkräftezentrierten Unterricht – zu einer intensiveren Vernetzung unterschiedlicher Wissensbereiche und zur Stärkung von Zukunftskompetenzen (21st Century Skills) wie kritischem Denken, Kreativität, Kommunikation und Kooperation führen sollen (vgl. Mehta & Fine, 2019, S. 10; Drabe, 2022, S. 31).

Zu meiner ersten Begegnung mit Deeper Learning kam es, als ich mich auf der Suche nach möglichen Brückenschlägen zwischen offenen Unterrichtsformen mit Bezügen zu den spezifischen Herausforderungen des 21. Jahrhunderts und fachlichem Lernen im Deutschunterricht befand. Dabei wurde ich auf die einflussreiche Studie *In search of deaper Learning* von Jal Mehta und Sarah Fine (vgl. Mehta & Fine, 2019) aufmerksam, in der die beiden Forschenden beschreiben, wie sie sich auf eine mehrjährige Entdeckungsreise durch unterschiedlichste Highschools der USA machten, um dort jeweils besonders wertvolle Lehr-Lernansätze ausfindig zu machen; fündig, so erklären sie, wurden sie dabei vor allem am Rande des festen Unterrichts, wenn es z. B. in Wahlfächern oder Theatergruppen darum ging, Fachwissen, Identität und Kreativität spielerisch zu fördern. Dann stieß ich auf das Einführungswerk *Deeper Learning in der Schule* von Anne Sliwka und Britta Klopsch (vgl. Sliwka & Klopsch, 2022), in dem der Ansatz von Mehta und Fine für die Schulpraxis im deutschsprachigen Raum konkretisiert und mit aktuellen Möglichkeiten zur Einbindung von Digitalität im Unterricht verknüpft wird.

Sliwka und Klopsch schlagen ein dreiphasiges Modell zur Implementierung von Deeper Learning vor: Um tiefere Lernerfolge zu erzielen, sollen Lernende demnach in einem ersten Unterrichtsschritt (*Phase I: Instruktion und Anleitung*) zunächst Fachwissen und kognitive Strukturen aufbauen und dabei auch mit digitalen Angeboten arbeiten. Auf dieser Grundlage setzen sie dann aktiv und selbständig eigene Projekte um und verfolgen dabei persönliche Schwerpunkte (*Phase II: Ko-Konstruktion und Ko-Kreation*); auch hier werden digitale Medien als Recherche- und Arbeitswerkzeug intensiv genutzt. In einer letzten Phase präsentieren die Schüler*innen ihre Ergebnisse schließlich als authentische Leistungen mit Lebensweltbezug vor einem (schul-)öffentlichen Publikum (*Phase III: authentische Leistung*). In allen drei Phasen kommen je nach Situation und Bedarf noch weitere Instrumente der Individualisierung und Personalisierung schulischen Lehrens und Lernens intensiv zum Tragen. Auf den ersten Blick erschien mir der Deeper-Learning-Ansatz von Sliwka und Klopsch sehr anschlussfähig, wenn es um die Aktivierung Lernender im Fachunterricht gehen soll. Bei genauerem Hinsehen ist das Modell aber – gerade aus Sicht des Fachdidaktikers – trotzdem noch mit offenen Fragen verbunden, die einer gründlicheren empirischen Überprüfung bedürfen. Insbesondere wurde die Tauglichkeit des Konzepts für den Aufbau fachbezogener Kompetenzen im Fachunterricht mit Lehrplanbezug bislang noch nicht näher untersucht.

An diesem Punkt setzt meine explorative Studie an, in der die fachbezogene Wirksamkeit des Deeper-Learning-Modells von Sliwka und Klopsch im Deutschunterricht exemplarisch ausgelotet wird. Dazu beschäftigten sich zwei Oberstufenkurse eines Gymnasiums und ihre beiden Lehrkräfte im Schuljahr 2022/23 mit der Epoche der Romantik, einem Thema mit fester Verankerung im Lehrplan, und ersetzten dabei herkömmliche Unterrichtsverfahren durch eine mehrwöchige Deeper-Learning-Unterrichtseinheit. Indem die Exploration in einem Feld erfolgte, das normalerweise stark auf lehrkräftezentrierte Stoffvermittlung ausgerichtet ist, ergaben sich folgende Fragestellungen: Wie gestalten Lernende und Lehrkräfte Unterricht im Fach Deutsch entlang von Deeper Learning? Nehmen sie den Ansatz als Innovation und Chance oder auch als Hemmnis beim fachlichen Lernen wahr? Und: Lassen sich vor diesem Hintergrund erste allgemeinere Rückschlüsse für eine fachbezogene Ausmodellierung von Deeper Learning und den dazugehörigen Elementen ziehen?

3.2 Erprobung im Feld und empirische Begleitung: Deeper Learning im Deutschunterricht der Oberstufe

Die Erprobung von Deeper Learning im Deutschunterricht wurde mit Schüler*innen der elften Jahrgangsstufe (G8) durchgeführt und erstreckte sich über einen Zeitraum von etwa sechs Wochen. Da ich zum Zeitpunkt der Studie selbst seit mehreren Jahren an dieser Schule unterrichtete, war es leicht möglich, die zwei Lehrkräfte für eine Teilnahme an der Studie zu gewinnen. Beide beschreiben sich von ihrem professionellen Selbstbild her als aufgeschlossen für offene, lernendenzentrierte Unterrichtsformen. Im Vorfeld machte ich sie mit dem Deeper-Learning-Ansatz von Sliwka und Klopsch vertraut und initiierte ein Planungstreffen, um gemeinsam mit ihnen ein passendes Design der Unterrichtseinheit zu entwerfen. Die Lehrpersonen entschieden, ihre Kurse während des Projektes im Tandem zu unterrichten, so dass insgesamt 48 Lernende gemeinsam am Projekt beteiligt waren. Gemäß den Empfehlungen von Sliwka und Klopsch wurde somit »Wissensvermittlung zu einer kreativen Teamaufgabe« (Sliwka & Klopsch, 2022, S. 41) und lebten die Lehrkräfte Kooperation und Ko-Kreation selbst vor. Auch beim Ablauf der Deeper-Learning-Unterrichtseinheit (vgl. Tab. 1), der mit den wichtigsten Meilensteinen in Form einer *Roadmap* festgelegt wurde, orientierten sich die Lehrkräfte eng am dreiphasigen Modell von Sliwka und Klopsch. Zudem wählten sie aus dessen Angebot[1] einzelne methodische Instrumente aus, auf die sie sich schwerpunktmäßig konzentrieren wollten:

- Die Lehrkräfte siedelten das Design der Unterrichtseinheit in hybriden Lernumgebungen an, indem sie Instrumente von *Blended Learning* (vgl. Sliwka & Klopsch, 2022, S. 179; von Brand et al., 2021, S. 48) nutzten. So wurden wesentliche Materialien über eine digitale Lehr-Lernplattform zur Verfügung gestellt; auch erfolgte die Kooperation unter den Lernenden später teilweise über diese Plattform.
- Eine besondere Bedeutung als Instrument der Individualisierung des Lehrprozesses wurde dem Prinzip *Voice and Choice* (vgl. Sliwka & Klopsch, 2022, S. 32) beigemessen. Demnach erhielten die Lernenden in allen drei Phasen ein großes Maß an Wahlfreiheit und damit eine eigene Stimme bei der Ausgestaltung ihres Lernweges.
- In allen drei Phasen agierten die Lehrkräfte nach dem Prinzip der *Co-Agency* (vgl. Sliwka & Klopsch 2022, S. 32f.; OECD, 2020, S. 21), indem sie die Lernenden durch »Coaching, Scaffolding (passende Lerngerüste und Hilfestellungen) und

---

1 Die Autorinnen führen unter dem Oberbegriff Deeper Learning viele Ansätze zusammen, die aus unterschiedlichen bildungswissenschaftlichen Kontexten stammen. Setzt man ihr Deeper-Learning-Unterrichtsmodell in der Praxis um, sind Schwerpunktsetzungen notwendig.

formatives Feedback« (Sliwka & Klopsch, 2022, S. 44) förderten. Dazu wurden in der Roadmap feste Termine als sogenannte ›Werkstattgespräche‹ verankert.
- Summatives Feedback durch Notengebung wurde zunächst stark in den Hintergrund gerückt – lediglich am Ende sollte es für alle Schüler*innen eine Mitarbeitsnote auf das Projekt geben; das Vorgehen wurde den Lernenden transparent gemacht.

Diese Instrumente zielen – nicht nur im Zusammenhang mit Deeper Learning – maßgeblich darauf ab, die Motivation der Lernenden zu steigern und selbstregulatives Lernen zu stärken. Als Zielgerade des Projektes und authentische Leistung in Phase III wurde von den Lehrkräften das Format eines Abendprogramms zum Thema Romantik (›Romantischer Abend‹) festgelegt.

Tab. 3.1: Überblick: Die Epoche der Romantik als Deeper-Learning-Projekt

Vorbereitung: Entwicklung des Unterrichtsdesigns
Mehrere Wochen vor Projektbeginn entwickelten die Lehrkräfte im Team eine Roadmap mit den wichtigsten Meilensteinen der Unterrichtseinheit. Sie sammelten Materialien auf unterschiedlichen Niveaustufen für die erste Phase (u. a. einen eigenen Podcast, Erklärvideos im Internet, Informationstexte aus Lehrwerken) und stellten sie über die digitale Lernplattform bereit. Auch einigten sie sich auf einen literarischen Abend (›Romantischer Abend‹) als authentische Leistung der Lernenden in der dritten Phase.
Phase I: Instruktion und Anleitung
Anhand der digitalen Materialien eigneten sich die Schüler*innen Basiswissen über die Romantik an und lernten zentrale Themen der Epoche kennen. Ob sie mit dem Podcast, einem der Erklärvideos, den Informationstexten oder mehreren dieser Medien arbeiten wollen, entschieden sie selbst. Gelernt werden konnte in Gruppen-, Partner- oder auch Einzelarbeit. Alle mussten am Ende der Phase einen kurzen Essay über die Romantik abgeben, der zur Überprüfung des Leistungsstandes diente, aber nicht benotet wurde.
Phase II: Ko-Konstruktion und Ko-Kreation
Nach dem Prinzip Voice and Choice setzten die Lernenden in Gruppen-, Partner- oder Einzelarbeit eigene Schwerpunkte für individuelle Auseinandersetzungen mit der Romantik. Einzelne erarbeiteten wissenschaftliche Vorträge oder Poster (z. B. über Frauen um 1800 oder die Verbindung bildender Kunst und Literatur in der Romantik), andere verfassten eigene Gedichte über Motive wie Heimat, Fernweh oder Naturerfahrungen, aktualisierten romantische Märchen in Kurzfilmen oder gestalteten eigene Bildwelten und Videoinstallationen zur Epoche. Auch wurde eine Umfrage entwickelt, mit deren Hilfe das Vorwissen projektexterner Personen über die Romantik ermittelt werden sollte. Entscheidungen über Lernorte und Zeiteinteilung fällten die Lernenden selbst. Die Lehrkräfte standen in Phase II vor allem als Coaches beratend zur Verfügung und gaben den Lernenden in ›Werkstattgesprächen‹ formatives Feedback. In allen Teilen des Arbeitsprozesses wurde die digitale Lernplattform zum zentralen Kommunikationsmittel.
Phase III: Authentische Leistung
Die Ergebnispräsentation fand schulextern an einem Ort mit romantischen Bezügen statt. Dazu wurden Poster, Flyer und ein Programmheft gestaltet. Lernende moderierten durch den ›Romantischen Abend‹ und baten ihre Mitschüler*innen nacheinander auf die Bühne.

Tab. 3.1: Überblick: Die Epoche der Romantik als Deeper-Learning-Projekt – Fortsetzung

Die Bilder und Installationen wurden in einem Foyer des Veranstaltungsraumes gezeigt. Außerdem hatten die Lernenden dort selbständig ein umfangreiches Buffet mit Getränken organisiert. Nach Projektabschluss füllten alle Lernenden einen kombinierten Feedback- und Selbsteinschätzungsbogen mit offenen Fragen zum Projektverlauf und zur eigenen Projektleistung aus.

Zur Datenerhebung und -auswertung lehnte ich mich an die Grounded-Theory-Methodologie (vgl. Mey & Mruck, 2020) an, da dieser Ansatz auf größtmögliche Offenheit bei der qualitativen Erforschung neuartiger Phänomene setzt (vgl. Ballis, 2018, S. 92). Datenerhebung und -auswertung erfolgen bei der GTM in der Regel parallel und sukzessive, so dass im Studienverlauf bei Bedarf weitere Daten erhoben werden können, bis sich schließlich eine theoretische Sättigung einstellt und Rückschlüsse mittlerer Reichweite generiert werden können. Als Daten kommen nach der GTM neben verschiedenen Interviewtypen z.B. auch Feldnotizen, schriftliche Dokumente unterschiedlicher Art oder sogar Objekte in Betracht. Um zu erschließen, wie Lernende und Lehrkräfte Deeper Learning wahrnehmen und bewerten, stütze ich mich in dieser Studie neben eigenen Beobachtungen vor allem auf leitfragengestützte Interviews, schriftliche Arbeitsergebnisse sowie eine Auswahl von Feedback- und Selbsteinschätzungsbögen, in denen die Lernenden am Ende ihre Sicht auf die Unterrichtseinheit artikulieren sollten.

Meine eigene Rolle innerhalb der Studie lässt sich als hybrid beschreiben: Während ich einerseits als Beobachter und Experte fungierte, der für die Erprobung von Deeper Learning geworben hatte, wurde ich andererseits auch aktiv mit ins Geschehen einbezogen, von den Lehrkräften als Fachkollege und von den Lernenden als weitere Lehrkraft wahrgenommen. Durch die direkte Verknüpfung des Feldes mit meiner eigenen Berufspraxis erlebte ich die Erprobung von Deeper Learning im Deutschunterricht unmittelbar und besonders intensiv. Ich konnte eigene Präkonzepte direkt überprüfen und gleichzeitig den Feldversuch anhand eigener Vorerfahrungen unmittelbar einordnen.

3.3 Darstellung der Ergebnisse

Entlang des Projektverlaufs und damit auch der Datenerhebung stelle ich die Ergebnisse der Studie in zwei Schritten dar: So werde ich im Folgenden zuerst zeigen, wie Lernende und Lehrkräfte Deeper Learning in den Daten zu Beginn der Studie bewerten und dabei in Bezug zum ›traditionellen‹ Deutschunterricht setzen, der z.B. durch institutionelles und didaktisches Brauchtum und entsprechende Erwartungen fest etabliert ist. Vor diesem Hintergrund konzentriere ich mich dann auf eine Reihe von Daten, die ich am Ende des Projektes und nach Projektabschluss erhob, um gezielt auch kritische Wahrnehmungen von Deeper Learning zu ergründen und für die fachspezifische Ausmodellierung des Ansatzes fruchtbar zu machen.

3.3.1 Traditioneller Deutschunterricht und Deeper Learning als Gegensatz

Es überrascht kaum, dass die ersten Wahrnehmungen der Lehrkräfte und der Schüler*innen zu Beginn des Feldversuchs grundsätzlich in gleiche Richtungen weisen: Nicht nur folgten beide ähnlichen Vorstellungen von ›traditionellem‹ oder ›herkömmlichem‹ Deutschunterricht, die ihnen als Bewertungsmaßstab dienten; auch hatten die Lehrkräfte ihre Kurse vorher in den Deeper-Learning-Ansatz eingeführt, ihn dabei als innovative Methode präsentiert und so die Erwartungen der Lernenden maßgeblich gesteuert. Entsprechend weisen die Daten darauf hin, dass sowohl die Schüler*innen als auch die Lehrkräfte Deeper Learning zunächst als deutlichen Kontrast zum traditionellen (Deutsch-)Unterricht wahrnehmen. In ihren Sichtweisen stehen sich zwei Seiten gegenüber, denen jeweils unterschiedliche Kategorien zugeordnet werden können (vgl. Tab. 3.2). Dabei lassen sich auf beiden Seiten drei Ebenen ausmachen, die sich teilweise überschneiden:

Tab. 3.2: Traditioneller Deutschunterricht und Lernen mit Deeper Learning

Traditioneller Deutschunterricht	Deeper Learning
»Kontrolle«	»Der perfekte Freiraum«
• Instruktion durch Frontalunterricht • »immer nur dem Lehrer zuhören« • Orientierung	• Selbstverantwortung • »von der Leine lassen« • aber auch »Selbstdisziplinierung«
Systemkonformität	Soziale und methodische Kompetenzen
• »Pflichtprogramm«: Stoffvermittlung, Klausurvorbereitung • »Notenstress« • »Gewinn« und Belohnung durch Noten	• »Teamwork« • Kreativität • gemeinsame Erforschung • Gefahr der Überforderung
Fachliches »Niveau«	Persönliche Durchdringung der Gegenstände
• Lehrplanvorgaben • »verbindliches Wissen«, »Epochenwissen« • offizielle Schreibformate	• Zusammenhänge erschließen • Bezüge zur Gegenwart und Lebenswelt • emotionale Zugänge
Lernen als Geschäftsmodell **funktionale (fachliche) Bildung**	**Lernen als selbstgesteuerte Erfahrung** **personale (fachliche) Bildung**

Erstens sind Kategorien erkennbar, die sich auf überfachliche Aspekte des Lehr- und Lernprozesses beziehen. Dabei spielt immer wieder das Maß an Selbstverantwortung der Lernenden im Lernprozess eine zentrale Rolle: Mit traditionellem Unterricht werden in Interviewbeiträgen der Schüler*innen z. B. Merkmale wie »Kontrolle«[2] oder sogar »Überwachung« durch die Lehrkraft, die Pflicht, »an etwas festhalten« zu müssen, »immer nur dem Lehrer zuhören« oder auch »Orientierung« zugewiesen. Mithin erscheinen die Lernenden im traditionellen Unterricht in einer weitgehend passiven, »konsumorientiert[en]« Rolle. Dem werden im Datenmaterial beim Deeper Learning Vorzüge wie »viele Freiheiten«, »Freiheit, was man machen will«, »Freiraum« oder sogar »der perfekte Freiraum« entgegengestellt. Eine Schülerin erklärt, im Projekt gehe es aus ihrer Sicht darum, »dass man sich da sozusagen selbst [...] was überlegt«. Entsprechend gibt auch eine der Lehrkräfte an, die Lernenden beim Deeper Learning zeitweise bewusst »von der Leine zu lassen« und dabei »offen« zu sein, »was die Schüler*innen wirklich interessiert«. Die andere Lehrkraft kommentierte ihren Eindruck zu Beginn der Unterrichtseinheit folgendermaßen: »Das war schon eindrucksvoll, wie sie reagiert haben, als wir einfach nach fünf Minuten gesagt haben: Ihr könnt jetzt gehen.« Allerdings wird im Datenmaterial punktuell auch schon zu Beginn der Studie geäußert, dass zu den selbstregulativen Elementen beim Deeper Learning durchaus die Gefahr, sich durch »Blödsinn« ablenken zu lassen, sowie die schwierige Herausforderung der »Selbstdisziplinierung« gehören.

Zweitens lassen sich aber auch konkretere Zielrichtungen erkennen, die die Akteur*innen den unterschiedlichen Unterrichtsformen zuschreiben. Im traditionellen Deutschunterricht der Oberstufe haben sowohl für die Lernenden als auch für die Lehrkräfte Kategorien eine zentrale Bedeutung, die sich mit dem Begriff der Systemkonformität überschreiben lassen: Die Einhaltung von Lehrplanvorgaben, der Erwerb verbindlichen Wissens, »Notenstress« bzw. »Gewinn« und Belohnung durch gute Noten in Leistungsnachweisen nehmen einen wichtigen Stellenwert ein. Normalerweise, so sagt eine Schülerin, steht im (Deutsch-)Unterricht der »Stoff« im Zentrum, »den man lernen muss«. Eine der Lehrkräfte bezeichnet den traditionellen Deutschunterricht als »eher so Geschäft, das [...] halt laufen muss« und in dem ein »Pflichtprogramm« abzuhandeln sei. In den Wahrnehmungen von Deeper Learning dominiert dagegen der Aufbau sozialer und methodischer Kompetenzen vor allem in der Gruppe: So sehen die Lernenden ein besonderes Merkmal darin, »zusammen mit Leuten« zu arbeiten, »mit anderen Menschen [zu] kommunizieren« und »Social Skills« aufzubauen. Es sei sehr »effektiv«, erklärt eine Schülerin, »alle Ideen der Schüler zu beachten«. Dabei könne man »kreativ sein« und »gemeinsam was erforschen«. Den Lernenden ist dabei durchaus bewusst, dass der gemeinschaftliche Arbeitsprozess auch Herausforderungen mit sich bringen kann: Schwer, so erklärt etwa eine der Jugendlichen, falle es, gemeinsam »in der Gruppe [zu] schreiben«, eine andere sieht das Problem, »erst einmal auf ne Idee [für ein gemeinsames Produkt] zu kommen«.

Drittens schließlich wird der Unterricht auch wesentlich konkreter mit fachbezogenem Lernen in Verbindung gebracht. Auch hier lassen sich auf beiden Seiten unterschiedliche Gewichtungen ausmachen: Im Zentrum des traditionellen Unterrichts werden vor allem verbindliche »Schreibformen«, »Interpretationsarten« oder »Aufsatzformen, die ich dann beherrschen muss«, gesehen. Auch erwarten die

---

2 Sämtliche Daten sind bei mir hinterlegt; aus Gründen der Anonymisierung werden sie in der Darstellung nicht näher ausgeführt.

Schüler*innen vom Deutschunterricht in der Oberstufe, dass ihnen z. B. verbindliches »Epochenwissen zur Romantik« vermittelt wird. Deeper Learning schafft aus Sicht der Lernenden und der Lehrkräfte dagegen umfassendere und individuellere Zugänge zur literarischen Epoche: Eine der Lehrkräfte hofft etwa, dass Deeper Learning helfen kann, die Unterrichtsgegenstände persönlich zu durchdringen: »Das wäre eigentlich für mich schön, wenn sie lernen: So kann ich eigentlich für mich das dann umsetzen und zusammenbringen.« Auch erklären Lernende, die sich um szenische Umsetzungen von Gedichten bemühen, dass es ihnen um einen »Kontrast mit der Gegenwart« gehe. Deeper Learning wird für sie also zum Ausgangspunkt, um die Alterität der fremden Epoche kritisch zu reflektieren und in Bezug zur eigenen Lebenswelt zu setzen. Im Interview antwortet ein Schüler auf die Frage, warum er sich mit romantischer Lyrik befasse: »Weil ich romantische Lieder schön finde – [...] also wenn man sie anhört, kriegt man so ein schönes Gefühl, und es ist einfach schöne Musik.« Obwohl die Aussage darauf hindeutet, dass der Befragte insgesamt noch ein vages Verständnis von Romantik ansetzt, zeigt sich, dass er durch eine persönliche Auseinandersetzung dem Kunstverständnis der Kulturepoche um 1800 deutlich nähergekommen ist, das auf Subjektivität und synästhetische Erfahrungen ausgerichtet ist (vgl. z. B. Schlegel, 1967, S. 182; Stephan, 2019, S. 205).

Insgesamt ist festzuhalten, dass der herkömmliche Deutschunterricht auf allen Ebenen ähnlich wie ein Geschäftsmodell wahrgenommen wird. Aus Sicht der Akteur*innen bleibt (fachliche) Bildung dabei weitgehend leistungsorientiert und funktional, um schulischen Anforderungen gerecht zu werden. Deeper Learning setzt in den Augen der Lernenden und Lehrkräfte dagegen auf Prozesse selbstgesteuerter Erfahrung und personaler fachlicher Bildung, in der individuelle Identitätsförderung im Mittelpunkt steht (vgl. z. B. Frederking, 2022, S. 557 ff.). Die Daten deuten von Anfang an darauf hin, dass Deeper Learning von den Akteur*innen der Studie grundsätzlich positiv aufgenommen, aber keineswegs eindeutig favorisiert wird: So klingen punktuell durchaus auch Vorzüge des traditionellen Unterrichts (z. B. »Orientierung«) und ebenso auch Schwierigkeiten in Zusammenhang mit Deeper Learning durch (z. B. »Selbstdisziplinierung«, fehlender Fokus auf funktionale fachliche Bildung). Zwar ist Deeper Learning nach dem Modell von Sliwka und Klopsch – nicht nur in der Phase der Instruktion und Aneignung – eigentlich durchaus stark auch auf Verbindlichkeit und Struktur ausgerichtet (Sliwka & Klopsch 2022, S. 31). Allerdings werden derartige Eigenschaften von den Akteur*innen dieser Studie kaum mit Deeper Learning in Verbindung gebracht.

3.3.2 Schwierigkeiten und Einschränkungen von Deeper Learning in der Praxis

Die Mehrheit der Lernenden arbeitete im Verlauf des Feldversuchs kontinuierlich und engagiert an ihren Projektbeiträgen. Daneben machte sich zunehmend bemerkbar, dass die Begeisterung vieler Schüler*innen zu Beginn erheblich größer schien als im weiteren Projektverlauf. »Eine Form von Motivation fehlte, denke ich«, diagnostiziert eine Schülerin nach Projektabschluss und weist damit in eine zentrale Richtung. Das Datenmaterial der zweiten Erhebungsphase, in der es gezielt auch um die Einbeziehung kritischer Wahrnehmungen ging, gibt aber noch differenziertere Auskünfte über die Ursachen der teilweise rückläufigen Motivation. Neben zielgerichteten Interviews sind dabei vor allem die Feedbackbögen aufschlussreich, in denen sich die Lernenden später zum Projektverlauf äußerten. Die folgenden Kategorien (vgl. Tab. 3.3) basieren vor allem auf Wahrnehmungen der Lernenden, finden sich aber auch in den Daten der Lehrkräfte und stimmen mit meinen eigenen Beobachtungen überein.

Tab. 3.3: Schwierigkeiten beim Deeper Learning (vornehmlich aus Sicht der Lernenden)

Schwächen und Einschränkungen beim Deeper Learning
Extrinsische Motivation
• »ein bisschen mehr Druck«, fehlende »Beaufsichtigung« • Notengebung als zentrales Thema
Probleme bei der Kommunikation (vor allem in Phase III)
• »unorganisiert«, vieles »nicht ganz klar«
»Man lernt weniger als im Unterricht.«
• mangelnde Wahrnehmung von (fachbezogenem) Kompetenzerwerb

Zunächst zeigen die Daten immer wieder, dass viele Schüler*innen beim Deeper Learning konkrete Maßnahmen zur Steigerung *extrinsischer Motivation* vermissen. So geben mehrere von ihnen in den Feedbackbögen an, sie hätten sich im Projekt »ein bisschen mehr Druck« oder »Beaufsichtigung« durch die Lehrkräfte gewünscht. Eine Schülerin empfiehlt für künftige Deeper-Learning-Projekte sogar den Einsatz von »mehr Lehrer[n] für die Beaufsichtigung«, um »missbrauchte[r] Freiheit« entgegenzuwirken. Mithin spiegeln die Daten einen grundsätzlichen Konflikt: Zwar begrüßen Lernende die Freiheiten zur Selbstregulation in Verbindung mit Deeper Learning und den vermeintlichen Wegfall strikter schulischer Disziplinierung. Aufgrund ihrer schulischen Präkonzepte sind sie aber dennoch teilweise mit diesen Freiheiten überfordert und halten auch im offenen Unterricht die Vorgabe einer »klare[n] Ordnung« (Glas & Schlagbauer, 2019, S. 63) oder zumindest eine angemessene *Balance zwischen Freiheit und Kontrolle* für notwendig.

Mit extrinsischer Motivation steht auch der nächste Aspekt in direkter Verbindung: Die Daten sprechen dafür, dass auch – oder gerade – beim Deeper Learning im Deutschunterricht der Oberstufe das Thema *Notengebung* einen besonders wichtigen Stellenwert einnimmt. So wird die Bewertung der Projektergebnisse in den Interviews und Feedbackbögen von den Lernenden immer wieder als zentrales Problem benannt. Die Beschwerden ähneln sich: »Ein paar in der Gruppe machen alles allein, und die, die nichts machen, bekommen dieselbe Note.« Oder: »Es war nicht richtig erkennbar, wer wie viel und was in die Arbeit investiert hat.« Eine der Lehrkräfte äußert im Interview, dass sie auch nach Projektabschluss ein grundsätzliches Dilemma sieht: »Kann man das [Engagement der Lernenden] mit Noten honorieren oder kann man es nicht mit Noten honorieren? Das war am Ende einer der

Knackpunkte.« Lernenden dürfte die Beantwortung dieser Frage leichter fallen: Zumindest legt die Studie nahe, dass vielen von ihnen aufgrund ihrer schulischen Präkonzepte die *geschäftsmäßige* Seite des Lernens und die kontinuierliche Einordnung ihrer Leistungen in die Notenskala noch viel wichtiger sind, als ihre Lehrkräfte dies manchmal vermuten oder sich wünschen würden.

Eine weitere Kernkategorie betrifft die *Kommunikation* im Arbeitsprozess, insbesondere im Vorfeld der authentischen Leistung in der dritten Phase. Die Kommunikation während der Organisation des ›Romantischen Abends‹ bezeichnen viele Schüler*innen nach Projektabschluss als »in manchen Teilen unorganisiert« oder »völlig unorganisiert«; ähnlich beklagen sie auch »fehlende Kommunikation«, »Kommunikationsschwierigkeiten nicht innerhalb der Gruppen, sondern mit den Gruppen untereinander« oder »in mancher Hinsicht zu wenig Absprache«. Eine Jugendliche wird noch konkreter, wenn sie auf die Planung der Unterrichtseinheit zu sprechen kommt: »Ich glaube, uns war am Anfang nicht ganz klar, dass wir den Abend eher allein organisieren sollen.« Teilweise ist die Kritik sicherlich auf die Gesamtzahl der beteiligten Schüler*innen zweier Kurse zurückzuführen. Doch auch unabhängig davon weisen die Befunde darauf hin, wie stark die Lernenden mit Kommunikationsprozessen in größeren Gruppen zu kämpfen haben, da es ihnen auch in der Oberstufe noch an einschlägigen Erfahrungen damit fehlt.

Als letzten Aspekt ist noch einmal genauer darauf einzugehen, wie die Lernenden am Ende der Studie ihren *fachbezogenen Lernerfolg* einschätzen. Aus ihrer Sicht steht beim Deeper Learning auch nach Projektabschluss offenbar fast ausschließlich die überfachliche Förderung von Sozial- und Methodenkompetenzen im Mittelpunkt. Auf die Frage, was sie in den Wochen der Projektarbeit insgesamt gelernt hätten, geben sie in den Feedbackbögen Kompetenzen wie »Teamfähigkeit«, »Kommunikationsfähigkeit«, »Offenheit für andere Ideen«, »Kompromissfähigkeit«, »selbständiges Planen« oder die Fähigkeit, »wie man Probleme löst und die Situation verbessert«, an. Auf fachlicher Ebene wird höchstens allgemein erklärt, dass »Epochenwissen zur Romantik« verbessert worden sei. Eine Schülerin, die ansonsten viele Vorteile von Deeper Learning benennen kann, äußert ihre Sorge, mit Deeper Learning »den erforderlichen Stoff für die Klausur nicht zu behandeln«. Eine andere Schülerin geht noch weiter: »Man lernt [mit Deeper Learning] weniger als im Unterricht.« Alles deutet in den Daten darauf hin, dass vielen Schüler*innen nicht bewusst ist, inwiefern sie auch im offenen Unterricht fachbezogene Kompetenzen und Haltungen aufbauen, da ihre Vorstellungen von fachlicher Bildung offenbar einseitig sind. So können sie höchstens bedingt erkennen, dass individuelle Zugänge zur Romantik ebenfalls entscheidend zur fachlichen Bildung gehören. Ihr Bewertungsmaßstab ist dabei stets der traditionelle Deutschunterricht, den sie kennen und eigentlich erwarten, so dass die Kritik aus ihrer Sicht sogar durchaus berechtigt erscheint. Es liegt also an den Lehrkräften, das Unterrichtsdesign so zu gestalten, dass derartigen Wahrnehmungen aktiv entgegengesteuert werden kann.

3.4 Fazit

Im Rahmen dieser explorativen Studie kristallisierten sich verschiedene Chancen, aber auch Grenzen von Deeper Learning im Hinblick auf (über-)fachliches Lernen im Deutschunterricht heraus. Um die Methodik in einer Lernumgebung mit Lehrplanbezug erfolgreich zu adaptieren, sind konkrete Maßnahmen im Bereich der Klassenführung, aber auch der fachlichen Ausrichtung notwendig, die sich an den Studienergebnissen ableiten lassen. Aus den Daten emergiert die Vorstellung einer Waage, durch die sich – auch hier wieder in Anlehnung an den hohen Stellenwert ökonomischer Sichtweisen auf schulisches Lernen – entsprechende Handlungsoptionen für die Unterrichtsgestaltung sichtbar werden lassen (Abb. 1).

Ähnlich wie bei einer Waage, in deren Schalen je nach Bedarf unterschiedliche Gewichte gelegt werden, sollten bei der Implementierung von Deeper Learning im Fachunterricht zwei Seiten in Balance gehalten werden:

Die rechte Waagschale steht für den Bereich *Lernen als selbstgesteuerte Erfahrung*. Auf diese Seite gehören überfachliche Elemente wie z. B. Freiraum (Voice and Choice), Kooperation im Team, problemlösendes Denken sowie auf fachlicher Ebene die persönliche Durchdringung der Lerngegenstände. Die linke Seite der Waage ist dagegen vor allem der Steuerung des Lernprozesses durch die Lehrkräfte und der Vorstellung vom ›Lernen als Geschäftsmodell‹ gewidmet. Hier wären z. B. Elemente wie *direkte Instruktion* und *konstruktive Unterstützung* (Sliwka & Klopsch 2022, S. 33) anzusiedeln, die auch im Modell von Sliwka und Klopsch prominent vertreten sind Die Studienergebnisse zeigen aber, dass im Fachunterricht, der den Vorgaben eines Lehrplans verpflichtet ist, gerade auf dieser Seite weitere Instrumente zu ergänzen sind, damit das Unterrichtssetting aus Sicht der Beteiligten Interesse, Zufriedenheit und Erfolg sichert:

- *Verbindliche Vorgaben:* Gerade für den (Deutsch-)Unterricht der Oberstufe, der mit komplexen Lerngegenständen verbunden ist, erscheinen neben intensiver Beratung und Präsenz der Lehrpersonen die Festlegung und Kontrolle verbindlicher Vorgaben (z. B. zur Einhaltung von Terminen und zur kontinuierlichen Weiterarbeit am Projekt) wohl sogar noch zentraler, als Sliwka und Klopsch dies in ihren wichtigen Hinweisen zu den Tiefenstrukturen des Unterrichts und zum Classroom Management nahelegen (vgl. Sliwka & Klopsch 2022, S. 30–35). Insbesondere gilt dies für den Beginn der Phase der Ko-Konstruktion und Ko-Kreation, wenn den Lernenden der Einstieg in eigene Projekte geebnet werden muss.
- *Transparente Notengebung:* Im Design von Deeper-Learning-Unterrichtseinheiten im Fachunterricht kann auch der kontinuierliche Einsatz *summativen Feedbacks* im Notensystem förderlich sein. Neben einer individuellen Bewertung der Projektbeiträge, die als authentische Leistungen präsentiert werden, wäre im Deutschunterricht der Oberstufe z. B. auch über einen benoteten Leistungsnachweis am Ende der Instruktions- und Aneignungsphase nachzudenken.
- *Stärkung kommunikativer Fähigkeiten:* Für reibungslose kommunikative Abläufe, vor allem zur Koordination der authentischen Leistung, ist ausreichend Zeit einzuplanen und auf einen zielgerichteten Einsatz digitaler Lehr-Lernplattformen

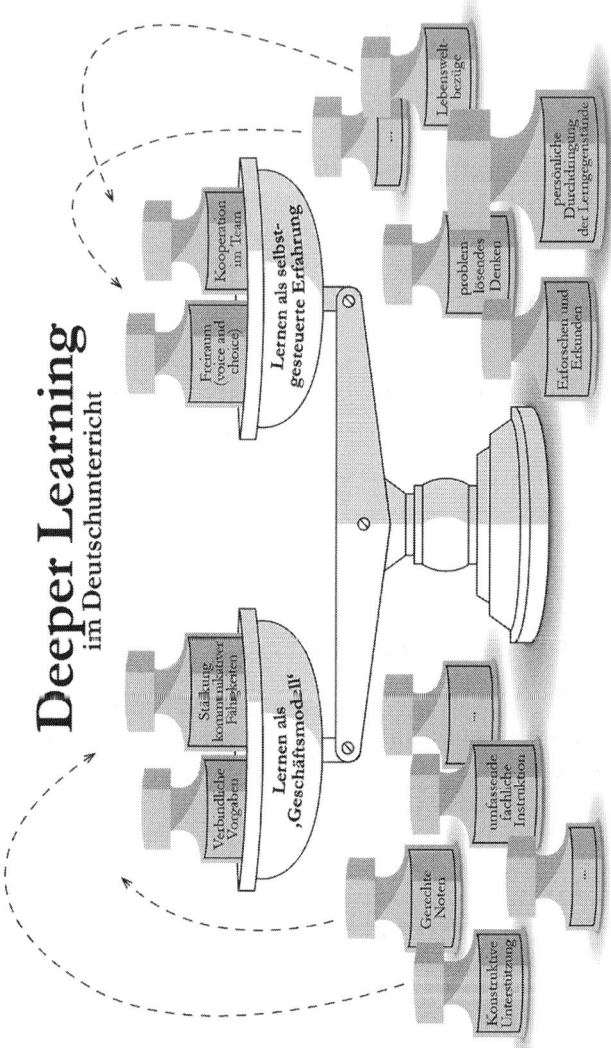

Abb. 3.1: Ausbalancieren von Vorstellungen und Anforderungen – Deeper Learning im Deutschunterricht

zu achten. Gerade hier sind zielgerichtete Instruktionen durch die Lehrkräfte von zentraler Bedeutung.
- *Umfassende fachliche Instruktion:* Im Bereich des Deutschunterrichts mit Lehrplanbezug lässt sich die Wahrnehmung des Lernerfolgs beim Deeper Learning deutlich steuern, indem die fachliche Instruktion und Ausrichtung des Unterrichts möglichst umfassend erfolgt: Einerseits muss Schüler*innen bewusst gemacht werden, dass subjektive Zugänge zu den Unterrichtsgegenständen – gerade

im Bereich des literarischen Lernens – einen wesentlichen Teil fachlicher Bildung ausmachen; andererseits sind durch die Themenangebote erkennbare Brücken zu den Bereichen funktionaler fachlicher Bildung (z. B. »Epochenwissen«, »Aufsatzformen«, …) zu schlagen, die auch prüfungsrelevant sind.

In welche Balance die Elemente auf beiden Seiten der Waage in das Design einer Deeper-Learning-Unterrichtseinheit zu bringen sind, hängt stark von der jeweiligen Lerngruppe, den Lehrkräften und den Zielen der Unterrichtseinheit ab. Weder widersprechen sich Lernen als ›Geschäftsmodell‹ und Lernen als selbstgesteuerte Erfahrung grundsätzlich, noch müssen sich beide Seiten genau die Waage halten. Gerade wenn Lehrkräfte und Lernende noch wenig Erfahrung mit solchen Lehr-Lernsettings haben, könnte es aber sehr hilfreich sein, für ein grobes Gleichgewicht zwischen beiden Seiten zu sorgen. Je vertrauter die Beteiligten aber mit selbstgesteuertem Lernen werden, desto weniger Gewicht dürfte den Elementen des Lernens als ›Geschäftsmodell‹ zufallen. Während bisherige Visualisierungen von Deeper Learning, z. B. als menschliche DNA (Sliwka & Klopsch 2022, S. 39) oder als Zahnradsystem (vgl. ebd., S. 71), teilweise noch eher statisch wirken, drückt das Bild der Waage die nötige Flexibilität aus, die beim Deeper Learning im Fachunterricht in der aktuellen Schulpraxis erforderlich ist. Die Gewichte der Waage können bei Bedarf jederzeit hinzugefügt, herausgenommen oder ausgetauscht werden.

Die Exploration von Deeper Learning im Deutschunterricht bedeutete für die Lernenden, ihre Lehrkräfte und auch für mich selbst eine außergewöhnliche Erfahrung, die sich teilweise auch als fremd und schwierig erwies. Dass die Waage zwischen verschiedenen Sichtweisen auf (fachbezogenes) Lernen in unserem Fall – ungewollt – ins Ungleichgewicht geriet, überrascht zunächst kaum, da wir über keine entsprechenden Vorerfahrungen verfügten. Meiner Beobachtung nach konnten die Lernenden aber auch vielfältig auf bisherige Erfahrungen aus anderen Unterrichtssituationen (z. B. aus Projektseminaren der Oberstufe, Theatergruppen, kompetenzorientierte Lernaufgaben, anderen Fächern) oder aus dem außerschulischen Bereich (z. B. Hobbies, persönliche Neigungen und Stärken) zurückgreifen, deren Relevanz und Gewicht beim Ausbalancieren des Projektes sich ihnen oft erst nach und nach erschloss. Bemerkenswert erscheint mir nicht zuletzt, mit welcher Offenheit sich die meisten Beteiligten auf das Vorhaben einließen und es teilweise auch auf einer Metaebene reflektierten: Sie dachten sich in den Deeper-Learning-Ansatz ein, setzten sich kritisch mit ihm auseinander und gaben konstruktives Feedback. Es wurde deutlich, wie auch die Lernenden in der Lage waren, förderliche wie hinderliche Aspekte im selbstgesteuerten Lernprozess aufzuspüren und diese teilweise sogar selbst auszutarieren.

Für ein vorläufiges Fazit will ich an dieser Stelle noch einmal ganz an den Anfang meiner Darstellung und auf meine Suche nach probaten Unterrichtsansätzen für den Deutschunterricht im 21. Jahrhundert zurückkommen: Deeper Learning nach dem Modell von Sliwka und Klopsch ist hier zwar nicht als ›Neuerfindung‹ einzuordnen, liefert aber äußerst hilfreiche Anregungen und einen umfassenden Rahmen für einen innovativen projektorientierten Fachunterricht, der auf Lernen als selbstgesteuerte Erfahrung zielt. Auch steht das Modell keineswegs im Widerspruch zur Kompetenzorientierung gültiger Lehrpläne, sondern dürfte sogar einen besonders ganzheitlichen, individuellen Kompetenzerwerb begünstigen. Aus Sicht der fachdidaktischen Unterrichtsforschung erscheint vor dem Hintergrund der ersten Exploration künftig vor allem ein genauerer Blick auf die Haltungen der Akteur*innen lohnenswert, die in der nordamerikanischen Forschung zum Deeper Learning besonders akzentuiert werden: Mehr noch als konkrete Instrumente des Unterrichtsdesigns spielen wohl ein respektvoller Umgang mit den heterogenen Sichtweisen der Lernenden, konkrete Brückenschläge zur außerschulischen Lebenswelt sowie gut funktionierende Lerngemeinschaften (»learning communities«, Mehta, 2022, S. 54) eine entscheidende Rolle für das Gelingen tiefgreifender Lehr-Lernkonzepte (auch) im Fachunterricht (vgl. ebd.). Ähnlich wie Mehta und Fine sich auf den Weg machten, um vor Ort an verschiedenen amerikanischen Schulen taugliche Lehr-Lernansätze ausfindig zu machen, ließen sich auch für das fachbezogene Lernen im deutschsprachigen Schulsystem neue Impulse erkunden, mit denen Schüler*innen fachliche und überfachliche Orientierung in einer und für eine komplexe Welt erlangen.

Literatur

Ballis, A. (2018): 50 Jahre Grounded Theory. Begegnungen zwischen einem Forschungsstil und der Fachdidaktik. *Der Deutschunterricht.* 70(5), S. 88–93.
von Brand, T., Lehmann, A., Röwert, R. & Tanejew, S. (2021): *Digital Deutsch unterrichten. Grundlagen, Impulse und Perspektiven.* Hannover: Klett Kallmeyer.
Drabe, M. (2022): *Das Fortbildungskonzept zur modernen Schule. Ein Praxisleitfaden für Schulleitung, Lehrkräfte und Steuergruppen.* Augsburg: Auer.
Frederking, V. (2022): Allgemeine Fachdidaktik. In: M. Harring, C. Rohlfs & M. Gläser-Zikuda (Hrsg.), *Handbuch Schulpädagogik.* Münster: Waxmann, S. 550–566.
Glas, R. & Schlagbauer, J. (2019): *Pädagogik am Gymnasium. Praxiswissen für den Berufseinstieg* (2. Aufl.). Berlin: Cornelsen.
Goodfellow, I., Benigio, Y. & Courville, A (2016): *Deep Learning: Adaptive Computation and Machine Learning.* Cambridge: MIT Press.
Mehta, J. & Fine, S. (2019): *In search of Deeper Learning. The quest to remake the American High School.* Cambridge (USA), London: Harvard University Press.
Mehta, J. (2022): Reimagining American Education: Possible Futures: Toward a new grammar of schooling. *Phi Delta Kappan* 103/5, S. 54–57.
Mey, G. & Mruck, J. (2020): Grounded-Theory-Methodology. In: G. Mey & K. Mruck: (Hrsg.), *Handbuch Qualitative Forschung in der Psychologie.* Wiesbaden: VS, S. 513–535.
OECD (2020): Lernkompass 2030. URL: https://www.oecd.org/education/2030-project/contact/OECD_Lernkompass_2030.pdf (Zugriff: 13.06.2023).
Schlegel, F. (1967): *Kritische Ausgabe.* Bd. 2. Hrsg. von H. Eichner. München: Schöningh.
Sliwka, A. (2018): *Pädagogik der Jugendphase. Wie Jugendliche engagiert lernen.* Weinheim: Beltz.
Sliwka, A. & Klopsch, B. (2022): *Deeper Learning in der Schule. Pädagogik des digitalen Zeitalters.* Weinheim: Beltz.
Sosna, A. (2022): Deutschunterricht, Bildung und Gesellschaft. In: T. von Brand, J. Kilian, A. Sosna & T. Riecke-Baulecke, T. (Hrsg.), *Basiswissen Lehrerbildung: Deutsch.* Seelze: Klett Kallmeyer, S. 21–37.

Stephan, I. (2019): Kunstperiode. In: W. Beutin u. a. (Hrsg.): *Deutsche Literaturgeschichte. Von den Anfängen bis zur Gegenwart.* (9. Aufl.) Stuttgart: Metzler, S. 185–233.

4 Von der Entdeckung der Resonanzpädagogik

Wolfgang Endres

4.1 Einleitung

Wofür müssen Schüler*innen noch in die Schule kommen? Wann brauchen sie ihre Lehrer*innen? Diese Fragen brachten eine Schulleiterin aus Hamburg am Ende der Pandemie auf eine grundsätzliche Frage: »Vielleicht ist die Schule in Zukunft ein Ort der Debatte, der Ideen, der sozialen Begegnung, aber nicht mehr der Ort der Wissensvermittlung« (Otto & Spiewak, 2020, S. 28)? Wäre das der Ort für einen Unterricht jenseits der Kompetenzorientierung? Gäbe es dort Momente wechselseitigen geistigen Berührens und Berührtwerdens? Wie faszinierend wäre es, »wenn es im Klassenzimmer knistert« (Rosa & Endres, 2016)? Mit dieser Wunschvorstellung begann eine Entdeckungsreise durch die Resonanzforschung von Hartmut Rosa. In seinem Buch *Resonanz. Eine Soziologie der Weltbeziehung* lenkt Rosa den Blick auf unsere Beziehung zur Welt. Die Schulwelt ist ein Ausschnitt dieser Welt. So ist nach angeregten Gesprächen mit dem Wissenschaftler eine Art Übersetzung für die Praxis im Schulalltag entstanden, das Buch *Resonanzpädagogik. Wenn es im Klassenzimmer knistert.* Der Untertitel steht klang- und sinnbildlich für Momente des Mitschwingens im Unterricht in einer Schule als Resonanzraum. Darin kann und darf es auch in angespannter Atmosphäre knistern, wenn etwa ›dicke Luft‹ im Klassenraum herrscht – oder auch im Lehrerzimmer, wenn ein Konflikt zu spüren ist, weil es Meinungsverschiedenheiten gibt, zum Beispiel über die Konzeption der Resonanzpädagogik vs. Kompetenzorientierung.

»Kompetenz und Resonanz in Dissonanz«. Diese Aussage von Hartmut Rosa zieht sich wie ein roter Faden durch die Resonanzpädagogik, die einen Gegenpol zur Kompetenzorientierung bildet. Wo und wie können Schüler*innen solche Resonanzerfahrungen erleben? In dieser Frage schwingen Impulse mit, Schule als Resonanzraum zu gestalten. Zu einer solchen empathischen Schulentwicklung möchte der Beitrag Lehrer*innen einladen.

4.2 Resonanzpädagogik

»Resonanz enthält ein Moment der Offenheit und der Unverfügbarkeit, die sie von Kompetenz unterscheidet« (Endres, 2020, S. 31). Rosa vermutet in einer starken

Kompetenzorientierung auch ein starkes Konkurrenzdenken. Würden Schüler*innen sich im Klassenzimmer als Konkurrent*innen wahrnehmen, könnten sie keine Resonanzbeziehung entwickeln. In einer Wettbewerbskultur erwerben Schüler*innen Kompetenzen auffallend stark mit der Vorstellung, gute Noten zu bekommen. Wenn sich aber eine Resonanzachse zwischen ihnen und dem behandelten ›Stoff‹ aufbaut, ist es nicht wirklich schlimm, wenn sie im Unterricht nicht mitkommen, den Stoff nicht beherrschen. Wirklich schlimm ist es, wenn sie hinterher nie wieder etwas mit ihrem Fach zu tun haben wollen.

Beziehungsorientierte Pädagogik

Offene Türen sind ein Signal für Offenheit. Sie laden wie offene Ohren dazu ein, sich wechselseitig in Offenheit zu begegnen. In einer Schule mit offenen Türen geht es auch um einen offenen Blick für andere Perspektiven auf Schule und Unterricht. Diese Offenheit ist ein Signal für Resonanzpädagogik im Sinne beziehungsorientierter Pädagogik. Diese macht sich in einer sensiblen Wechselwirkung im Klassenzimmer bemerkbar, in einer Form von Antwortbeziehung. Damit sind auch Risiken verbunden: »Die Bereitschaft sich zu öffnen und eine andere Stimme zu hören und sich davon berühren zu lassen, schließt die Bereitschaft ein, sich verletzbar zu machen« (Rosa & Endres, 2016, S. 67).

Resonanzbeziehung in Unverfügbarkeit

Da ist es schon ein Merkmal dieser Offenheit, sich als Lehrer*in im Unterricht ergebnisoffen überraschen zu lassen. Diesen Moment einer jeden Resonanzbeziehung nennt Rosa Unverfügbarkeit. Das heißt, dass ich nur resonanzfähig bin, wenn ich mich auf unbekanntes Terrain begebe, auch auf schwankendes. Und darin liegt gleich ein doppeltes Risiko. Obwohl ich mich öffne und ganz auf eine Sache einlasse, kommt vielleicht überhaupt nichts Verwertbares dabei heraus. Oder ich komme zu Ergebnissen, die ich nicht unbedingt wollte. Stellen Sie sich zum Beispiel folgende Situation vor: Sie behandeln in einer Deutschstunde eine Lektüre, mit der Sie routiniert den Unterricht gestalten. Sie lassen Stilfiguren identifizieren, sachlich Pro- und Kontra-Argumente suchen und so weiter. Alles läuft nach Plan und alle sind ganz bei der Sache. Was aber, wenn Sie an einer Stelle innehalten, von Ihren eigenen Erfahrungen erzählen, ein Erlebnis schildern, das Sie stark berührt hat. Die Schüler*innen hören gebannt zu. Das sind dann die Momente, von denen Rosa meint, dass es »im Klassenzimmer knistert«. Aber als Lehrer*in wissen Sie nicht, was die Schüler*innen aus Ihrer persönlichen Geschichte machen, wie sie darauf reagieren. Im Resonanzmodus können Sie sich auf dieses Risiko einlassen.

Weder Allmacht noch Ohnmacht. Im Resonanzmodus erleben Menschen, was sie bewegt und was sie bewegen können.

Hartmut Rosa ergänzt die Resonanzpädagogik um das ›Mediopassiv‹. Unter diesem Begriff versteht er die Position zwischen Aktiv und Passiv. Wie in dieser Grammatikform im Altgriechischen oder Hebräischen gibt es etwas zwischen Aktiv und Passiv. In der heutigen Zeit fühlen wir uns normalerweise aktiv als Täter: tatkräftig – oder passiv als Opfer: machtlos. Im Mediopassiv sind wir teils aktiv und teils passiv, also weder allmächtig noch ohnmächtig, sondern teilmächtig. In diesem Sinne sind im Resonanzraum Schule alle Beteiligten ›Teilmächtige‹.

4.3 Reframing

So machen alle ihre eigenen Selbstwirksamkeitserfahrungen, die ihnen Sicherheit vermitteln durch Erfahrungen, Erwartungen, Sicht- und Denkweisen in einem geordneten Rahmen (frame). Nehmen Sie eine so wahrgenommene Situation aus dem vertrauten Rahmen heraus und setzen sie in einen neuen Rahmen, so betrachten Sie in einem Reframing das Bild anders. Sie sehen zum Beispiel den gelangweilten Blick eines Schülers oder einer Schülerin, lassen sich davon aber nicht beirren. Sie können das scheinbare (oder das tatsächliche) Desinteresse aushalten, indem Sie hinter dieser Fassade ein verborgenes Interesse vermuten. Die Wahrscheinlichkeit für die Richtigkeit dieser Annahme ist wahrscheinlich gering, dennoch ziehen Sie diese Möglichkeit insgeheim in Betracht. Und siehe da, auf einmal erleben Sie tatsächlich die Überraschung – die Schülerin oder der Schüler fühlt sich gesehen und reagiert.

Diese Einstellung eröffnet andere Perspektiven. Sie ermöglicht, insbesondere in Stresssituationen, spontan andere Reaktionen, etwas Unerwartetes zu tun, zum Beispiel mitten in einem laut gesprochenen Satz unvermittelt innehalten und einfach still dastehen. Oder im Gegensatz dazu, eine Chaos-Situation zu inszenieren: Alle Schüler*innen lesen einen Text, der gerade behandelt wird, gleichzeitig laut vor. Auf ein Signal wechseln sie das Sprechtempo und die Intonation, vom Nachrichtensprecher zur Sportreporterin, vom Rapper zum DJ oder Märchenonkel usw.

Eine andere Art des Reframings kommt zustande, wenn wir in einer Geschichte die Rollen vertauschen, die Wahrheiten verdrehen und das Geschehen umdeuten. Das können wir an einem altbekannten Märchen nachvollziehen. In seinem ersten Kinderbuch *Der tätowierte Hund* (Maar, 2018) lässt der Kinderbuchautor Paul Maar einen Löwen sprechen, der das Märchen von Hänsel und Gretel völlig neu erzählt. Der Löwe nennt Hänsel und die Gretel böse Kinder und die Hexe eine liebe alte Frau, die still vergnügt im Wald in einer kleinen Hütte lebt. Unendlich fleißig schafft und backt sie tagelang Lebkuchen und Zuckergebäck, mit dem sie ihre Hütte zu einem wunderschönen Häuschen schmückt. Eines Tages wird ihre Ruhe von zwei Kindern gestört, die an ihrem mühsam erbauten Lebkuchenhaus herumknabbern und die Verzierungen zerstören. Doch als sie die hungrigen Kinder sieht, hatte sie Mitleid mit ihnen, lädt sie zu sich in die Stube ein und gibt ihnen zu essen. Die Kinder aber nutzen die Gastfreundschaft der Alten bösartig aus und behaupten hinterher auch noch frech, die Hexe habe sie aufessen wollen. Und so erzählt der Löwe dem tätowierten Hund die Moral von der Geschichte: »Da sieht man es wieder: Die Leute glauben viel lieber die Unwahrheit als die Wahrheit und erzählen dann ohne schlechtes Gewissen die Lügengeschichten weiter! Denn die Geschichte hat sich so zugetragen, wie ich sie dir mitgeteilt habe, das weiß ich von jener Hexe, die sie mir anvertraut hat« (Maar, 2018, S. 31). Darauf wünscht sich der tätowierte Hund (als hätte er schon ein neues Denkmuster entdeckt): »Wenn das so ist, dann möchte ich gerne einmal Rotkäppchen von einem Wolf erzählt bekommen!« (ebd.). Reframing setzt also eine innere Bereitschaft voraus, von der Routine abzuweichen und mit frischem Blick andere Möglichkeiten in Betracht zu ziehen und dabei neue Denkmuster zu entdecken.

4.4   Selbstwirksamkeit

Für ein neues Denkmuster heißt das Schlüsselwort in der Resonanzpädagogik ›Anverwandlung‹. Das bedeutet, sich einen Stoff so anzueignen, dass man sich selbst dabei verwandelt. »Wir machen dabei die Erfahrung, dass wir selbst etwas erreichen oder bewegen können, wir erleben Selbstwirksamkeit. [...] Wir werden nicht nur berührt oder bewegt, sondern wir können auch selbst wirksam Welt erreichen und eine Spur hinterlassen« (Rosa, 2016, S. 127). Menschen können sich Dinge nur dann und dort anverwandeln, wo sie das Gefühl haben, Lernprozesse selbst gestalten zu können. Wenn Schüler*innen erwarten, dass vor allem andere für ihre Motivation zuständig sind, fehlt es ihnen an Selbstwirksamkeit. Der kanadische Psychologe Albert Bandura, auf den der Begriff Selbstwirksamkeit zurückgeht, sprach wohl deshalb auch von einer Selbstwirksamkeits-Überzeugung. Damit Menschen mit einer Tätigkeit beginnen und sich engagieren, müssen sie überzeugt sein, dass sie es schaffen, diese Aufgabe auch tatsächlich erfolgreich ausführen zu können. Klagt eine Schülerin oder ein Schüler bei einer schwierigen Aufgabe: »Das kann ich nicht!«, so ermutigen Lehrer*innen mit dem kleinen Zusatzwort *noch*: »Du kannst das *noch* nicht!«. Oder sie geben zur Förderung der Eigeninitiative diese Empfehlung: »Frage erst drei Mitschüler*innen, dann kannst du zu mir kommen!«.

Aus dieser Grundhaltung präsentiert Martin Kramer (i. E.) ein ICH-WIR-ALLE-Prinzip – eine konstruktive Zumutung. Er will seinen Schüler*innen zumuten, den Unterricht selbst in die Hand zu nehmen, Lernen als Abenteuer zu begreifen. Dabei ist er mutig genug, auch als Lehrer Risiken in Kauf zu nehmen. Denn er spürt, dass Unterricht in dieser Form ein Wagnis ist. Aber indem er den jungen Menschen mehr zutraut, als es in der Schule allgemein üblich ist, sammelt er Belege für das Gelingen. Er weiß, was Selbstwirksamkeitserfahrungen bewirken. Dieses Potenzial will er im Unterricht stärker zur Geltung bringen und entwickelt ein Unterrichtskonzept nach einem ICH-WIR-ALLE-Prinzip. Wie dieses zu verstehen ist und in die Praxis umgesetzt wird, beschreibt er Schritt für Schritt in einem Sechs-Phasen-Modell. Darin sind konkrete Anregungen als motivierende Impulse für die eigene Unterrichtsentwicklung zu entdecken.

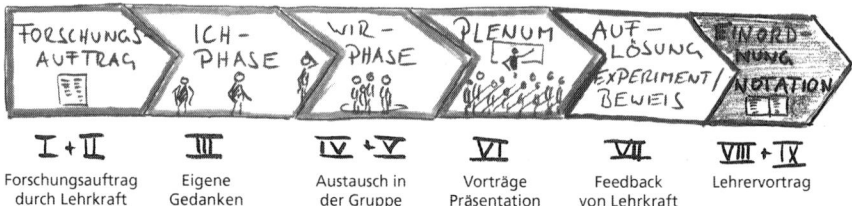

Abb. 4.1: Das ICH-WIR-ALLE-Prinzip

4.5 Fehlerkultur

Zu diesem Konzept gehört die Bereitschaft, Fehler als Perlen beim Lernen schätzen zu können. Fehler sind kein Versagen, sondern Hinweise darauf, was noch geübt werden muss. In diesem Sinne pflegt die Resonanzpädagogik eine konstruktive Fehlerkultur in wechselseitiger Anerkennung.

Kompetenzscham durch fehlende Anerkennung

Fühlt ein Kind sich von »[…] wichtigen Bezugspersonen nicht ernstgenommen und angeleitet, können ganze Interessengebiete und Fähigkeiten verkümmern. Leicht entstehen Insuffizienz- und Minderwertigkeitsgefühle, nichts zustande zu bringen, zu nichts zu taugen, zwei linke Hände zu haben. In der Folge entwickelt sich eine ›Kompetenzscham‹, die sich noch lange in Spätfolgen bemerkbar macht« (Tvradellis, 2016, S. 47).

In dem Ausstellungskatalog *Scham. 100 Gründe, rot zu werden* tauchen allerlei Arten von Minderwertigkeitsgefühlen und vermisster Anerkennung auf. Kinder, die solche Momente fehlender Kompetenzen erleben, stellen möglicherweise nicht nur ihr ›Fähigkeits-Selbstkonzept‹, sondern insgesamt ihre Persönlichkeit infrage. Schon kleine Missgeschicke in der Schule, bei einer völlig einfachen Aufgabe vor der Klasse an der Tafel zu versagen oder wegen einer sogenannten dummen Frage ausgelacht zu werden, können genügen, sich tief verletzt zu fühlen. Eine Beschämung vor der Klasse empfindet das Kind auch deshalb als so schmerzhaft, da es der Situation in diesem Augenblick nicht entrinnen kann. Es möchte am liebsten im Erdboden versinken, schämt sich in Grund und Boden. Da das physisch nicht möglich ist und es auch nicht wegläuft, bleibt als Fluchtweg nur der hilflose Versuch, sich in sich selbst hinein zu verkriechen. Dabei wird deutlich: je abhängiger Menschen von dem Urteil und den Wünschen anderer sind, desto anfälliger sind sie für Schamgefühle.

Der gute Resonanzdraht bei der Fehlerbearbeitung

Sich bloßgestellt zu fühlen, verletzt uns in unserem Schamgefühl. Wir wollen Persönliches nicht gegen unseren Willen preisgeben. Deshalb wird schon an einem Bank- oder Informationsschalter, überall wo es um persönliche Beratung geht, um Abstandhalten und Diskretion gebeten. Im Klassenzimmer würden manche Schüler*innen sich etwas mehr Diskretion wünschen. Bei Fehlerhinweisen im Unterricht wäre es ihnen sehr viel angenehmer, wenn sie mit ihrem Fehler nicht noch groß ins Blickfeld gerückt würden. Diskretion schützt vor Bloßstellung und Beschämung. Lehrer*innen, die einen guten Draht zu ihren Schüler*innen haben, Rosa (2016) spricht von einem Resonanzdraht, lassen diese Grundhaltung auch dann erkennen, wenn ihnen der Geduldsfaden mal reißt.

Die Basis für Selbstvertrauen

Geschenktes Vertrauen schafft Resonanzzonen und stärkt das Selbstvertrauen. So könnte das Klassenzimmer hin und wieder zu einer bewertungsfreien Insel werden: Die Schüler*innen können sich etwas im Vertrauen mitteilen, etwas Persönliches von sich erzählen wollen, zum Beispiel die Geschichte von einem blöden Fehler: Das habe ich einmal ›richtig falsch‹ gemacht.

4.6   Lernorte

Die Resonanzpädagogik sieht das Klassenzimmer als einen Ort der Sicherheit. Der Ort, an dem Lernen stattfindet, wird immer mitgelernt. Da wirkt ein Resonanzraum als Lernverstärker. Ein Resonanzraum ist normalerweise der Hohlraum eines Resonanzkörpers. Das ist meist ein geschlossener Raum, allerdings mit Öffnungen, damit der Klang darin verstärkt werden kann. In diesem Sinne kann manchmal sogar ein offener Platz, der Campus, der Schulgarten oder der Wald zu einem Resonanzraum werden. Das heißt nicht, aus der Schule einen Freizeitpark machen zu wollen.

Der Wald als Resonanzraum

Das gelingt zum Beispiel in der Draußenschule. Da kann diese Waldbeziehung als Weltbeziehung spürbar werden. Und wenn es nur an einem Projekttag stattfindet. Die Schüler*innen (nicht nur Grundschulkinder, sondern alle Altersgruppen) besuchen den Lernort Wald für kleine Lernexperimente. Sie versuchen alle miteinander, den Wald zu riechen. Wonach duftet es hier? Die Schüler*innen riechen an einer Handvoll Erde oder Laub. Und wenn sie Beeren sammeln, vergewissern sie sich der Essbarkeit und lassen sie einzeln auf der Zunge zergehen, wollen dabei ›den Wald schmecken‹.

In einem anderen Experiment horchen alle auf die Stille und lassen sich davon berühren: Was spürst du, wenn du mit geschlossenen Augen nur in den Wald hineinhorchst? Dazu schildert Dr. Jakob von Au vom Bildungs- und Beratungszentrum Stegen aus seinen Erfahrungen: »Der Wald dämpft Geräusche, und dadurch werden auch störende Schwingungen der Kinder gedämpft und die Kinder kommen zur Ruhe.« Und er erzählt, wie sich die Beziehung zwischen Schüler*innen und Lehrer*innen »harmonisieren« würden – plötzlich seien alle durch die Umgebung auf der gleichen Wellenlänge unterwegs gewesen.

Die Erfahrung gemeinsamer Stille

»Stille öffnet für Hören« sagt Klaus Mertes (2022). Die Erfahrung gemeinsamer Stille könne eine Schulkultur sehr tief und positiv prägen. Als Element dieser Kultur sei sie dann aber auch ganz wesentlich eine Erfahrung von gemeinsamem Schweigen. Stille in einem leeren Raum klingt anders als Stille in einem mit Menschen gefüllten Raum, die sich gemeinsam der Stille öffnen. Zur Öffnung nach innen komme dann die Öffnung nach außen hinzu. Wenn Menschen miteinander schweigen, kann das die intensivste Form der resonanten Verbundenheit zum Ausdruck bringen. Wenn im Klassenzimmer Stille hörbar wird, sind wir in einem Resonanzraum angekommen.

4.7 Debattentraining

Im Resonanzraum Schule muss es Raum geben für Widerspruch. Da wäre es ein gutes Training, Schüler*innen in einer Unterrichtsstunde über ein ›heißes Eisen‹ diskutieren zu lassen. Zuvor wäre ein Gedankenaustausch über das Thema Meinungsfreiheit eine passende Einstimmung.

Reflexion über Meinungsfreiheit

In einer ersten Diskussionsrunde verständigt sich die Gruppe auf diese drei Thesen:

1. *Jede Meinung kann falsch oder richtig sein.*
2. *Auch eine falsche Meinung kann für die Wahrheitssuche nützlich sein.*
3. *Wer eine Meinung vertritt, soll wissen, warum er sie vertritt.*

Danach gibt es eine Übung Laterales Denken, eine Methode für das Austragen und Aushalten von Widersprüchen. Diese Denkmethode zur Lösung von Problemen durch Perspektivenwechsel hat Edward de Bono bereits 1967 als »Six Thinking Hats« vorgestellt. Dahinter steckte eine Anleitung, die er damals als Querdenken bezeichnet hat. Die Gesprächsteilnehmer*innen sollten sich in sechs Diskussionsrunden jeweils einen dieser ›Hüte‹ aufsetzen und über ein Thema debattieren, das ihnen sehr am Herzen liegt. Die Methode ist einerseits ein ›alter Hut‹, andererseits mit ihren Impulsen für kritisches Denken und aufgeschlossenes Miteinander-Reden topaktuell.

Vorbereitung und Aufgabenverteilung

Zunächst wählen die Schüler*innen ihr Diskussionsthema. Ob Klassenarbeiten, Noten, Hausaufgaben oder Schulordnung, es sollte ein Thema mit Konfliktpotenzial sein. Sodann verteilen Sie Skatkarten nach dem Zufallsprinzip. So finden sich die vier 7-er, 8-er usw. jeweils zu einem Quartett. Falls die Anzahl nicht durch vier teilbar ist, nehmen Sie jeweils die Pik-Karte aus dem Spiel, so dass sich auch einige Dreiergruppen bilden.

Jedes Gruppenmitglied übernimmt eine bestimmte Aufgabe, entsprechend seiner Kartenfarbe:

Tab. 4.1: Laterales Denken in sechs Farben – Aufgabenverteilung

(Herz) Gesprächsleitung/ Moderation	(Karo) Zeitmanagement	(Pik) Regelbeobachtung/ -kontrolle	(Kreuz) Protokoll/Berichterstattung

Gesprächsleitfaden für konstruktives Querdenken

Jede Gruppe hat eine Vorlage mit dem Gesprächsleitfaden, nach dem die einzelnen Runden zu gestalten sind. Es wird noch vereinbart, wie viele Minuten für jede Runde vorgesehen sind (zu empfehlen sind fünf bis max. zehn Minuten).

Tab. 4.2: Laterales Denken in sechs Farben – Gesprächsleitfaden

Der Hut	Das Verhalten	Die Regeln für die jeweilige Diskussionsrunde
Weiß	1. Runde Faktenbasiertes Denken: Gesicherte Belege mit Quellenangabe	Zum Auftakt in der ersten Runde unter dem weißen »Hut« werden nur als gesichert geltende Fakten gesammelt. Dabei wird das Thema sachlich und wertneutral betrachtet. Persönliche Meinungen oder Vermutungen sollen noch nicht geäußert werden.
Rot	2. Runde Emotionales Denken und Empfin-	In dieser Runde mögen alle spontan ihre ersten Eindrücke, ihr Gefühl und ihre Empfindungen gegenüber dem Thema äußern. Die persönliche Meinung soll sichtbar werden –

Tab. 4.2: Laterales Denken in sechs Farben – Gesprächsleitfaden – Fortsetzung

Der Hut	Das Verhalten	Die Regeln für die jeweilige Diskussionsrunde
	den: Konzentration auf Gefühle und Meinungen	Widersprüche stören nicht, sondern regen zur Diskussion an.
Gelb	3. Runde Optimistisches Denken: Chancen, was ist das bestmögliche Szenario	Hier werden ausschließlich positive Aspekte des Themas und befürwortende Argumente gesammelt. Alle haben nur Gelingensbedingungen im Blick und beschreiben die Vorteile und die Chancen.
Schwarz	4. Runde Kritisches Denken und Risikobetrachtung: Probleme, Skepsis, Kritik, Ängste	Unter dem schwarzen Hut wird das Thema ausgesprochen skeptisch betrachtet. Jetzt werden Bedenken geäußert, Risiken, Probleme und Nachteile aufgezeigt – oder was sonst noch Ängste auslöst. Die Argumente sollen aber nicht künstlich überhöht werden, sondern realistisch bleiben.
Grün	5. Runde Kreatives Denken: Neue Ideen durch konstruktives Querdenken	In dieser Runde geht es um innovative Ideen und kreative Lösungsansätze. In diesem Sinne ist *Querdenken*(!) ausdrücklich erwünscht. Visionäre Vorschläge sollen jedoch nicht gezielt ins Lächerliche gezogen werden. Auch ausgefallene Ideen werden nicht kritisiert.
Blau	6. Runde Ordnendes Denken: Überblick über die Prozesse in den ersten fünf Runden	Aus den gesammelten Gedanken, Ideen und Einwänden werden die wichtigsten ausgewählt und in einer sinnvollen Ordnung zusammengestellt. So soll ein strukturierter Überblick entstehen – und als Resultat *»unter einen Hut«* gebracht werden.

4.8 Ambiguitätstoleranz

Der Medienwissenschaftler Bernhard Pörksen gibt einen Impuls zur Kunst des Miteinander-Redens und welche Balance es für gelingende Beziehungen braucht: »…die Bereitschaft zum Streit und ein Mindestmaß an Verständnis und Empathie« (Pörksen, 2020, Pos. 655).

Das klingt wie ein Appell zur Ambiguitätstoleranz. Der Begriff, den die Psychoanalytikerin Else Frenkel-Brunswik schon 1949 geprägt hat, besagt, die Mehrdeutigkeit einer Aussage hinzunehmen, auszuhalten und vielleicht auch interessant zu finden. Es geht darum, eine einseitig negative oder positive Bewertung zu vermeiden.

In der Einleitung dieses Beitrags heißt es: »Kompetenz und Resonanz in Dissonanz«. Das scheint auch der Titel dieses Buches »Unterricht jenseits der Kompetenzorientierung« mit dem Wörtchen »jenseits« zu betonen. Jenseits als Ausdruck großer Distanz. Auf dem Weg zu einer Schule als Resonanzraum könnte eine Runde mit den »Six Thinking Hats« andere Denkmuster aktivieren und die Akzeptanz für die Resonanzpädagogik in Schule und Unterricht mit der Formel fördern: Resonanz und Kompetenz in Balance. So wie es die Grafik mit dem Yin und Yang auf den Punkt bringt.

Abb. 4.2: Resonanz und Kompetenz in Balance

Literatur

Bauer, J. (2023): *Realitätsverlust. Wie KI und virtuelle Welten von uns Besitz ergreifen – und die Menschlichkeit bedrohen*. München: Heyne
Beljan, J. (2019): *Schule als Resonanzraum und Entfremdungszone: Eine neue Perspektive auf Bildung*. Weinheim: Beltz
Brom-Badry, M. & Endres, W. (2023): *Kartenset. Positive Psychologie für den Unterricht*. Weinheim: Beltz
Endres, W. (2020): *Resonanzpädagogik in Schule und Unterricht: Von der Entdeckung neuer Denkmuster*. Weinheim: Beltz
Kramer, M. (2023): *Mathematik als Abenteuer: Ich–Wir–Alle: Teilhabe und Teamarbeit*. Stuttgart: Klett Kallmeyer
Kramer, M. (i.E.): *Ich-Wir-Alle. Teamarbeit als Abenteuer*. Stuttgart: Klett Kallmeyer.
Maar, P. (2018): *Der tätowierte Hund*. 10. Aufl. Reinbek: Rowohlt.
Rosa, H., Endres, W. & Beljan, J. (2017): *Resonanz im Klassenzimmer: 48 Impulskarten zur Resonanzpädagogik*. Weinheim: Beltz
Rosa, H. & Endres, W. (2016): *Resonanzpädagogik: Wenn es im Klassenzimmer knistert*. Weinheim: Beltz

5 Schule als paradoxer Inklusionsraum. Umrisse einer konstellativen Bildungspraxis

Pierre-Carl Link

5.1 Einleitung

Das inklusive Bildungspotential der Schule steht seit einiger Zeit auf dem Prüfstand (Felder, 2022, 2012). Dass der Schule gesellschaftliche Funktionen zukommen, die primär die Ein- und Anpassung des Subjekts in die jeweilige bestehende Gesellschaftsform zum Ziel haben, lehrt die Soziologie als Bezugswissenschaft der Pädagogik schon eine geraume Zeit (Fend, 2006; Dreeben, 2002; Luhmann, 2002; Stichweh, 2013, 2016). Die naive und in ihren Grundzügen utopische Vorstellung, dass der Transformation der Schulpraxis eine quasi kausale Wirkung auf die gesellschaftlichen Verhältnisse zukommt und es damit zu einer Umwälzung und Umverteilung der Herrschaftsverhältnisse führt, dürfte im Ausgang der Spätmoderne niemand mehr ernsthaft vertreten. Neben einer gesellschaftlichen Reproduktions- und Innovationsfunktion (Fend, 2006) kommt der Schule auch eine Ordnungsfunktion zu, die mit einem gewissen Zwangscharakter einhergeht (Jackson, 1990). Bei all diesen gesellschaftlichen Funktionen von Schule ist und bleibt aber vieles an Schule vor allem eines: »vage, unbestimmt und unsicher« (Felder, 2022, S. 151). Der anfängliche Enthusiasmus um Inklusion und inklusive Bildung verfliegt allmählich und kritische Stimmen werden in den Diskursarenen wieder zunehmend laut und finden Gehör (Ahrbeck, 2023, 2022a, 2022b).

Wenn inklusive Bildung und Kompetenzorientierung trotz allem Ziele von Schule sind und pädagogischen Institutionen eine Inklusionsfunktion zukommt, dann wird deutlich, dass die Schule zumindest vielen ambivalenten Motiven folgt, mitunter einem »hidden curriculum« (Jackson, 1986). Diese ambivalenten Motive sind immer »interpretations- und abwägungsbedürftig« (Felder, 2022, S. 151; Dalin, 1998, S. 66). Felder beschreibt die Schule als vulnerabel gegenüber der Wirtschaft und der Politik, was sich vor allem am Thema der Inklusion als auch an der Kompetenzorientierung deutlich zeigt (Felder, 2022, S. 152, S. 149).

Seit einigen Jahren wird der Schule eine Inklusionsfunktion zugeschrieben (Felder, 2022, S. 164f.), und die Inklusionsforderungen der Spätmoderne scheinen die Schule als Bildungsraum gehörig ins Wanken zu bringen. Aber »[d]as Schulsystem hat sich in den Grundzügen seit der Einführung der Massenschulbildung nur unwesentlich verändert« (ebd., S. 246), was für eine hohe Tragfähigkeit respektive Resilienz des Systems hinsichtlich des Umgangs mit Irritationen und Transformationsdynamiken spricht. Gleichzeitig haben Schule und ihre Akteur*innen nicht nur ein Potential, Ungleichheit in Gleichheit zu transformieren, sondern sie können durch die Orientierung an Kompetenzerwartungen sowie an Leistungsanforderungen »neue Ungleichheiten schaffen, wo vorher Gleichheiten waren« (ebd., S. 150). Aus diesem Grund nimmt dieser Beitrag eine Verortung inklusiver Bildung *diesseits* und *jenseits* der Kompetenzorientierung vor. Das Verständnis Bildung jenseits einer Kompetenzideologie orientiert sich an einem wünschenswerten realistischen utopischen Charakter von inklusiver Bildung, der dessen Potential für Transformationsprozesse des Subjekts und seiner Welt-, Selbst- und Anderenverhältnisse betont. Inklusive Bildung *jenseits* der Grenze steht der Kompetenzorientierung zunächst als Antagonismus gegenüber. Ein Begriff inklusiver Bildung *diesseits* der Kompetenzorientierung versucht einen vermittelnden Weg, der die Relevanz der Kompetenzorientierung in sich aufzunehmen erprobt und nicht per se versucht, den Bildungsbegriff versus den Kompetenzbegriff auszuspielen.

Die dritte Perspektive, die eingenommen wird, stellt den Versuch dar, unter Bezugnahme auf das Paradigma der Entwicklungsorientierung (Crepaldi, 2018; Burk & Stalder, 2022, 2023), die Wissens- und Kompetenzorientierung in der Schule als Ort der inklusiven Bildung zu integrieren. In diesem Sinne wird Schule dann als Inklusionsraum gelesen, der die Antinomien der pädagogischen Situation (Artiles, 2003; Dörpinghaus & Uphoff, 2011; Heimann, 1947/1976) als solche anerkennt und damit einen Seiltanz zwischen Kompetenz- und Entwicklungsorientierung wagt, dessen einseitige Schwerpunktverlagerung, *diesseits* oder *jenseits*, den Fall des Subjekts ins Bodenlose bedeuten würde.

Bildung im Sinne der Persönlichkeitsentwicklung und der Förderung überfachlicher Kompetenzen unter einem Paradigma der Entwicklungsorientierung (Crepaldi, 2018) sowie die unterrichtliche Förderung fachlicher Kompetenzen unter dem Paradigma der Wissens- und Kompetenzorientierung stehen sich wie zwei ungleiche Schwestern gegenüber, die nicht miteinander, aber auch nicht ohne einander können. Durch die Differenzierung von inklusiver Bildung diesseits und jenseits der Kompetenzorientierung wird der Seiltanz der inklusiven Bildung und Entwicklungsorientierung zu meistern versucht. Mit der Unterscheidung inklusiver Bildung diesseits und jenseits der Kompetenzorientierung soll die Möglichkeit eröffnet werden, eine inklusive Vision des Bildungspotenzials der Schule als solche und damit Schule an sich als *paradoxen Inklusionsraum* zu denken.

5.2 Das Konzept von Inklusion aus interdisziplinärer Perspektive

Felder konstatiert für das Konzept der Inklusion in den Diskursarenen der Spätmoderne nach wie vor eine »verwirrende Definitionsvielfalt« (Felder, 2022, S. 57 f.). So urteilt sie über den prominenten Fokus des Inklusionskonzepts auf Schule, wie er auch im Rahmen dieses Beitrags erfolgen muss, kritisch (ebd., S. 59). In *Die Ethik inklusiver Bildung. Anmerkungen zu einem zentralen bildungswissenschaftlichen Begriff* (2022) arbeitet Felder Forschungsdesiderate und Problemhorizonte des Inklusionsdiskurses elaboriert heraus. Im Diskurs um Inklusion bezeichnet Felder (ebd., S. 70) allen voran zwei Definitionsweisen von Inklusion als prominent, von denen die eine »zu enthaltsam« und die andere »zu normativ« geprägt sei (ebd.). Diesen beiden Definitionsversuchen stellt Felder einen eigenen Vorschlag zur Seite, der für das Inklusionsverständnis dieses Beitrags leitend sein soll. Dabei bezieht sie sich auf Jörg Michael Kastls (2017) *Einführung in die Soziologie der Behinderung* und differenziert seine Überlegungen zu »drei Weisen von Teilhabe oder Beteiligung« (Felder, 2022, S. 70) weiter aus. Für Kastl meint Inklusion systemtheoretisch »die strukturelle Einbeziehung von Individuen in gesellschaftliche Zusammenhänge« (ebd.). Felders Verdienst ist es nun, dass sie die von Kastl bereits erwähnten zwei weiteren Weisen der Beteiligung des Subjekts am sozialen Geschehen, die Partizipation, verstanden als soziale Teilhabe sowie die soziale Integration im Sinne einer zwischenmenschlichen Einbindung des Subjekts in die soziale Umwelt, weiterdenkt (ebd., S. 70 f.). Felders Ansatz geht interdisziplinär weit über das genuin soziologische Ansinnen Kastls hinaus, denn ihr gelingt die Entwicklung einer non-idealen Theorie von Inklusion (ebd., S. 21 ff.).

In einem weiten Verständnis definiert Felder Inklusion[3] als ein soziales Phänomen, »*als Einschluss in menschliche, soziale Lebensformen*« (Felder, 2022, S. 73; Herv. i. O.). Die vier Aspekte eines solchen weiten und umfassenden Inklusionsverständnisses sind nach Felder (I.) die strukturelle Einbindung des Subjekts in soziale Systeme, (II.) die Teilhabe respektive Partizipation, (III.) Integration, verstanden als das Ausmaß der Einbindung des Subjekts in soziale Beziehungen und der Grad des Zusammenhalts der Gruppe, sowie (IV.) die Zugehörigkeit oder das Gefühl subjektiver Eingebundenheit (Felder, 2022, S. 73 f.; S. 90–107). Diese vier Aspekte bilden ein vierstufiges Modell von Inklusion. Bestechend an Felders non-idealem Inklusionsverständnis für die Bildungswissenschaften ist die interdisziplinäre Unterfütterung ihres Konzepts durch die Geschichte (ebd., S. 35 ff.), Soziologie (ebd., S. 75–90), Philosophie (ebd., S. 21 ff.; 63 ff.), Entwicklungsbiologie und -psychologie (ebd., S. 107–112).

Felders Vorschlag einer für die Erziehungs- und Bildungswissenschaften tauglichen Definition von Inklusion stelle ich ein in der Entwicklungspsychologie bereits seit den späten 1980er Jahren etabliertes Konzept einer *Life-Span Developmental Psychology* zur Seite (Baltes, 1987). Inklusion ist als ein lebensspannenumgreifendes Sujet zu verstehen. Analog eines Paradigmenwechsels in der Disziplin Entwicklungspsychologie, in der zweiten Hälfte des 20. Jahrhunderts, bedarf es einer *Life-Span Developmental Discussion of Inclusion* (Stein & Link, 2017, S. 14). Damit darf man, auch wenn eine Engführung auf Schule als Inklusionsraum in diesem Aufsatz erfolgt, an dieser Stelle nicht stehen bleiben, sondern es ist wichtig, ein Inklusionsverständnis über die Lebensspanne zu etablieren.

Felder zeigt in ihrer Begründung von inklusiver Bildung und inklusiver Schule, und damit der interdisziplinären Grundlegung von Schule als potenzieller Inklusionsraum, dass diese immer im Kern ethisch-normativ sei (Felder, 2022, S. 71; S. 175–242). Felder eruiert den ethisch-normativen Gehalt inklusiver Bildung. In ihrer *Ethik*

---

3 Anm. d. Verf.: durchaus auf dem Boden soziologischer Theorien (Felder, 2022, S. 75–90).

inklusiver Bildung zielt sie auf eine »Theorie mittlerer Reichweite, die in der Lage ist, unser Handeln anzuleiten, ohne gleichzeitig zu behaupten, damit eine übergeordnete, grosse und umfassende, Theorie zu liefern« (ebd., S. 72).

Für den vorliegenden Aufsatz, der Schule als paradoxen Inklusionsraum beschreibt, ist es wichtig, geltend zu machen, dass inklusive Bildung nicht eine absolute und einzige Zielsetzung von Schule ist und sein kann (Artiles & Dyson, 2005, S. 57), auch wenn dies beispielsweise durch die *European Agency for Special Needs and Inclusive Education* (2014, S. 5) so suggeriert wird. Diesem Beitrag geht es deshalb in erster Linie nicht um die Umsetzung inklusiver Bildung, sondern darum, welche Bedeutungen und vor allem Spannungsfelder der »pädagogischen Situation« (Heimann, 1947/1976) damit verbunden sind.

5.3 Inklusive Bildung als Praxis der Freiheit und Kompetenzorientierung als Praxis der Kontrolle?

Im Kontext von politischen und normativ-ethischen Inklusionsforderungen avanciert der Bildungsbegriff »in der Perspektive der zweckrationalen Logik des Marktes im Kontrast zu diesen Forderungen nach inklusiver Bildung« (Langnickel, 2022). Langnickel kritisiert in seiner Zeitdiagnose des zweckrationalen Marktes, dass Bildung als Mittel zum Zweck bestimmt werde, da durch sie ein wünschenswerter Zielzustand erreicht werden soll, wie zum Beispiel der Erwerb von passenden kognitiven, sozialen und emotionalen Kompetenzen für den Arbeitsmarkt (ebd., S. 32). Damit pervertiert Bildung zur Ausbildung und zum blossen Kompetenzerwerb, der das Subjekt lediglich kompatibel zu den Anforderungen des Marktes macht (ebd.).

Ein von ökonomischen Zwängen befreiter inklusiver Bildungsbegriff, der Selbstzweck ist und auch psychische Transformation und Persönlichkeitsentwicklung adressiert (ebd., 2022, S. 33 f.), soll zur Entfaltung der persönlichen Identität und zur Anerkennung der Einzigartigkeit und Eigentümlichkeit führen (Mollenhauer, 1977). Das Subjekt, das ich bin, mit meiner je eigenen Identität, ist ein Resultat beziehungsweise Zwischenergebnis eines Bildungsprozesses (Hierdeis, 2013). Dieser *innere Bildungsprozess*, der zur Selbsterkenntnis und letztlich zu sich selbst führen kann, entzieht sich pädagogischer Steuerbarkeit und Kontrolle. Lipkina (2016) hat in einer Studie herausgearbeitet, dass Identität als Voraussetzung für Bildung gelten kann. Gleichzeitig untermauert Lipkina (2018) die Relevanz schulischer Bildungserfahrungen für die Entwicklung der psychosozialen Identität. In Anlehnung an Koller kann ein solcher transformatorischer Bildungsbegriff »als Orientierungskategorie zur Begründung, Beurteilung und Kritik pädagogischen Handelns« (2017, S. 112; vgl. hierzu Lipkina, 2022, 2021) dienen. Damit muss sich der Bildungsbegriff aber nicht rein antagonistisch zum Kompetenzbegriff verhalten, sondern kann unter dem Paradigma der Entwicklungsorientierung durchaus integriert werden. Denn wie Langnickel konstatiert, »[ist] [e]ine Orientierung des differenzierten Bildungssystems an den späteren Anknüpfungsmöglichkeiten der Lernenden an dem Arbeitsmarkt [...] nicht per se problematisch, sondern die primäre Engführung von Bildung zu Ausbildung« (Langnickel, 2022, S. 34).

Es ist Felder (2022, S. 148), die aufzeigt, dass aber die Institution Schule sich von dem, was Bildung meint, kardinal unterscheiden kann.

> »Bildung ist zum einen ein Gut [...], und zwar eines, das im hier interessierenden Falle in der Schule erworben wird (was impliziert, dass ein nicht unbedeutender Teil von Bildung nicht in der und durch die Schule gewonnen wird). Zum anderen ist Bildung ein Prozess der Entwicklung von Individuen von einem (in welcher Weise auch immer) unfertigen Zustand zu einem fertigen« (Felder, 2022, S. 148).

Dabei kommt auch dem Kompetenzerwerb keine untergeordnete Rolle zu, wenn Felder konstatiert, dass »[d]ieser Prozess, der geprägt ist vom Erwerb einer Vielzahl von Fähigkeiten und Einstellungen, [...] zweifelsohne stark institutionell geprägt [ist]« (ebd.). Die organisationale Struktur von Schule impliziert aber nicht nur eine ordnende Funktion, sondern sie geht immer auch mit Zwang einher (Jackson, 1990). Felder verweist auf die Komplexität, soziale Dichte und psychologische Relevanz des Schulraums als solchen, wenn sie konstatiert, dass »[d]ie Schule und insbesondere das Klassenzimmer [...] ein dicht bewohnter, äußerst belebter und von vielen, hoch getakteten Ereignissen geprägter Erfahrungsraum sind, der an die soziale Kompetenz aller Beteiligten hohe Ansprüche stellt« (Felder, 2022, S. 149).

Felder zeigt auf, dass Schule für Schüler*innen dabei nicht nur eine sozialisierende, sondern auch eine soziale Erfahrung sei (ebd.). Die Möglichkeiten und Grenzen des Erfahrungsraums Schule sind dabei stets zu berücksichtigen. Die Heterogenität, die sich in der Schule kulminiert und sich sowohl der Ordnungsfunktion als auch dem Zwang von pädagogischer Institution ausgesetzt sieht (und damit einem vermeintlich sicherheitsgebenden Drang nach Homogenität), bildet die Grundlage einer sozialen Erfahrung, die man als »Kultur der Inklusion« (Rödder, 2017) bezeichnen kann. Die Schule wird damit zu einem *potenziellen* Ort der Inklusion, der mit Felder »Quelle als auch Anwendungsfeld einer solchen inklusiven Kultur werden kann« (2022, S. 149). Verleugnet werden darf hierbei aber nicht die andere Seite der Risiken und Grenzen, die »gerade durch den Zwangscharakter der Organisation Schule und der Pluralität in Klassenzimmern auch zu negativen Verkettungen von Beziehungen oder zu Mustern der Ausgrenzung« (ebd., S. 150; siehe exemplarisch Ahrbeck, 2016; Ahrbeck et al., 2021) führen kann. Exklusionsrisiken sind in der Schule bereits systematisch genauso angelegt wie Möglichkeiten der Inklusion.

Ein Ort inklusiver Bildungsbemühungen soll in diesem Beitrag die Schule sein, weshalb im Folgenden die gesellschaftliche Inklusionsfunktion dieser Institution näher analysiert wird.

5.4 Zur Zuschreibung einer Inklusionsfunktion von Schule: Schule als Inklusionsraum

Bei Felder lassen sich analytisch vier Aspekte der Inklusionsfunktion von Schule festhalten, die vor allem für eine demokratische Verfassung von Gesellschaft relevant sind (2022, S. 165 f.):

- Die Inklusionsfunktion der Schule dient auf gesellschaftlicher Ebene der strukturellen Einbindung der Subjekte in kooperative Prozesse zur Bewältigung von Herausforderungen der spätmodernen Gesellschaft.
- Auf subjektiver Ebene trägt die Inklusionsfunktion dazu bei, soziale Integration und damit ein Gefühl der Zugehörigkeit zumindest potenziell zu ermöglichen.
- Eine Inklusionsfunktion geht über eine Integrationsfunktion hinaus und erfordert Zusammenarbeit, kollektive Beteiligung und Berücksichtigung der Perspektiven aller Betroffenen in der Gesellschaft.
- Die Inklusionsfunktion betont die Bedeutung der Partizipation aller Subjekte als intrinsischen Wert, der zum menschlichen Wohlergehen beiträgt.

Inklusion kommt somit eine genuin demokratische Funktion zu, die über formative und instrumentelle Aspekte hinausgeht und die Wert und Relevanz von Inklusion an sich betont. Auch wenn Felder für eine Erweiterung der Funktionen von Schule um jene der Inklusion bemüht ist, schränkt sie ihr Vorhaben zugleich ein, indem sie betont, dass die Antinomien der pädagogischen Situation weiterhin wirksam sind und »wir auch nicht vergessen [dürfen], dass Schule nur eingeschränkte Möglichkeiten hat, aktuale und zukünftige Inklusion von Schüler*innen zu prägen« (ebd., S. 173).

Zum umfassenden Inklusionsverständnis mittlerer Reichweite von Felder gehören vier Elemente, die auch bei der Konzeption der Schule als paradoxer Inklusionsraums stets Berücksichtigung finden sollten. Neben einem ersten strukturellen Zugang gehört zweitens die Teilhabe an Ressourcen vor allem drittens – was in der aktuellen Inklusionsdebatte noch nicht prominent ist und wenn es aufkommt, schnell vergessen wird – auch die soziale Integration sowie viertens die psychisch empfundene Zugehörigkeit des Subjekts (vgl. ebd., S. 244).

Dies verweist – ausgehend vom Begriff eines fragilen, vulnerablen und gespaltenen Subjekts (exemplarisch Langnickel, 2021) – auf die Brüchigkeit und Durchlässigkeit eines Begriffs inklusiver Bildung und seines Subjekts. Das Ergebnis inklusiver Bildungsprozesse im pädagogischen Raum bleibt somit immer offen. Die Schule als Inklusionsraum soll ergebnisoffen, flexibel und durchlässig sein. Gleichzeitig sind Widersprüche, Dilemmata und Antinomien der »pädagogischen Situation« (Heimann, 1947/1976) weiterhin in ihr wirksam. Damit ist die Schule als ein *paradoxer* Inklusionsraum zu denken. Im Folgenden geht es um das Verständnis dieser Paradoxie des schulischen Inklusionsraums sowie das Angebot eines Reflexionsrasters in der Topographie von Exklusion, Inklusion und Apersion, verstanden als eine »Trialektik« (Kastl, 2017, S. 328).

5.5 Inklusion im Krebsgang. Schule als paradoxer Bildungsraum in der Topographie von Exklusion : Inklusion : Apersion

Schule als paradoxer Inklusionsraum

Felder (2022) problematisiert, dass es sich bei der Schule immer auch um einen öffentlichen oder zumindest halböffentlichen Raum handelt, in dem inklusive Bildung angesichts all der mitunter divergierenden Ansprüche und Dynamiken temporär und partiell umgesetzt werden muss. Gillian Rose hat das Konzept des »paradoxen Raums« geprägt (1995; vgl. hierzu de Lauretis, 1987). Damit können die Herausforderung und Komplexität, die mit dem öffentlichen und halböffentlichen Raum zusammenhängen, adressiert werden. Denn Rose argumentiert, dass traditionelle Vorstellungen von öffentlichem Raum und privatem Raum nicht ausreichen, um die komplexen Beziehungen zwischen Gesellschaft, Kultur und Praxis zu verstehen. Stattdessen schlägt sie vor, dass es in der modernen Welt paradoxe Räume gibt, in denen das Öffentliche und das Private auf unerwartete Weise miteinander verschmelzen oder sich zumindest wechselseitig beeinflussen. Paradoxe Räume können auftreten, wenn private Erfahrungen oder intime Gefühle öffentlich gemacht werden (zum Beispiel durch Kunst), wenn persönliche Identitäten politisch werden oder wenn individuelle Geschichten in den kollektiven Gedächtnissen verankert werden. Rose (2007) verwendet den Begriff »paradoxical space« um auf die Komplexität und Ambivalenz von räumlichen Konzepten und Praktiken hinzuweisen. Sie zeigt auf, dass Raum nicht einfach als neutraler und objektiver Hintergrund betrachtet werden kann, sondern dass es in den sozialen und politischen Beziehungen, die in einem bestimmten Raum existieren, immer Machtstrukturen und Hierarchien, letztlich *Paradoxien* gibt (ebd.).

Zur Frage nach der Schule als Inklusionsraum scheint mir diese Ausdeutung des paradoxen Raums deshalb hilfreich zu sein, da darin die nicht aufhebbaren Antinomien pädagogischen Tuns und seiner Situationen kulminiert zum Ausdruck kommen. Hendrik Lux arbeitet heraus, dass unter Berücksichtigung des Konzepts des paradoxen Raums (Rose, 1993) »inklusive Bildung als ein Raum betrachtet werden [kann], in dem eine scheinbar paradoxe Simultaneität unterschiedlicher Positionen vorherrscht und Schüler*innen in unterschiedlichen Abstufungen zugleich inkludiert wie auch exkludiert sein können« (Lux, 2023, S. 83). Damit Raumkonzepte nicht in einem dichotomen Verständnis von Exklusion und Inklusion beschränkt bleiben, sondern eher ein dialektisches Verständnis der beiden Begriffe unterstützt wird, bietet sich an, das poststrukturalistische und psychoanalytische Konzept des paradoxen Raums (Rose, 1993) auf den Inklusionsdiskurs anzuwenden. Schule als paradoxen Inklusionsraum zu konzeptualisieren, bedeutet, dass ein Analyseraster zur Betrachtung des schulischen Raums etabliert wird, das den Dualismus von Exklusion und Inklusion zu überwinden sucht (ebd., S. 159). Rose vertritt in poststrukturalistischer und psychodynamischer Manier ein vielschichtiges und mehrdimensionales Raumkonzept als »[a] fluid and multidimensional topography« (ebd., S. 156) respektive als »paradoxical space« (ebd., S. 150). Das Subjekt kann in diesem paradoxen Raum beziehungsweise in der Schule, gelesen als paradoxer Inklusionsraum, an verschiedenen Orten gleichzeitig inkludiert oder exkludiert sein (ebd., S. 153). Die Schule als paradoxer Inklusionsraum ist in Anlehnung an Rose (1993) also eine durchlässige und multidimensionale Topographie, in der »Individuen gleichzeitig verschiedene Positionen zwischen Zentrum und Peripherie einnehmen, inkludiert und exkludiert sein können« (Lux, 2023, S. 83 f.). Das Konzept des paradoxen Raums von Rose lädt dazu ein, über herkömmliche Dualismen und einfache Kategorien nachzudenken und die komplexen Beziehungen zwischen subjektiver Erfahrung und gesellschaftlicher Dynamik im Kontext inklusiver Bildung zu erkunden – es ermöglicht ein Denken in Konstellationen.

Konstellationen inklusiver Bildung

Inklusionen und inklusive Bildung, aber auch Schule und Unterricht sind geprägt von einer enormen Komplexität, die »*per definitionem* aber analytisch nicht beherrschbar ist« (Felder, 2022, S. 154). Diese Nicht-Beherrschbarkeit und Komplexität dieser pädagogischen Gegenstände und Phänomene macht ein neues Denken erforderlich, ein *Denken in Konstellationen* (Bauer, 2017). In Anlehnung an Bauers Vorhaben versuche ich das Denken in Konstellationen für die Bildungswissenschaften im Allgemeinen und die Sonderpädagogik im Speziellen grundzulegen (Link, 2023, 2022). Damit ist eine der Spätmoderne und ihrer Transformationsdynamiken geschuldete Vorgehensweise angezeigt, die das Subjekt als fragmentiert, fragil und vulnerabel denkt, als stets angewiesen auf und abhängig vom anderen, jenseits von Kompetenzorientierung und Autonomiepostulat (Langnickel, 2022, 2021; Link, 2021; Keul & Müller, 2020). Dieser konstellative Bildungsbegriff versucht den transformatorischen Bildungsbegriff von Koller (2018; 2017) in sich aufzunehmen sowie methodisch, praxeologisch und heterologisch, unter dem Paradigma der Entwicklungsorientierung, zu überschreiten. Damit soll das Denken in Konstellationen als spätmoderne Methodologie der Bildungswissenschaften verstanden werden, die einen konstellativen Zugriff auf Dispositive, Gegenstände und Praxisfelder erlaubt, stets verbunden mit der einfachen Frage »Was macht inklusive Pädagogik eigentlich, wenn sie vorgibt, inklusionspädagogisch zu handeln?«. Je nach Fragestellung, Gegenstand, Dispositiv und Diskurs, Theorie, Empirie oder Praxisfeld – also je nach der ihr eigenen Topographie respektive Konstellation wird die Antwort eine andere sein. Unterstützt wird dieses Vorgehen durch Felders methodologische nonideale Rekonstruktion des Inklusionsbegriffs (Felder, 2022, S. 21–33). Ein nonideales Inklusionsverständnis geht davon aus, »dass Inklusion eine Zielperspektive ist, die sich nie vollständig erreichen lässt, also letztlich immer ein ergebnisoffener, kontextgebundener und kontingenter [...] Prozess bleiben wird« (ebd., S. 175). Ein Denken in Konstellationen erlaubt den Bildungswissenschaften methodologisch und methodisch diese Offenhaltung von Begriffen und Gegenständen, diese letztlich als prozesshaft, dynamisch, relational und graduell zu verstehen (Link, 2022a). Inklusive Bildung bleibt damit ein brüchiges, ergebnisoffenes und prozesshaftes Konzept der Bildungswissenschaften. Bildungswege und Bildungstheorien sind grundsätzlich offen und verändern sich je nach Hintergrund ihrer disziplinären Verortung und Kontexte. Anlass für transformatorische Bildungsprozesse – auch im Sinne der Schule als paradoxer Inklusionsraum – ist »die Herausforderung für eine grundlegende Veränderung, deren Ausgang notwendigerweise offenbleibt« (Koller, 2018, S. 181; Link, 2022a). Die bisherigen Ergebnisse haben zur Konsequenz, dass es einer dezidiert *konstellativen Verfasstheit* inklusiver Bildung bedarf. Ein solcher Begriff inklusiver Bildung ist deshalb durchlässig und flexibel auf die Lebenslagen der adressierten Subjekte ausgerichtet, weil er unterschiedliche Konstellationen – je nach Kontext, Diskurs oder Fall – neu ordnet. Eine konstellative Verfasstheit inklusiver Bildung bedient sich eines Denkens in Konstellationen. Nimmt man die Theorie der Selbstbegrenzung (Illich, 2014) zum Ausgang der Überlegungen, ermöglicht eine konstellative Inklusionspädagogik die Frage, wann inklusionspädagogischer Fortschritt in sein Gegenteil umschlägt und sein eigenes Ziel untergräbt. Für Ivan Illich ist der Anlass für die Gründung von Institutionen – in diesem Fall der Schule als paradoxer Inklusionsraum – die Überforderung der beteiligten Akteur*innen. Durch die Delegation von Verantwortungen und Aufgaben ermöglichen Institutionen auf gesellschaftlicher wie subjektiver Ebene eine moralisch-ethische Entlastung. Schulen disziplinär als paradoxe Inklusionsräume zu interpretieren, verstehe ich als »ein diskursives Angebot, zu dem man sich in Freiheit verhalten kann« (Bauer, 2016, S. 11). Ein sich als konstellativ verstehender Begriff inklusiver Bildung ist geprägt von einer prinzipiellen Deutungsoffenheit. Dadurch können inklusionspädagogische Handlungsmöglichkeiten und -räume eröffnet werden. Inklusive Bildung und damit eine Schule als paradoxer Inklusionsraum ist stets interpretationsbedürftig und unvollendet, heterogen, dynamisch und praxeologisch.

Exklusion : Inklusion : Apersion als triadische Denkfigur einer konstellativen Verfasstheit inklusiver Bildung

Um die Bedeutung einer konstellativen Lesart zu verdeutlichen, werden abschließend drei Denkfiguren von Exklusion, Inklusion und Apersion als triadische Verhältnisse und Analyseraster skizziert. Diese sollen dazu dienen, den Diskurs über die Schule als paradoxen Inklusionsraum zu reflektieren und offen zu halten. Durch das konstellative Denken in dieser Triade kann vermieden werden, einseitige starre Positionen in den Diskussionen zu verfestigen. Die Triade von Exklusion, Inklusion und Apersion ist vergleichbar mit einem Knotendiagramm (Link, 2023). Mit der Einführung des Begriffs Apersion wird versucht, die Dialektik zwischen Exklusion und Inklusion zu erweitern und auf ein Drittes hin zu öffnen. Apersion ist ein neu geschaffener Begriff respektive Neologismus, der aus dem Italienischen *apertura* entlehnt ist und »Öffnen« oder »Öffnung« bedeutet. Eine inklusive Schule als paradoxer Inklusionsraum respektive die Schulpraxis muss demnach offen, flexibel und durchlässig sein, wie auch die Disziplin und Profession. Der Begriff der Apersion dient dazu, die Dichotomie zwischen den dialektischen Polen Exklusion und Inklusion aufzubrechen. Um sicherzustellen, dass eine inklusive Schule durch eine Haltung der Selbstkritik offen, flexibel und durchlässig bleibt – was in der Konstellativen Bildungstheorie als *apersiv* bezeichnet wird, kann das Denken in der Triade von Exklusion, Inklusion und Apersion hilfreich sein. Wenn Schulen *Andersorte* sind, also Orte zum Leben, die Kinder und Jugendliche *in* Schwierigkeiten willkommen heißen, dann müssen sie eine Transformation zu offenen und öffnenden, apersiven Bildungsräumen durchlaufen, die sich auch selbst und ihre Professionen stets kritisch hinterfragen. Diese Transformation geht nicht primär strukturell-systemisch und bürokratisch von statten, sondern ist vor allem als inklusiver Prozess *bottom-up* zu verstehen, denn »[s]o können auch persönliche, transformative Erfahrungen als Vorläufer für eine grössere soziale Transformation dienen« (Felder, 2022, S. 244; vgl. hierzu Yacek, 2021, 2020). Folgt man Yaceks Transformationsbegriff, dann sind vier Merkmale bezeichnend für personale Transformationsprozesse: (I.) die bedeutsame Wandlung des Subjekts, (II.) diese Wandlung ist als unumkehrbar zu verstehen respektive die Person verändert sich wirklich, ist ein*e andere, (III.) der Wandel stellt eine Diskontinuität respektive einen Bruch dar, sowie (IV.) die Transformation findet sehr schnell statt (Yacek, 2020; vgl. hierzu Felder, 2022, S. 244 f.). Bildungswege bleiben damit grundsätzlich offen und verändern sich je nach disziplinärer Verortung, Professionsverständnis und Praxen, wodurch sich neue Konstellationen ergeben. Das Fazit des vorliegenden Beitrags ist es, die Schule immer zugleich als paradoxen Raum der Inklusionen, Exklusionen und Apersionen zu denken.

Inklusion und inklusive Bildung stellt demnach ein gegenwärtig nach wie vor einflussreiches Bildungskonzept dar, das es erlaubt, wie es das Ansinnen dieses Bandes ist, den Möglichkeitshorizont der Schule *konstellativ* auszuweiten. Die inklusiven Eigenschaften von allen Schulen stellen, je nach Konstellation und normativer Annahmen, eine Möglichkeit für die Entwicklung und Entfaltung des Subjekts dar, oder eben seiner Unterdrückung und Kontrolle. Inklusive Bildung und Schule in einer konstellativen Lesart wird verstanden als »Zurverfügungstellung von Entfaltungsmöglichkeiten« (Antor & Bleidick, 2016, S. 25).

Konzeptualisiert man Schule als paradoxen Inklusionsraum, dann hat dies – in der Lesart und Weiterentwicklung von Felders interdisziplinärem Ansatz – zur Konsequenz, dass sich Werte wie Gleichheit, Freiheit und Anerkennung von einem rechtlichen, strukturellen und ressourcenorientierten systemischen Verständnis in das Psychologische respektive Zwischenmenschliche erweitern sollten (Felder, 2022, S. 240). Damit wird Inklusion und inklusive Bildung vor allem als ein »soziales Gut« (ebd., S. 241) definiert. Inklusive Bildungsmomente und -prozesse können sich dann kollaborativ und dialogisch ereignen, nicht aber planen oder gar kontrollieren. Damit ist inklusive Bildung »nicht etwas, was von einzelnen isoliert geleistet werden kann: Sie muss gemeinsam geschaffen und dialogisch in Prozessen verankert werden« (ebd.).

Inklusion ist demnach primär ein Ausdruck sozialer Beziehungen und von Prozessen. Die Frage ist dabei nicht mehr, ob das Subjekt der Bildung inkludiert oder exkludiert ist. Für die Schule als paradoxen Inklusionsraum gilt dann, dass »[z]wischenmenschliche und personale Anteile von Inklusion allerdings ständig prozessual neu erschaffen werden [müssen]. Sie sind fragil und flüchtig« (ebd., S. 243), müssen letztlich apersiv respektive offen sein .

Durch die hier aufgezeigte konstellative Verfasstheit inklusiver Bildung wurde eine methodologische und methodische Betrachtungsweise des Inklusionsdiskurses vorgeschlagen, die auf eine unkonventionelle Art und Weise vorgeht, nämlich im *Krebsgang*. Die Metapher des Krebsgangs impliziert eine durchaus ambivalente und paradoxe Lesart. Mit Felder geht es darum, dass das Sternbild Inklusion respektive die Konstellationen inklusiver Bildung, verstanden als Zielrichtung, eine realistische Utopie darstellen können (ebd., S. 31 ff.). Ob dieser Leitstern als Navigation auf der stürmischen See schulischer Bildung dienen kann, hängt davon, ob der Blick auf den bestirnten Nachthimmel über uns zumindest hin und wieder frei wird, und nicht ständig durch die Wolken und Stürme des pädagogischen Alltags oder idealistische Utopien getrübt ist. Mit Felder lässt sich resümieren, dass das Verfolgen einer *realistischen Utopie* inklusiver Bildung davon abhängt, wie tragfähig respektive resilient das System Schule ist, also vom »Grad, bis zu welchem es in der Lage ist, Irritationen und Veränderungswünsche bestimmter Protagonisten zu absorbieren, ohne sich selbst verändern zu müssen« (ebd., S. 246). Können wir also in der Konstellation des vorliegenden Aufsatzes die Schule als paradoxen Inklusionsraum denken? Die Antwort fällt nüchtern realistisch aus: Ja, die Schule ist als paradoxer Inklusionsraum denkbar, aber »[d]er Weg ist lang, hart und steinig, aber begehbar« (ebd., S. 248). Es ist ein »dornenreicher Weg« der Inklusion (Ahrbeck, 2021), der aber möglich ist. Denn »ob der Schulraum eine verbaute, zu Stein erstarrte Pädagogik oder aber freilassend, anregend, bildend und entwicklungsförderlich ist [apersiv/Anm. d. Verf.], hängt letztlich aber von den kollektiven Einstellungen, Normen, Werten und Regeln des jeweiligen Lehrerkollegiums ab« (Schönig, 2018, S. 124). Mit Felder sei abschließend konstatiert, dass inklusive Bildung immer »eine komplexe, ständig zu erarbeitende Aufgabe« bleibt (Felder, 2022, S. 244) und man sich eingestehen muss, »Inklusion kann immer scheitern, sie ist ständig fragil und nie abgeschlossen« (ebd.). Schulische Inklusion kann »weder ein für alle Mal institutionell abgesichert, noch alleine zwischenmenschlich aufrechterhalten werden. Dafür ist sie zu dynamisch und zu vielschichtig. Alle ihre Aspekte bedingen […] sich wechselseitig und können sich daher auch wechselseitig beeinträchtigen […]« (ebd.).

Mit diesem konstellativen Entwurf löst sich die Illusion einer inklusiven Schule angesichts des Realitätsprinzips auf und zeigt sich in komplexen paradoxen Verhältnissen *zwischen* Exklusionen, Inklusionen und Apersionen des Subjekts, wodurch bei der Leserschaft der Eindruck entstehen kann, dass das Ideal von Inklusion zur Disposition steht. Mit Freud ist dieser durchaus streitbare Sachverhalt trefflich beschrieben: »weil wir Illusionen zerstören, wirft man uns vor, daß wir die Ideale in Gefahr bringen« (Freud, 1910, S. 111). Ein solcher Vorwurf wäre jedoch ungerechtfertigt.

Irritationsfähig bleiben! Zu Anstößigkeit und Folgen einer apersiven Bildungspraxis – praktische Konsequenzen einer konstellativen Verfasstheit inklusiver Bildung

Der Untertitel dieses Bandes »Lehr- und Lernansätze für mehr Bildung« macht es erforderlich, praktische Konsequenzen des hier entwickelten apersiven Inklusionspraxis respektive des konstellativen Bildungsbegriffs in der Schule auszuarbeiten oder zumindest skizzenhaft zu thematisieren. Deshalb erfolgt im letzten Kapitel dieses Aufsatzes ein Brückenschlag zwischen Theorie und Praxis. Konkrete Implikationen und Details aus der Ebene der Bildungs- und Erziehungstheorie abzuleiten ist anspruchsvoll und mitunter nur bedingt möglich. Anspruchsvoll und in gewisser Weise ein unmögliches Unterfangen stellt dies deshalb dar, weil ich einem Differenztheorem in Hinblick auf die Theorie-Praxis-Relationierung folge (Neuweg, 2022; 2020; 2015). Die Theorie (bíos theōrētikós) entspricht der *vita contemplativa* und ist zu verstehen als ein *betrachtendes Leben*. Sie stellt einen Kontrapunkt gegenüber dem praktischen Leben (bíos praktikós) respektive der *vita activa* dar. Die hier vorgestellte Theorie lädt ein zur Betrachtung und zur Reflexion des pädagogischen Geschehens. Die Theorie ist ein Spiegel, ja mitunter ein ›Zerrspiegel‹ für das praktische Leben und seine Gegenstände. Wenn Bildung mit Andreas Dörpinghaus (2015, 2014) als »Distanzleistung« bezeichnet werden kann, dann gilt es in der Schule Orte und Zeiten der Betrachtung zu schaffen.

Theorien helfen zu verstehen, sie sind ein Ordnungsversuch von Welt. Theoriewissen kann helfen, einerseits über pädagogische Maßnahmen nachzudenken, diese gegebenenfalls zu adaptieren und aus der Theorie heraus Handlungsoptionen zu entwickeln.

> »Theorien sind besonders nützliche kognitive Werkzeuge für die Alltagspraxis. Sie bieten Lehrkräften kohärentes Wissen und erlauben ein theoretisches Verständnis in Hinblick auf Fragen des Lernens und Lehrens. Zudem tragen sie dazu bei, Problemsituationen angemessen zu interpretieren und darauf basierend günstige Handlungsentscheidungen zu treffen« (Renkl, 2023, o. S.).

Renkl (2022) betont, wie komplex und herausfordernd die Theorie-Praxis-Relationierung ist. Theoriewissen ist für die Praxis eine Quelle der Information und insofern ein Korrektiv zu subjektiven Überzeugungen und pädagogischen Praktiken. Für Renkl sind Theorien zunächst »kognitive Werkzeuge für die Alltagspraxis« (Renkl, 2023). Zwischen der Theorie und der Praxis gilt es zu vermitteln, was man mit Hans-Georg Gadamer (1960/2010) *Verständigung* nennen kann. Theoriewissen von Lehrpersonen gilt es mit ihrem Kontext- und Erfahrungswissen zu integrieren (ebd.), dort wo es möglich ist. Dieser Anspruch der Integration von Theorie-, Erfahrungs- und Kontextwissen ist freilich ein immenser Anspruch, an dem man nicht zerbrechen sollte, konfliktfrei wird dies nicht möglich sein. Spannungsfelder bleiben bestehen, Widersprüche gilt es nicht einseitig aufzulösen, sondern in ihrer Ambivalenz auszuhalten. Pädagogisches Handeln und Maßnahmen sind auf Basis dieses Trios von Theorie-, Erfahrungs- und Kontextwissen zu reflektieren und die Anwendung kritisch zu überprüfen, gegebenenfalls zu optimieren (ebd.). Mit Renkl ist festzuhalten, dass »[d]ie Anwendung wissenschaftlichen Wissen […] idealer Weise weniger ein zeitlich eng begrenztes und am Ende abgeschlossenes Vorhaben als ein fortlaufender Prozess der allmählichen Optimierung der Unterrichtspraxis [ist]« (ebd., o. S.).

Die Theorie hat das Potential, die Praxis zu entlasten, insofern, dass es in ihr keine Notwendigkeit gibt, eine Lösung finden zu müssen, sondern es ihr um *Verständigung* geht. Die Theorie, und darin besteht auch ihr Wert in der akademischen Bildung an sich, dient der *Liebe zur Wahrheit*, der Erkenntnis und Reflexion. Sie kann helfen, Probleme besser zu verstehen, zu ordnen, sich in komplexen Verhältnissen zu verorten, positionieren und zu *verhalten*. Diesem betrachtenden Leben steht das praktische Leben gegenüber, das von der Einlassung in die jeweilige Situation geprägt ist. Die *Liebe zur Aktivität* ist hier leitend und das Dabeisein, die Frage nach dem Tun und der Könnerschaft, sowie deren Wirksamkeit (Neuweg, 2022, 2020, 2015). Das betrachtende Leben und das praktische Leben sind als zwei Seinsformen im Leben zu begreifen, die zum Menschsein anthropologisch dazugehören, und eine *apersive Bildungspraxis* stellt Räume und Zeiten zur Verfügung, die beiden Seins- und Lebensweisen jeweils ermöglichen und sich aufeinander beziehen lassen helfen.

Eine apersive Praxis in der Schule anerkennt die stetig wirkmächtigen Antinomien und Spannungsfelder der pädagogischen Situation, aus der wir nicht herauskommen. Schule ist ein Ort, der Freiheit ermöglicht und zu ihr befähigt, gleichzeitig aber ist sie ein Ort des Zwangs und der gesellschaftlichen Sozialisation und Anpassung. Als Lehrperson gilt es, diese Spannungsfelder wahrzunehmen und auszuhalten und, wie Sigmund Freud (1937) sagen würde, in diesem »unmöglichen Berufe« Kinder und Jugendliche zu erziehen (vgl. hierzu Langnickel, S. 159; S. 168).

Exklusion und Inklusion sind vor allem als inter- und intrapersonelle Konzepte zu verstehen, die ein Spannungsfeld auftun (Traxl, 2023, 2018, 2015; Traxl et al., 2016). Anzuerkennen, dass auch in der pädagogischen Situation respektive im Unterricht von Schüler*innen oder in der Schule als Ganze inkludierende und exkludierende Momente erlebt werden können, ist ein Garant einer apersiven Bildungspraxis. Die Trialektik von Exklusion, Inklusion und Apersion soll als Reflexionsfolie für das eigene pädagogische Tun und seine Folgen angewandt werden. Auf der theoretischen Hintergrundfolie dieser Trialektik kann man retrospektive oder, wenn es gelingt, bereits im Hier-und-Jetzt der Situation reflektieren, ob das eigene pädagogisches Tun und seine Folgen offen und durchlässig sind, und dem Prinzip der Freiwilligkeit zu entsprechen im Stande ist. Der hier zugrunde gelegte apersive Begriff von (inklusiver) Bildung fokussiert in seiner Aufmerksamkeit die psychosoziale Dimension von Integration sowie die vom Subjekt psychisch empfundene Zugehörigkeit (Felder, 2022, S. 244). Damit wäre nicht primär zu fragen: »Gelingt mir als Lehrperson die Inklusion der Kinder und Jugendlichen?«, sondern: »Erlebe ich, wenn sich Kinder und Jugendliche zugehörig oder ausgeschlossen fühlen?«. Inklusive Bildungspraxis wird also nicht von den Lehrpersonen geleistet (ebd., S. 241), sondern ist als ein Aushandlungs- und Verständigungsprozess zu verstehen. Inklusive Momente müssen so immer *gruppal* respektive »geschaffen und dialogisch in Prozessen verankert werden« (ebd.).

Eine apersive Bildungspraxis ist eine machtsensible pädagogische Praxis (Link, 2022b). Unter einer apersiven Betrachtungsweise verstehe ich Schule und Unterricht als einen »paradoxical space« (Rose, 2007), das heißt, die Komplexität und Ambivalenz von räumlichen pädagogischen Konzepten und Praktiken werden von Lehrpersonen gesehen, oder zumindest angenommen und anerkannt. Lehrpersonen sehen davon ab, Schule und Klassenraum als neutrale und objektive Hintergründe zu betrachten. Sie erkennen an, dass soziale und politische Beziehungen im pädagogischen Raum immer auch Machtbeziehungen sind. Aus einer apersiven Lesart ist einer sogenannten ›Pädagogik auf Augenhöhe‹ und dem Postulat symmetrischer Erziehungs- und Bildungsverhältnisse zwischen Erwachsenen und Kindern sowie Jugendlichen eine Absage zu erklären, da die asymmetrische Beziehung konstitutiv für transgenerationale und generative Verhältnisse ist und bleibt (Ahrbeck, 2019). Ebenso ist einem naiven angenommenen Dualismus von Exklusion und Inklusion zu entgegnen, dass es sich im Bildungsraum sowie bei der Erziehungs- und Bildungstätigkeit deutlich komplexer verhält. Einer Trialektik von Exklusion, Inklusion und Apersion ist dabei der Vorzug zu geben, um den pädagogischen Raum zu kartographieren. Apersive Bildungspraxis überwindet den Dualismus von Exklusionen und Inklusionen des Humanen durch die trialektische Konzeptualisierung über den Begriff der Öffnung respektive Apersion. Bernhard Rauh bietet ebenfalls eine trialektische Denkfigur mit dem Begriff der »Transklusion« an (Rauh, 2023a,b). Ein apersives Bildungsverständnis als Kristallisationspunkt einer pädagogischen Inklusionspraxis geht – in Anlehnung an Rose (1993) – aus von einer durchlässigen multidimensionalen respektive apersiven Topographie schulischen Raums. Ein Subjekt kann also gleichzeitig inklusiv, exklusiv oder apersiv fühlen, einschließende, ausschließende und öffnende Praxen sind gleichzeitig möglich (Lux, 2023). Apersive Bildungspraxis verabschiedet sich von herkömmlichen Dualismen wie Inklusion und Exklusion sowie von zu einfachen Kategorien. Apersive Pädagogik erkundet komplexe Beziehungen zwischen subjektiver Erfahrung und gesellschaftlicher Dynamik im Sinne von »Figurationen« (Elias & Scotson, 2002; vgl. hierzu Treibel, 2008). Dadurch ermöglicht eine apersive Bildungspraxis ein Denken in Konstellationen. Dieses Denken in Konstellationen anerkennt die Komplexität und Nicht-Beherrschbarkeit der pädagogischen Situation und damit der Subjekte von Bildung. Leitend ist damit in einem konstellativen Verständnis die selbstreflexive Frage »Was macht apersive Bildungspraxis eigentlich, wenn sie vorgibt, apersiv respektive offen und durchlässig zu sein?« Dadurch wird die prinzipielle Deutungsoffenheit von Bildung betont. Damit bekommt die Irritationsfähigkeit eine gewisse Bedeutung in Hinblick auf die pädagogische Professionalität und ihre Handlungsfreiheit. Irritationen und Grenzen, mit denen man als Lehrperson oder auch als Schüler*in konfrontiert ist, gilt es zu verstehen, zu akzeptieren und mitunter zu betrauern (Danz, 2023, S. 294–303). Gegenüber Menschen, die anders sind als wir, Kinder und Jugendliche mit psychosozialen Beeinträchtigungen oder behinderte Schüler*innen, und vor allem gegenüber uns selbst und den Widersprüchen in unserer Psyche, gilt es in einem gewissen Sinne irritationsfähig zu bleiben und von vermeintlichen Sicherheiten und Normalitätsansprüchen Abstand zu gewinnen. Eine apersive Bildungspraxis verfolgt das Ziel der »Ent-hinderung« (Danz, 2023), das bedeutet, dass es gilt, dass nicht-behinderte Erwachsene zuerst bei sich selbst anfangen müssen, bevor sie sich der Erziehung und Bildung behinderter Kinder und Jugendlicher zuwenden. Ent-hinderung, verstanden als Transformationsprozess, nimmt kein Ende, auch in der täglichen pädagogischen Arbeit (ebd, S. 348 ff.). Sie ist ein kontinuierlich stattfindender lebenslanger Prozess, der es ermöglicht, die eigenen Symptome immer wieder anders in den Blick zu nehmen. Ent-hinderung bringt die Symptome der Diskriminierung und des Ausschlusses nicht zu einem Ende, und falls doch, dann werden wir mit neuen Symptomen zu ringen haben. So könnte als Grundaussage oder sogar Imperativ einer apersiven Bildungspraxis gelten: »Bitte irritationsfähig bleiben!«

Literatur

Ahrbeck, B. (2016): *Inklusion – Eine Kritik* (3. aktualisierte Auflage). Stuttgart: Kohlhammer.
Ahrbeck, B. (2019): *Was Erziehung heute leisten kann: Pädagogik jenseits von Illusionen.* Stuttgart: Kohlhammer.
Ahrbeck, B. (2021): Der dornenreiche Weg der Inklusion. Die Ergebnisse einer Berliner Langzeitstudie sind äußerst ernüchternd. *Frankfurter Allgemeine Zeitung* Nr. 191 vom 19.8.2021, 6.
Ahrbeck, B. (2022a): Schulische Inklusion. Ideal und Wirklichkeit. *Zeitschrift für Kinder- und Jugendpsychiatrie und Psychotherapie* 50, S. 257–261.
Ahrbeck, B. (2022b): *Inklusion. Vision und Wirklichkeit.* Flugschrift 4. Gesellschaft für Bildung und Wissen. Frankfurt am Main. URL: https://bildung-issen.eu/wp content/uploads/2022/05/Flugschrift4_digital.pdf (Zugriff: 14.10.2023).
Ahrbeck, B. (2023): Inklusive Illusionen. In: M. Teising & A. Burchartz (Hrsg.), *Die Illusion grenzenloser Verfügbarkeit.* Gießen: Psychosozial, S. 231–246.
Ahrbeck, B., Fickler-Stang, U., Lehmann, R. & Weiland, K. (2021): *Anfangserfahrungen mit der Entwicklung der inklusiven Schule in Berlin – eine exploratorische Studie im Rahmen von Schulversuchen« (AiBe).* Senatsverwaltung für Bildung, Jugend und Familie. Münster: Waxmann.
Antor, G. & Bleidick, U. (2016): Bildung. In: M. Dederich, I. Beck, U. Bleidick & G. Antor (Hrsg.), *Handlexikon der Behindertenpädagogik. Schlüsselbegriffe aus Theorie und Praxis.* (3. Aufl.) Stuttgart: Kohlhammer, S. 19–28.
Artiles, A. (2003): Special Education's Changing Identity: Paradoxes and Dilemmas in Views of Culture and Space. *Harvard Educational Review*, 73, S. 164–202.
Artiles, A. J. & Dyson, A. (2005): Inclusive education in the globalization age. In: D. von Mitchell (Hrsg.), *Contextualizing inclusive education: Evaluating old and new international perspectives.* London: Routledge, S. 37–62.
Baltes, P. B. (1987): Theoretical Propositions of Life-Span Developmental Psychology: On the Dynamics Between Growth and Decline. *Developmental Psychology*, 2.1(5), S. 611–626.
Bauer, C. (2016): *Konstellative Pastoraltheologie. Erkundungen zwischen Diskursarchiven und Praxisfeldern.* Stuttgart: Kohlhammer.
Burk, W. & Stalder, C. (2022): *Entwicklungsorientierte Bildung – ein Paradigmenwechsel.* Weinheim: Beltz.
Burk, W. & Stalder, C. (2023): *Entwicklungsorientierte Bildung in der Praxis.* Weinheim: Beltz.
Crepaldi, G. (2018): Einige systematische Überlegungen zur Grundlegung einer Psychoanalytischen Erziehungs- und Bildungswissenschaft. *Psychosozial*, 41(2), S. 122–133.
Dalin, P. (1998): *School development: Theories and strategies.* London: Continuum.
Danz, S. (2023): *Ent-hinderung. Ein Leitfaden.* Weinheim: Beltz.
De Lauretis, T. (1987): *Technologies of Gender: Essays on Theory, Film, and Fiction.* Bloomington: Indiana University Press.
Dörpinghaus, A. (2014): Bildung als Fähigkeit zur Distanz. In: A. Dörpinghaus, U. Mietzner & B. Platzer (Hrsg.), *Bildung an ihren Grenzen. Zwischen Theorie und Forschung.* Darmstadt: Wissenschaftliche Buchgesellschaft, S. 45–54.
Dörpinghaus, A. (2015): Theorie der Bildung. Versuch einer »unzureichenden« Grundlegung. *Zeitschrift für Pädagogik* 61(4), S. 464–480.
Dörpinghaus, A. & Uphoff, I. (2011): *Grundbegriffe der Pädagogik.* Darmstadt: Wissenschaftliche Buchgesellschaft.
Dreeben, R. (2002): *On what is learned in school.* New York: Percheron Press.
Elias, N. & Scotson, J. L. (2002): *Etablierte und Außenseiter.* Frankfurt: Suhrkamp.
European Agency for Special Needs and Inclusive Education (2014): *Five key messages for inclusive education. Putting theory into practice.* Odense: European Agency for Special Needs and Inclusive Education.
Felder, F. (2012): *Inklusion und Gerechtigkeit. Das Recht behinderter Menschen auf Teilhabe.* Frankfurt: Campus.
Felder, F. (2022): *Die Ethik inklusiver Bildung. Anmerkungen zu einem zentralen bildungswissenschaftlichen Begriff.* Berlin: Metzler.

Fend, H. (2006): *Neue Theorie der Schule. Einführung in das Verstehen von Bildungssystemen.* Wiesbaden: VS.
Freud, S. (1910): *Die zukünftigen Chancen der psychoanalytischen Therapie.* In GW VIII, S. 104–115.
Freud, S. (1937): *Die endliche und die unendliche Analyse.* In GW XVI, S. 59–99.
Gadamer, H.-G. (1960/2010): *Wahrheit und Methode. Grundzüge einer philosophischen Hermeneutik.* (7., durchgesehene Auflage). Tübingen: Mohr Siebeck.
Heimann, P. (1947): Die pädagogische Situation als psychologische Aufgabe. *Pädagogik* 2(6). Wiederabdruck In: Heimann, P. (1976), *Didaktik als Unterrichtswissenschaft.* Stuttgart: Klett-Cotta, S. 59–83.
Hierdeis, H. (2013): Das Subjekt, das ich bin. Überlegungen zu einem psychoanalytischen Bildungsverständnis. In: B. Boothe & P. Schneider (Hrsg.), *Die Psychoanalyse und ihre Bildung.* Zürich: sphères, S. 171–189.
Illich, I. (2014): *Selbstbegrenzung: Eine politische Kritik der Technik.* München: Beck.
Jackson, P. W. (1986): *The practice of teaching.* New York: Teachers College Press.
Jackson, P. W. (1990): *Life in classrooms.* New York: Teachers College Press.
Kastl, J. M. (2017): *Einführung in die Soziologie der Behinderung.* (2., völlig überarbeitete und erweiterte Auflage). Wiesbaden: VS.
Keul, H. & Müller, T. (2020): *Verwundbar. Theologische und humanwissenschaftliche Perspektiven zur menschlichen Vulnerabilität.* Würzburg: Echter.
Koller, H.-C. (2017): *Grundbegriffe, Theorien und Methoden der Erziehungswissenschaft.* (8. Aufl.). Stuttgart: Kohlhammer.
Koller, H.-C. (2018): *Bildung anders denken. Einführung in die Theorie transformatorischer Bildungsprozesse.* (2. Aufl.). Stuttgart: Kohlhammer.
Langnickel, R. (2021): *Prolegomena zur Pädagogik des gespaltenen Subjekts: Ein notwendiger RISS in der Sonderpädagogik.* Opladen: Budrich.
Langnickel, R. (2022): Bildung zwischen der zweckrationalen Logik des Marktes und der Logik des Unbewussten: Wie wird ein sonderpädagogisch-psychoanalytischer Bildungsbegriff greifbar? *ESE – Emotionale und soziale Entwicklung in der Pädagogik der Erziehungshilfe und bei Verhaltensstörungen,* 4(4), S. 28–43.
Link, P.-C. (2021): Zur Un-/Über-/Hörbarkeit des vulnerablen Subjekts im sonderpädagogischen Diskurs: Inklusionspädagogik und Pädagogik der Befreiung. *Behindertenpädagogik,* 60(3), S. 277–288.
Link, P.-C. (2022a): »Seiner selbst mächtig zu bleiben« (Adorno) – Bildung bei Beeinträchtigungen der sozio-emotionalen Entwicklung. Konturen eines konstellativen Bildungsbegriffs. *ESE – Emotionale und soziale Entwicklung in der Pädagogik der Erziehungshilfe und bei Verhaltensstörungen,* IV, S. 96–106.
Link, P.-C. (2022b): Machtanalytische Perspektiven auf (sonder-)pädagogische Erziehungsverhältnisse – Zur fragilen Verantwortung einer machtvollen Disziplin: Vulneranz als la part mautide der Sonderpädagogik. In R. Thümmler & S. Leitner (Hrsg.), *Die Macht der Ordnung. Perspektiven auf Veranderung in der Pädagogik.* Weinheim: Beltz. S. 81–97.
Link, P.-C. (2023): Zu den Knotenpunkten der borromäischen Ringe Exklusion : Inklusion : Apersion. Praxeologische Lesarten als Analytik und Reflexion von Tiefenstrukturen sonderpädagogischer Konstellationen. In: Ch., Lindmeier; S., Sallat; V., Oelze; W., Kulig & M., Grummt (Hrsg.), *Partizipation – Wissen – Kommunikation.* Bad Heilbrunn: Klinkhardt, S. 229–245.
Lipkina, J. (2016): *Identität als Voraussetzung für Bildung. Eine qualitative Studie zu Bildungserfahrungen als Frage nach der Ermöglichung von Identität in schulischen und außerschulischen Kontexten.* Münster: Lit Verlag.
Lipkina, J. (2018): Die Bedeutung schulischer und außerschulischer Bildungserfahrungen für die Identitätsentwicklung von Kindern und Jugendlichen. *Diskurs Kindheit und Jugendforschung* 2/2018, S. 145–158.
Lipkina, J. (2021): Bildung und Transformation ›anders denken‹ – über die Bedeutung positiver Erfahrungen für Bildungsprozesse im Anschluss Charles Taylor. *Zeitschrift für Pädagogik* 67(1), S. 102–119.

Lipkina, J. (2022): »Wie viel Transformation braucht Bildung?« Erweiterungen und Öffnungen des bildungstheoretischen Diskurses im Anschluss an Charles Taylor. In: D., Yacek (Hrsg.), *Bildung und Transformation. Zur Diskussion eines erziehungswissenschaftlichen Begriffs*. Heidelberg: Metzler, S. 123–137.

Luhmann, N. (2002): *Das Erziehungssystem der Gesellschaft*. Frankfurt: Suhrkamp.

Lux, H. (2023): *Inklusion als »paradoxical space«? Überlegungen zu inklusiver Bildung im Globalen Süden*. In: M. Hoffmann, T. Hoffmann, L. Pfahl, M. Rasell, H. Richter, R. Seebo, M. Sonntag, & J. Wagner (Hrsg.), *RAUM. MACHT. INKLUSION. Inklusive Räume erforschen und entwickeln*, Bad Heilbrunn: Klinkhardt, S. 82–89.

Mollenhauer, K. (1977): *Erziehung und Emanzipation. Polemische Skizzen*. München: Juventa.

Neuweg, G. H. (2015): *Das Schweigen der Könner. Gesammelte Schriften zum impliziten Wissen*. Münster: Waxmann.

Neuweg, G. H. (2020): *Könnerschaft und implizites Wissen. Zur lehr-lerntheoretischen Bedeutung der Erkenntnis- und Wissenstheorie Michael Polanyis* (4., aktualisierte Aufl.). Münster: Waxmann.

Neuweg, G. H. (2022): *Lehrerbildung. Zwölf Denkfiguren im Spannungsfeld von Wissen und Können*. Münster: Waxmann.

Rauh, B. (2023a). Inklusion : Exklusion : Transklusion. In: M. Grummt, W. Kulig, Ch. Lindmeier, V. Oelze & S. Sallat (Hrsg.), *Partizipation, Wissen und Kommunikation im sonderpädagogischen Diskurs*. Bad Heilbrunn: Klinkhardt, S. 265–271.

Rauh, B. (2023b): Inklusion und Transklusion. *Zeitschrift für Inklusion*, 3/2023. URL: https://www.inklusion-online.net/index.php/inklusion-online/article/view/664 (Zugriff: 15.10.2023).

Renkl, A. (2022): Meta-analyses as a privileged information source for informing teachers' practice? A plea for theories as primus inter pares. *Zeitschrift für Pädagogische Psychologie*, 36(4), S. 217–231.

Renkl, A. (2023): Welche Art von Evidenz hilft Lehrkräften, ihren Unterricht zu verbessern? URL: https://www.campus-schulmanagement.de/magazin/welche-art-von-evidenz-hilft-lehrkraeften-ihren-unterricht-zu-verbessern (Zugriff: 11.10.2023).

Rödder, A. (2017): *21.0: Eine Kurze Geschichte der Gegenwart*. München: Beck.

Rose, G. (1993): *Feminism and geography: the limits of geographical knowledge*. Minneapolis: University of Minnesota Press.

Rose, G. (2007): *Visual Methodologies: An Introduction to the Interpretation of Visual Materials*. London: Sage.

Schönig, W. (2018): Wider die Raumvergessenheit der Pädagogik – Pädagogisch-anthropologische Eckpunkte für die Gestaltung inklusiver Lernräume. In: K. Müller & S. Gingelmaier (Hrsg.), *Kontroverse Inklusion – Anspruch und Widerspruch in der schulpädagogischen Auseinandersetzung*. Weinheim: Beltz, S. 108–126.

Stein, R. & Link, P.-C. (2017): Einleitung: Schulische Inklusion und Übergänge. In: P.-C. Link & R. Stein (Hrsg.), *Schulische Inklusion und Übergänge*. Berlin: Frank & Timme, S. 13–17.

Stichweh, R. (2013): Inklusion und Exklusion in der Weltgesellschaft – am Beispiel der Schule und des Erziehungssystems. *Zeitschrift für Inklusion 3/2013*. URL: https://www.inklusion-online.net/index.php/inklusion-online/article/view/22/22 (Zugriff:14.10.2023).

Stichweh, R. (2016): *Inklusion und Exklusion: Studien zur Gesellschaftstheorie*. Bielefeld: transcript.

Traxl, B. (2015): Heilpädagogik im Spannungsfeld von Inklusion und Exklusion. In: Berufs- und Fachverband für Heilpädagogik e.V. (Hrsg.), *Heilpädagogik – Die Kunst der kleinen Schritte*. Berlin: BHP Verlag, S. 61–80.

Traxl, B. (2018): Inklusions- und Exklusionsprozesse: Psychodynamisches Verständnis und heilpädagogische Implikationen. *Heilpädagogik. Fachzeitschrift der heilpädagogischen Gesellschaft Österreich* 1/61, S. 2–10.

Traxl, B. (2023): Teilhabe und Entwicklung durch gemeinsames Spiel – eine psychodynamische Perspektive zur Inklusion in der Frühpädagogik. *Kinder- und Jugendlichen-Psychotherapie. Fachzeitschrift für Psychoanalyse und Tiefenpsychologie* (54)(3), S. 415–442.

Traxl, B., Hecklau-Seibert, S., Goschiniak, K. & Heck, S. (2016): Inklusion in der Frühpädagogik – Individuation und Sozialisation in inklusiven Gruppenprozessen. *Behinderte Menschen – Zeitschrift für gemeinsames Leben, Lernen und Arbeiten*, 6, S. 49–57.

Treibel, A. (2008): *Die Soziologie von Norbert Elias. Eine Einführung in ihre Geschichte, Systematik und Perspektiven.* Wiesbaden: VS.

Yacek, D. W. (2020): Should education be transformative? *Journal of Moral Education* 49(2), S. 257–274.

Yacek, D. W. (2021): *The Transformative Classroom: Philosophical Foundations and Practical Applications* (1st ed.). London: Routledge.

Teil II: Lehr- und Lernansätze jenseits der Kompetenzorientierung

6 Demokratiebildung jenseits der Kompetenzorientierung?

Michael May

6.1 Einleitung

Während die erste PISA-Studie (in der, wie auch in den Folgestudien, Demokratiebildung keine Rolle spielte) noch von einem spezifischen Verständnis von Allgemeinbildung ausging, den Bildungsbegriff also nicht aufgab, allerdings auf erhebliche Weise umdeutete (Eder, 2021), sind vor allem in Teilen der Didaktik der politischen Bildung auch Bestrebungen zu verzeichnen gewesen, sich gänzlich von der Bildungstheorie abzukoppeln. Bildungstheorie wurde dort als antiquiert und provinziell markiert (vgl. zusammenfassend und kritisch Sander, 2013). Dieser Beitrag geht im Kern der Frage nach, was es bedeutet und weshalb es sinnvoll ist, Demokratiebildung trotz Kompetenzorientierung bildungstheoretisch zu denken und anzubinden. Damit ist bereits angedeutet, dass hier kein Gegensatz zwischen Kompetenzorientierung und Bildungstheorie konstruiert, sondern davon ausgegangen wird, dass die beiden Denkrichtungen sich gegenseitig zur Kenntnis nehmen sollten und wechselseitig informieren können (Reichenbach, 2018, S. 11 f.).

In einem ersten Schritt (▶ Kap. 6.2) wird die These vertreten, dass politisches und demokratisches Lernen in der Schule mindestens in den letzten 20 Jahren durchaus kompetenztheoretisch gedacht, konzeptualisiert und erforscht wurde und – trotz einiger Probleme – Demokratiebildung und Kompetenzorientierung gut miteinander vereinbar sind. Dazu werden zunächst (▶ Kap. 6.2.1) zwei unterschiedliche Diskursstränge der Kompetenzorientierung, ein »funktional-pragmatisch[er]« und ein »generative[r]« (Reichenbach, 2018, S. 16) skizziert. Beide Diskursstränge sind dadurch gekennzeichnet, dass die Beschreibung einer externen Anforderungsstruktur, einer Domäne, eine bedeutende Rolle bei der Bestimmung von Kompetenzen spielt. Da die Domäne der Demokratiebildung ›die Demokratie‹ ist, wird (▶ Kap. 6.2.2) sodann auf die Probleme eingegangen, die bei dem Versuch entstehen, die Domäne Demokratie zu beschreiben. Es wird gezeigt, dass diese Probleme dazu führen, dass die Kompetenzmodelle der Demokratiebildung eher pragmatisch festgelegt als theoretisch stringent aus der Anforderungsstruktur ›der Demokratie‹ abgeleitet werden. In einem weiteren Schritt (▶ Kap. 6.3) werden drei zentrale und bildungstheoretisch inspirierte Kritikpunkte an einem ausschließlich kompetenztheoretisch fundierten Verständnis von Demokratiebildung referiert. Diese beziehen sich vor allem auf ein funktional-pragmatisches Verständnis der Kompetenzorientierung und im Einzelnen auf das Fehlen einer pädagogisch angeleiteten Beschreibung der Demokratie als Anforderungsstruktur, die Tendenz, Demokratiebildung affirmativ zu denken, sowie das testorientierte Vorgehen bei der empirischen Erforschung. In einem letzten Schritt (▶ Kap. 6.4) wird ausgehend von der bildungstheoretischen Kritik an der kompetenzorientierten Demokratiebildung nach praktischen Konsequenzen für den Unterricht gefragt.

6.2 Kompetenzorientierung und Demokratiebildung

Demokratiebildung ist ein relativ neuer Begriff in der bundesdeutschen Diskussion, der seine Karriere u. a. der Verwendung in bildungspolitischen Konzeptpapieren verdankt, darüber hinaus aber theoretisch kaum ausgeschärft ist. Er wird mittlerweile als Klammerbegriff für Zugänge der *politischen Bildung* und der *Demokratiepädagogik* genutzt und markiert damit auch eine Verständigung der beiden Zugänge darüber, dass sich fachliches Lernen (politische Bildung) und Formen des schulübergreifenden demokratischen Erfahrungslernens (Demokratiepädagogik) nicht gegeneinander ausspielen lassen (May, 2022a). Trotz der einstigen, teils heftigen Auseinandersetzungen, die hier nicht nachgezeichnet werden können (May, 2008), waren sich die Ansätze weitgehend darin einig, dass Demokratielernen notwendig ist und auf eine Reihe von *Bürgerkompetenzen* abzielt, die in öffentlichen Bildungsinstitutionen ausgebildet werden sollen. Um es also gleich vorwegzunehmen: Demokratiebildung ist trotz der Kontroversen in den letzten 20 Jahren weitgehend als ein kompetenzorientiertes Unterfangen konzipiert worden. Mehr noch, sie kann als nachgerade ›anfällig‹ für ein kompetenzorientiertes Vorgehen gelten – was im Folgenden gezeigt werden soll. Was heißt aber Kompetenzorientierung und kompetenzorientierte Demokratiebildung?

6.2.1 Kompetenzorientierung

Trotz der engen, auch öffentlichen, Anbindung des Kompetenzdiskurses an Schulleistungsstudien umfasst Kompetenzorientierung mehr und kann sich auf unterschiedliche Diskursstränge beziehen. Die erwähnten Schulleistungsstudien (wie die PISA-Studien) lassen sich einem »funktional-pragmatischen« Diskursstrang zuordnen, wohingegen andere Studien stärker einem »generativen« Kompetenzdenken verpflichtet sind (Reichenbach, 2018, S. 16 f.). Diese Differenzierungen im Kompetenzdiskurs werden von vielen Kritikern oft übersehen (Gelhard, 2012).

Nur wenige Vertreter des *funktional-pragmatischen* Ansatzes weisen den Bildungsbegriff grundsätzlich zurück. In der ersten PISA-Studie wird Allgemeinbildung als übergreifendes Konzept anerkannt, die Stärke des eigenen Vorgehens aber gerade darin gesehen, dass man sich aus den Diskussionen, was Allgemeinbildung alles zu sein habe, heraushält. Die Autoren vertreten eine sparsame Vorstellung von Bildung, die auf die Ausstattung mit Kompetenzen zielt, die für eine befriedigende Lebensführung notwendig sind (Deutsches PISA-Konsortium, 2001, S. 16, 21; Klieme, 2007, S. 65). In Abgrenzung zu einem als zu unspezifisch kritisierten Intelligenzbegriff werden in dieser Logik konkrete gesellschaftlich relevante Bereiche, in denen Menschen handeln, identifiziert, hinsichtlich ihrer Anforderungsstruktur untersucht und schließlich Kompetenzen formuliert, die zur Bewältigung der Anforderungen funktional sind (Weinert, 2001, S. 46). Die Kontextspezifität als herausstechendes Merkmal der Kompetenzorientierung geht mit einer Konzentration auf die domänen- bzw. fachspezifischen Kompetenzen einher (Maag-Merki, 2009, S. 496). Kompetent – so die Annahme – ist man nicht allgemein, sondern nur in bestimmten Handlungskontexten (Klieme et al., 2007, S. 7). Die Kompetenzen selbst werden dabei in Abgrenzung zur Performanz als eine mentale Tiefenstruktur verstanden, wobei Performanzen das beobachtbare Sprechen und Handeln der Menschen, Kompetenzen dagegen deren kognitive, motivationale, volitionale und sozialpsychologische Grundlagen beschreiben (Weinert, 2001, S. 47 f.). Die auf diese Weise verstandenen Kompetenzen sind nicht einfach gegeben, sondern müssen und können in Auseinandersetzung mit der Anforderungsstruktur der Kontexte erlernt werden. Herauszufinden, ob die Kompetenzen gelernt wurden, ist ein zentrales Anliegen des funktional-pragmatischen Ansatzes und die zentrale Aufgabe einer in dieser Tradition stehenden empirischen Bildungsforschung. Von besonderem Interesse ist dabei die Erforschung von Kompetenzniveaus, bei der unterschiedlich schwere oder komplexe Anforderungen (Aufgaben) und die Lösungswahrscheinlichkeiten dieser Aufgaben untersucht werden. Dabei geht es um die Frage, »welche spezifischen Anforderungen sie [Personen, M.M.] bewältigen können« (Klieme et al., 2007b, S. 11).

Die zumeist von den Arbeiten Jean Piagets inspirierten und entwicklungspsychologisch ausgerichteten Kompetenzmodelle des *generativen* Ansatzes widmen sich so unterschiedlichen Anforderungskontexten wie der interindividuellen (sozialen) Koordination (Selman, 1984), moralischen Entscheidungssituationen (Kohlberg, 1996) oder der Partizipation am Wirtschaftssystem (Furth, 1982). Auch dieser Ansatz geht zunächst einmal von Lebensbereichen aus, die für die in ihnen handelnden Menschen Anforderungen bereithalten. Die Art und Weise, wie sich Menschen mit ihren Kompetenzen auf diese Anforderungen beziehen, wird jedoch nicht funktionalistisch gedacht. Es geht weniger um Anpassung an externe Anforderungen, weniger also um »good performance« (Weinert, 2001, S. 46), sondern um deren individuell sinnstiftende Bearbeitung. In dem Maße, in dem sich Menschen auf externe Aufforderungen einen Reim machen, die Anforderungen bearbeiten und erfahrungsgeleitet ihr Verständnis der Anforderungen ggf. reorganisieren, zeigen sich Kompetenz und Kompetenzentwicklung. Wenngleich sich Anforderungen in unterschiedlichen Lebensbereichen mit abweichender Anforderungsstruktur ergeben, geht dieser Ansatz davon aus, dass übergreifende Fähigkeiten im formal-logischen Denken und im sozialen Verstehen die sinnstiftende Bearbeitung distinkter Anforderungen beeinflussen. Eine Ähnlichkeit zum funktional-pragmatischen Ansatz besteht in der Differenzierung von Performanz und Kompetenz. Auch generative Kompetenztheorien konzipieren Kompetenz in Abgrenzung zur Performanz als eine mentale Tiefenstruktur des Denkens, die die Bearbeitung der externen Anforderungen beeinflussen. Zum Vorgang des Lernens haben solche strukturgenetischen Theorien jedoch mehr zu sagen: Lernen setze dann ein, wenn man in der Bearbeitung einer Anforderung Erfahrungen sammle und auf dieser Grundlage die kognitiven Schemata, die meine Handlungen leiten, reorganisiere. Diesen Vorgang der Anpassung der kognitiven Schemata an die Umwelterfordernisse hat Piaget als Akkomodation bezeichnet. Der Lernprozess ist auch im generativen Ansatz Gegenstand empirischer Untersuchungen. Im Fokus stehen aber nicht Kompetenzniveaus, die die Leistungsfähigkeit von Individuen im Hinblick auf unterschiedlich schwere Anforderungen messen, sondern eher Stufen der Reorganisation kognitiver Schemata in der Auseinandersetzung mit Anforderungen, wie sie im Laufe eines Lernprozesses auftreten (Piaget, 2003).

6.2.2 Schwierigkeiten bei der Bestimmung des demokratischen Anforderungsprofils

Kompetenzen werden immer zumindest auch im Hinblick auf kontextuelle, domänenspezifische Anforderungen bestimmt – zunächst unabhängig davon, ob es sich um ein funktional-pragmatisches oder ein generatives Kompetenzmodell handelt. Deshalb konnten Konzepte der Demokratiebildung kompetenztheoretisch ausbuchstabiert werden: Demokratie wurde als ein Handlungskontext verstanden, der Anforderungen an die Individuen stellt und die Entwicklung von Kompetenzen erfordert.

Dieses Unterfangen kompetenztheoretischer Demokratiebildung ist natürlich mit erheblichen theoretischen Schwierigkeiten verbunden. Denn möglicherweise anders als andere Handlungskontexte lässt sich nur schwer beschreiben und ausdifferenzieren, was Demokratie ist und welche Anforderungen sie stellt. Das liegt daran, dass Demokratie ein ›Aufgabenwort‹ ist (vgl. Osterwalder, 2011, S. 20). Sie liegt nicht ausschließlich einfach vor, sondern ist ein umstrittenes Projekt, was sich beispielsweise in den unterschiedlichen öffentlichen Einschätzungen darüber erkennen lässt, ob die Klimaaktivisten der letzten Generation demokratische Standards verletzten oder aber gerade realisieren.

Darüber hinaus kann auch die Demokratietheorie keine einheitlichen Antworten liefern, was Demokratie ihrem Wesen nach bedeutet. Die Anforderungsstruktur und die sich aus dieser ergebenden Kompetenzen variieren je nach Demokratietheorie. So werden in *systemtheoretischen Demokratietheorien* und den damit in Verbindung stehenden empirischen Studien zur politischen Kultur eines Landes die vorgefundenen demokratischen Strukturen betont, deren Fortbestand explizit in Abhängigkeit vom Wissen und von den unterstützenden Einstellungen (z. B. Vertrauen in Institutionen) gedacht wird (Easton, 1975). *Deliberative Demokratietheorien* betonen die Öffentlichkeit als eine kommunikative Instanz, die gegenüber den vermachteten Institutionen Druck ausüben soll. Die Öffentlichkeit ist in diesen Theorien der Raum, in dem Fragen des gemeinsamen Zusammenlebens im freien Austausch von Argumenten diskutiert werden sollen (Habermas, 1998). Die deliberative Demokratietheorie hat dabei von sich aus am deutlichsten Anschlüsse an (generative) Kompetenzmodelle der sozialen Perspektivenübernahme und des moralischen Urteils hergestellt, die für eine konsensorientierte Deliberation bedeutsam sind (Habermas, 1996; aus pädagogischer und politikdidaktischer Perspektive Gutmann, 1999; May, 2007). Spielarten von *republikanischen Demokratiemodellen* stellen die geteilte Sittlichkeit und das aktive, gemeinwohlorientierte Handeln in den Mittelpunkt (Barber, 1994). Demokratiebildung zielt hier vornehmlich auf aktive Staatsbürgerschaft und die Anstiftung der Schüler*innen zum politischen Handeln ab (Wohnig, 2022). *Radikaldemokratische Demokratietheorien* erblicken in Demokratie hegemoniale Herrschaftsstrukturen, die es zu hinterfragen und zu kritisieren gilt (Comtesse et al., 2019). Im Fokus steht die Demokratisierung der Demokratie. Bürger*innen – und damit auch Schüler*innen – sollen lernen, die gegebenen Strukturen und gesellschaftlichen Narrative zu hinterfragen und ihre Anliegen zu artikulieren (Friedrichs, 2020). Selbst diese, der Kompetenzorientierung kritisch gegenüberstehenden Ansätze werden vom Kompetenzdenken eingeholt, wenn für Demokratiebildung etwa Forderungen nach »Kritikkompetenz« (Westphal, 2018) oder der »Kompetenz zum Widerstand« (Reheis et al., 2016) erhoben werden.

Die voranstehenden Anmerkungen greifen willkürlich einige Demokratietheorien heraus und werden auch den angesprochenen Demokratietheorien und Demokratiebildungskonzepten in keiner Weise gerecht, aber sie machen das Problem deutlich: Es existieren unterschiedliche Demokratietheorien, die teilweise von sich gegenseitig ausschließenden Grundannahmen ausgehen, beispielsweise hinsichtlich der Frage, ob das Gemeinwohl als Ergebnis eines deliberativen Prozesses *a posteriori* oder als (ggf. durch politische Erziehung abzusichernder) emotional-sittlicher Hintergrundkonsens *a priori* zu denken sei (Fraenkel, 2011, S. 256–280). *Die Anforderungsstruktur der Demokratie lässt sich jedenfalls nicht ohne Weiteres beschreiben, ohne sich selbst in die demokratietheoretische Diskussion zu verwickeln* (Terri & Hansen, 2009).

Wie in der Kompetenzorientierung insgesamt üblich, werden deshalb Kompetenzstrukturmodelle mit einem umfassenden (bspw. curricularen) Anspruch in der Demokratiebildung eher pragmatisch und ohne ausführliche Bezüge zur Anforderungsstruktur der Demokratie hergeleitet. Drei Kompetenzmodelle, eines aus einem Europäischen Referenzrahmen, zwei aus der bundesrepublikanischen Diskussion, seien zur Veranschaulichung gegenübergestellt:

Tab. 6.1: Drei Kompetenzmodelle

»Kompetenzen für eine demokratische Kultur« (Europarat, 2018, S. 11)
Werte • Wertschätzung der Menschenwürde und Menschenrechte • Wertschätzung der kulturellen Vielfalt • Wertschätzung der Demokratie • Gerechtigkeit, Fairness, Gleichheit und Rechtsstaatlichkeit
Einstellungen • Offenheit gegenüber dem kulturellen Anderssein und anderen Überzeugungen, Weltanschauungen und Praktiken • Respekt • Gemeinwohlorientierung • Verantwortung • Vertrauen in die eigene Handlungsfähigkeit • Toleranz für Mehrdeutigkeit

Tab. 6.1: Drei Kompetenzmodelle – Fortsetzung

Fähigkeiten

- Selbstständige Lernkompetenzen
- Analytische und kritische Denkweise
- Fähigkeit, zuzuhören und Dinge wahrzunehmen
- Empathie
- Flexibilität und Anpassungsfähigkeit
- Sprachliche, kommunikative und vielsprachige Fähigkeiten
- Teamfähigkeit
- Konfliktlösungskompetenzen

Wissen und kritisches Denken

- Wissen und kritisches Selbstverständnis
- Wissen und kritische Bewertung von Sprache und Kommunikation
- Wissen und kritisches Weltverstehen: Politik, Recht, Menschenrechte, Kultur, Kulturen, Religionen, Geschichte, Medien, Wirtschaft, Umwelt und Nachhaltigkeit

»Politikkompetenz« (Detjen et al., 2012, S. 15)	»Demokratie-Kompetenzen« (Reinhardt, 2004, S. 3)
• politische Urteilsfähigkeit • politische Handlungsfähigkeit • politische Einstellungen und Motivation • Fachwissen	• Perspektivenübernahme • Konfliktfähigkeit • politische Urteilsfähigkeit • Partizipation • Analysieren gesellschaftlicher Teilsysteme

In der empirischen Erforschung gehen zumindest die bundesrepublikanischen Modelle (zu dem Modell des Europarates sind dem Autor keine empirischen Arbeiten bekannt) unterschiedliche Wege. Während das Modell der Politikkompetenz in funktional-pragmatischer Tradition versucht, Anforderungen (Aufgaben) mit unterschiedlichen Schwierigkeitsgraden zu konzipieren und das Anpassungsverhalten bzw. die Leistungsfähigkeit der Schüler*innen zu messen, folgt das Modell der Demokratie-Kompetenz eher der generativen Idee einer Rekonstruktion der Kompetenzentwicklung von innen heraus (vgl. zusammenfassend May & Partetzke, 2023, S. 134–159).

6.3 Bildungstheoretische Kritik kompetenzorientierter Demokratiebildung

Eine bildungstheoretische Kritik der kompetenzorientierten Demokratiebildung müsste Auskunft über den zugrunde gelegten Bildungsbegriff geben, was an dieser Stelle genauso wenig leistbar ist, wie eine Bestimmung von Demokratie. Wissend, dass dies einer wissenschaftlichen Herleitung nicht genügt, möchte ich zumindest das mich leitende Arbeitsverständnis von Bildung angeben: Bildung kann dann vonstatten gehen, wenn sich Individuen, geleitet durch ihren situationsspezifisch aktualisierbaren Wissens- und Erfahrungsfundus, in eine veränderungsoffene Wechselwirkung mit der Anforderungsstruktur von Welt begeben und darüber hinaus dieser Vorgang selbst zum Gegenstand der Reflexion wird, wenn sich also Menschen »zu ihren Verhältnissen in ein Verhältnis […] setzen« (Reichenbach, 2018, S. 11) und insofern an ihren Verhältnissen zur Welt mitwirken (Benner, 2015, S. 81). Jenseits dieser Anmerkung hoffe ich darauf, dass sich in der folgend referierten bildungstheoretischen Kritik an der kompetenzorientierten Demokratiebildung ex negativo Komponenten des zugrunde gelegten Bildungsverständnisses abzeichnen.

Die theoretischen Überlegungen, welche Anforderungsstruktur der Demokratie eine (kompetenzorientierte) Demokratiebildung orientieren könnten, sind unterentwickelt: Bildungstheoretisch ist es gleichermaßen bedeutsam wie herausfordernd zu bestimmen, für welche Demokratie die Schüler*innen erzogen und gebildet werden sollen. Angesichts des Projektcharakters von Demokratie sowie unterschiedlicher Demokratieauffassungen und Demokratietheorien schwankt das in der Literatur vorfindbare Vorgehen in dieser Frage zwischen zwei Polen: Entweder entledigt man sich des theoretischen Aufwands und legt, wie oben bereits ausgeführt, die Kompetenzen pragmatisch fest. Es ist gerade dieses Vorgehen, der Verzicht auf Übertheoretisierung, aus dem die Kompetenzorientierung (auch in der Demokratiebildung) einen Teil ihrer »Stringenz und Überzeugungskraft« (Benner, 2002, S. 81) bezieht. Oder aber man entscheidet sich aus zumeist theorieinternen Gründen für irgendeine Demokratietheorie, nach deren Maßgabe man bei den Schüler*innen passende Kompetenzen auszubilden trachtet (Beispiele und Kritik in Berkemeyer & May, 2023). Beides erscheint unbefriedigend. Weiterhelfen könnte eine genuin pädagogische Heuristik, die die Frage nach der Zweckbestimmung von Pädagogik mit dem Hinweis auf das Erhalten und Verbessern der vorgefundenen Welt beantwortet (Schleiermacher, 1994, S. 64). Auf die Demokratiebildung bezogen würde dies im Ansatz bedeuten, in die Funktionsweise der bestehenden Demokratie denkend und handelnd einzuführen wie auch, die gegebenen Strukturen einer kritischen Prüfung zu unterziehen – bis hin zur radikalen Infragestellung. Demokratie müsste somit sowohl als etablierte Struktur, die zunächst einmal Anerkennung beansprucht, wie auch als aufgegebenes Projekt beschrieben werden. Die Heuristik des Erhaltens und Verbesserns, der Demokratie und der Demokratisierung könnte dann einen – notwendigerweise eklektischen (Giesecke, 1978, S. 374), aber eben pädagogisch angeleiteten – Zugriff auf das plurale Feld der Demokratietheorien ermöglichen.

Kompetenzorientierte Demokratiebildung zielt auf Affirmation, was der Idee der Bildsamkeit widerspricht: Diese Kritik mag zunächst verwundern. Schließlich sind in der verschiedenen demokratietheoretisch gefärbten Varianten der Demokratiebildung ja keineswegs nur Ansätze zu finden, die in einer strukturfunktionalistischen Tradition Vertrauen in die etablierten Verfahren der Demokratie stiften wollen (Esquith, 1992, S. 252), sondern auch zu kritischen und radikalen Hinterfragungen der Demokratie anstiften wollen (Friedrichs, 2020). Auch diese kritischen Perspektiven werden – wie bereits deutlich wurde – zuweilen unter Nutzung eines kompetenztheoretischen Vokabulars ausbuchstabiert (Reheis et al., 2016; Westphal, 2018). Kompetenzorientierte Demokratiebildung tritt mithin, so könnte man meinen, gar nicht ausschließlich »als Dienstleisterin für vorgefertigte demokratische

Anforderungsprofile« (Friedrichs, 2020, S. 9), sondern auch als emanzipatorisches und kritisches Projekt in Erscheinung. Diese Einschätzungen treffen durchaus zu, allerdings nicht der Kern der hier formulierten Kritik. Die affirmative Tendenz in der kompetenzorientierten Demokratiebildung kommt durch die im Kompetenzdenken zu findende Zentralstellung auf extern gesetzte Anforderungen gegenüber den Schüler*innen zustande. Ob strukturfunktional oder kritisch – beide »Positionen gehen von einem instrumentellen Begriff der pädagogischen Praxis aus und sehen in dieser ein wichtiges Mittel zur Tradierung oder Veränderung vorgegebener Positivitäten« (Benner, 2015, S. 147). Aus einer bildungstheoretischen Perspektive, insbesondere, wenn sie – wie hier – öffentlich verantwortete Erziehung und Bildung in den Blick nimmt, müsste das intergenerationelle Verhältnis stärker in den Blick kommen, also beispielsweise die Frage, welche Verwicklungen sich ergeben, wenn die ältere der jüngeren Generation mit externen Forderungen – sei es in der Variante »macht mit« oder der Variante »seid selbstreflexiv und kritisch«– gegenübertritt. Diese Frage zu stellen, berührt mit Benner die Bildsamkeit der Lernenden, also die Möglichkeit, aber auch Notwendigkeit, sich zu diesen Anforderungen mitwirkend in ein Verhältnis zu setzen (Benner, 2015, S. 81). Damit müsste stärker erkundet werden, welche Voraussetzungen und Bedingungen benötigt werden, wenn solcherlei »Fremdaufforderungen zur Selbsttätigkeit in Selbstaufforderungen zu Selbsttätigkeit transformiert« (Benner, 2015, S. 93) werden sollen. Diese hier vorgetragene Kritik trifft freilich nicht auf alle kompetenzorientierten Ansätze gleichermaßen zu. Insbesondere die generativen Ansätze betonen die subjektiven Zugänge der Schüler*innen zu den extern gesetzten Anforderungen.

Das Falsche wird falsch erforscht: Ein zentrales Merkmal der Kompetenzorientierung war die empirische Testung von Kompetenzen. Insbesondere die psychologisch ausgerichtete funktional-pragmatische Variante, wie wir sie etwa in der PISA-Studie finden, ist bezüglich ihres Vorgehens der Messung von Kompetenzen bislang einer scharfen bildungstheoretischen Kritik ausgesetzt gewesen. Erstens liege der Fokus der Erforschung von Kompetenzen lediglich auf dem Anpassungsverhalten (Performanz) der Schüler*innen gegenüber den Kompetenzaufgaben, von dem aus dann auf eine Kompetenz geschlossen werde (Gelhard, 2012, S. 121–137). Bildungstheoretisch interessanter wäre demgegenüber aber eher der Bearbeitungsmodus eines Schülers oder einer Schülerin im Hinblick auf eine domänenspezifische Anforderung, weil sich in diesem der spezifische generative Aufgabenzugang (Kompetenz), mithin Bildung, rekonstruieren ließe (Gruschka, 2011, S. 45). Daran anschließend wären nicht Kompetenzniveaus zu untersuchen, die einer Steigerungslogik von geringer Anpassungsfähigkeit zu hoher Anpassungsfähigkeit an unterschiedlich schwere Aufgaben folgten, sondern Kompetenzstufen, die die Entwicklung eines Bearbeitungsmodus' von Aufgabenstellungen dokumentierten. Zweitens würde diese Verschiebung des Untersuchungsgegenstands auch eine Veränderung des forschungsmethodischen Vorgehens nahelegen. Gruschka kritisiert Niveaumodelle des Anpassungsverhaltens als normative Setzungen von außen, bei denen festgelegt und mit Testverfahren untersucht wird, was unterschiedliche Aufgabenniveaus sind und welche Schüler*innen die jeweiligen Niveaus bewältigen können (und welche nicht).

> »Will man ein Modell [...] nicht von außen setzen, muss man das Modell von innen heraus rekonstruieren. Damit sind wir aber zugleich wieder bei der Bildung des Subjekts und dessen Eigensinnigkeit angelangt. Der Bildung des Subjekts hätte die [empirische, M.M.] Beschreibung der sich dabei zeigenden Kompetenzen zu folgen. Ohne empirische Bildungstheorie gibt es nur normative Kompetenzmodelle (selbst dann, wenn es sich um empiristische nach einem Testmodell handelt)« (Gruschka, 2011, S. 50f.).

Aus bildungstheoretischer Perspektive ginge damit eine Präferenz für rekonstruktive Methoden der empirischen Sozialforschung einher. Es ist bereits deutlich geworden (▶ Kap. 6.2.2), dass sich diese Kritik an der Testung von Kompetenzen vornehmlich auf die funktional-pragmatischen bezieht, während generative Modelle der Demokratiebildung sich durchaus auf die Rekonstruktion der Binnenperspektive der Individuen konzentrieren (vgl. zusammenfassend May & Partetzke, 2023, S. 134–159).

Zusammenfassend: Bildungstheoretisch ist nichts dagegen einzuwenden, dass die ältere Generation Ansprüche an die jüngere stellt und diese auf die Fortführung des Bewährten und die Überwindung des Problematischen orientiert. Eingewöhnung und Übung von Praktiken der Deliberation oder der Herrschaftskritik könnten insofern Teil der Demokratiebildung sein. Allerdings wäre es die Aufgabe einer bildungstheoretisch angebundenen kompetenzorientierten Demokratiebildung, dieses Anforderungsprofil nicht nur pragmatisch, sondern auch im Rückgriff auf demokratietheoretische Erwägungen auszuschärfen – wobei der Umgang mit einer heterogenen, teils inkommensurablen demokratietheoretischen Diskurslandschaft Teil der pädagogischen Theoriebildung sein sollte. Bildungstheoretische Anbindung bedeutet aber auch, nicht nur über das Anforderungsprofil sowie Eingewöhnung und Sozialisation nachzudenken. Denn Bildung geht nicht in der Inanspruchnahme der jüngeren Generation für wie auch immer beschriebene externe Zwecke auf. Vielmehr gilt es theoretisch und empirisch, die durch »Leiblichkeit, Freiheit, Geschichtlichkeit und Sprachlichkeit« (Benner, 2015, S. 74) beeinflusste Mitwirkung der Schüler*innen an ihrem Bildungsprozess auch in der Demokratiebildung zu berücksichtigen. Diese Mitwirkung sollte im Lernprozess aus bildungstheoretischer Sicht nicht einfach nur eingepreist, sondern selbst Gegenstand der Reflexion werden (Benner, 2015, S. 149; Reichenbach, 2018, S. 11f.).

6.4 Zum Schluss einige allgemeine praktische Konsequenzen

Kompetenzorientierte Demokratiebildung – nicht nur, aber insbesondere in ihrer funktional-pragmatischen Variante – tendiert durch die starke Gewichtung der Anforderungsstruktur der ›Domäne Demokratie‹ pädagogische Praxis als die »Durchsetzung von Intentionen« und nicht als eine »Einwirkung auf Lernprozesse« zu denken (Benner, 2015, S. 148f.). Demokratiebildung ist aber nicht Verfassungsschutz, Demokratiepolitik oder revolutionäre Propaganda. Im Gegensatz zu diesen Praktiken geht es in pädagogischen Kontexten – je nach theoretischem Hintergrund

– etwa um Lernen, Bildung oder Transformation. Der Erfolg von *Demokratiebildung* bemisst sich letzten Endes daran, ob es gelingt, solche Prozesse in Gang zu setzen.

Berücksichtigt man die reflexive Mitwirkung der Bildungsadressat*innen am eigenen Bildungsprozess, dann sind aus Intentionen allein keine pädagogischen Konsequenzen ableitbar. Für die Praxis der Demokratiebildung bedeutet dies auch, bei der Orientierung der Lernenden auf eine wie immer vorgestellte Demokratie oder Demokratiekompetenz deren Mitwirkung nicht zu übergehen, sondern zu ermöglichen. Deswegen bin ich skeptisch gegenüber Forderungen, Demokratiebildung im Register der ›Haltung‹ zu betreiben (May, 2020). Ohne Zweifel brauchen politische Bildner*innen des öffentlichen Bildungssystems eine klare Vorstellung ihres professionellen Auftrages als Agent*innen des liberalen und demokratischen Verfassungsstaates. Insofern ist ›Haltung‹ eine unabdingbare Voraussetzung; aus ihr allein lassen sich aber keine didaktisch-methodischen Handlungskonsequenzen für das pädagogische Feld ableiten. Diese Skepsis gilt auch Vorschlägen, gerade in pädagogischen Situationen, in denen mit einer gewissen Widerständigkeit gegenüber den Prinzipien des liberalen und demokratischen Verfassungsstaates zu rechnen ist, die Ansprüche der Demokratie *vorrangig* mit direktiven, überzeugungsorientierten Methoden der Demokratievermittlung zu unterrichten und dabei nicht zu überschreitende Grenzen der Argumentation zu betonen (Drerup, 2021, S. 54–86). Es gibt pädagogische Situationen, in denen Lehrkräfte von dieser Unterrichtsstrategie abweichen sollten.

Ein Beispiel: In einer 10. Klasse (Gymnasialzweig einer ostdeutschen Gemeinschaftsschule in einer sozial benachteiligten Nachbarschaft) unterrichtete ich Sozialkunde. Die Beziehung zur Lerngruppe hatte sich nach einer Neuzusammensetzung der Klasse verschlechtert. Hierfür gab es eine Reihe von Gründen. Ein einschneidendes Ereignis war auch eine Unterrichtsstunde im Kontext der Bundestagswahl 2021. Die Schüler*innen hatten mich nach meiner Wahlpräferenz gefragt, worauf ich – geleitet durch positive Erfahrungen mit Gymnasialklassen an einem westdeutschen Gymnasium am Rande eines großstädtischen Gründerzeitviertels – Auskunft gegeben hatte. Dies stellte sich jedoch in dieser Lerngruppe als Fehler heraus. Meine Antwort markierte für alle sichtbar eine offensichtliche Milieuinkongruenz zwischen mir und meinen Schüler*innen, die die Lehrer-Schüler-Beziehung und die folgenden Unterrichtsstunden weiter belasteten. Insbesondere immer wieder auftretende rassistische und homophobe Einwürfe eines in der Klasse anerkannten Schülers, der von weiteren Schüler*innen unterstützt wurde, konnten nur schwer lehrerseitig durch überzeugungsorientierte Gespräche bearbeitet werden. Für einen Teil der Lerngruppe war ich kein vertrauenswürdiger Gesprächspartner (mehr), von dem sie sich irritieren lassen *wollten* (was u. a. an dem Gelächter zu erkennen war, dass die verbalen Auseinandersetzungen oft begleitete) (vgl. zum Problem absichtsvoller Kommunikation in pädagogischen Kontexten Luhmann, 1994, S. 178). Für andere Teile der Lerngruppe bildeten die verbalen Auseinandersetzungen zwischen mir und dem Schüler ein Schauspiel, an dem sie sich lediglich als amüsierte Zuschauer*innen beteiligten. Ich konnte die Äußerungen freilich unterbinden, aber ein impulssetzendes Vorgehen durch mich – sei es offen und kontrovers oder direktiv-überzeugungsorientiert – war nicht möglich. Ich drang nicht mehr zu den Schüler*innen durch. In einer Unterrichtsstunde, es war wieder eine homophobe Bemerkung gefallen, platzte es plötzlich aus einem eher stillen Schüler heraus, es gehe ihm auf die Nerven, wie hier permanent Menschen, die irgendwie anders seien, abgewertet würden. Es war plötzlich vollkommen still und ich signalisierte, die Stundenplanung zugunsten einer offenen Kontroverse der Peers über die Angemessenheit der homophoben Äußerungen hintanzustellen. Ich stand in der Türnische, die Schüler*innen diskutierten konzentriert und ernsthaft die gesamte Unterrichtsstunde und tauschten Argumente aus. Meine Versuche, mit den Schüler*innen eine defizitorientierte Diskussion zu führen, in der eine lehrerseitige, absichtsvolle Überzeugungsarbeit vonstattenging, verfingen nicht, aber die vollkommen offene Kontroverse unter Gleichaltrigen erzeugte *in dieser Situation* einen Kontext, in der Argumente gehört wurden und die Schüler*innen punktuell Zugeständnisse machten (vgl. zu den Grenzen der Kontroversität May, 2022b).

Dieses Beispiel zeigt nicht die prinzipielle Unterlegenheit eines direktiv-überzeugungsorientierten Unterrichtens gegenüber einem offenen und kontroversen Vorgehen. Es zeigt aber, dass Entscheidungen über die unterrichtliche Vorgehensweise nicht ausschließlich an externe Anforderungen der Demokratie gebunden werden können, sondern vor dem Hintergrund pädagogischer Kontextbedingungen auch davon abhängig sind, ob es mit ihnen gelingt, Schüler*innen in das authentische Geben und Nehmen von Gründen zu verwickeln, die die Weltverhältnisse der Schüler*innen irritieren, reflexiv zugänglich machen und dadurch Bildung ermöglichen. In diesem Sinne ist hier von einer bildungstheoretischen Anbindung der Demokratiebildung die Rede.

Eine pädagogische Praxis, die die Schüler*innen mit demokratieadäquaten Kompetenzen ausstatten will – handelt es sich um die eher konservierende Vermittlung von deliberativen Standards in der Austragung von Kontroversen oder um die kritische Fähigkeit der Analyse und radikalen Hinterfragung hegemonialer gesellschaftlicher Strukturen –, muss die pädagogischen und psychologischen Bedingungen im Gefüge der Schulklasse berücksichtigen und einkalkulieren (Berkemeyer & May, 2023; Yacek, 2021). Auch wenn noch so viel Klarheit über die Demokratie und die Demokratisierung, die hierfür notwendigen Kompetenzen oder die Grenzen der Kontroversität bestünde, Lehrkräfte sind gut beraten, bei der Wahl ihres Vorgehens die Kontextfaktoren, wie etwa die jeweils bei den Schüler*innen vorgefundene »Leiblichkeit, Freiheit, Geschichtlichkeit und Sprachlichkeit« (Benner, 2015, S. 74), die Generationenbeziehung und Anerkennungsverhältnisse in der Lehrer-Schüler-Beziehung (schon Coleman, 1961, Kramer et. al, 2001) sowie pädagogische Vertrauens- und Autoritätskonstellationen (Schweer, 2017) zu berücksichtigen. Dies könnte dann situativ – um Lern- und Bildungsprozesse anzustoßen – dazu führen, doch weniger Haltung zu zeigen und weniger direktiv-überzeugungsorientiert zu vermitteln, sondern eher offen vorzugehen und Kontroversen zuzulassen, wenn sie in der Lerngruppe vorhanden sind.

Genau in diesem Sinne lässt sich auch der erste Grundsatz des Beutelsbacher Konsenses verstehen, das Überwältigungsverbot:

> »Es ist nicht erlaubt, den Schüler – mit welchen Mitteln auch immer – im Sinne erwünschter Meinungen zu überrumpeln und damit an der ›Gewinnung eines selbstständigen Urteils‹ zu hindern. Hier genau verläuft nämlich die Grenze zwischen politischer Bildung und Indoktrination. Indoktrination aber ist unvereinbar mit der Rolle von Lehrer*innen in

einer demokratischen Gesellschaft und der – rundum akzeptierten – Zielvorstellungen von der Mündigkeit des Schülers« (Wehling, [zuerst 1977] 2016, S. 24).

Mit Tilman Grammes kann man argumentieren, dass die Prinzipien des Beutelsbacher Konsenses eine Anregung zur »Pädagogisierung politischer Bildung« (Grammes, 2017, S. 81) darstellen. »Die Beutelsbacher Trilogie reagiert auf die Alternative von Affirmation und Reform mit einer bildungstheoretischen Dialektik« (ebd., S. 82). Insbesondere das Überwältigungsverbot verdeutlicht, dass sich externe Ansprüche – seien sie konservierender oder kritischer Natur – an der Mitwirkung der Schüler*innen bei der Urteilsfindung brechen müssen, um überhaupt von Bildungsprozessen sprechen zu können (»Gewinnung eines selbständigen Urteils«).

Die genetische Variante des Demokratielernens (Inselszenarien, Dorfgründungen) macht die Mitwirkung der Schüler*innen zu einem zentralen didaktischen Gestaltungsprinzip, indem gedankenexperimentell gleichsam von einem Nullpunkt der politischen Entwicklung ausgegangen wird und die zentralen Fragen des politischen Zusammenlebens zumindest aus der Perspektive der Schüler*innen ergebnisoffen verhandelt werden (Petrik, 2013). Die praktischen Hinweise für die Moderation und auch für den Umgang mit undemokratischen Positionen gehen dementsprechend von einer grundsätzlich offenen Gestaltungssituation aus (Jahr & Petrik, 2018, S. 109–111):

- »Neutrales Nachfragen zur Positionsfindung«
- »Ermutigung der zurückhaltenden Jugendlichen«
- »Begründungen einfordern«
- »Grundwerte und Prämissen erfragen und einordnen«
- »Argumentative Widersprüche sachlich aufzeigen oder provokativ zuspitzen«
- »Metakommunikation in Krisenphasen«
- »Gezieltes Ignorieren oder Abwürgen« von Aussagen im Notfall als Ausnahme (z. B. um der Schutzfunktion nachzukommen)

Im Prozess des Unterrichtens stehen hier nicht die Haltung und die Überzeugungsarbeit der Lehrkraft im Mittelpunkt, sondern die ernstzunehmende, d. h. mit dem Vertrauensvorschuss möglicher Geltung ausgestattete Argumentation der Schüler*innen.

Literatur

Achour, S. & Gill, T (2023): *Partizipation und politische Teilhabe mit allen: Auftrag politischer Bildung. Vom Klassenrat zum zivilen Ungehorsam.* Frankfurt: Wochenschau Verlag.
Barber, B. R. (1994): *Starke Demokratie. Über die Teilhabe am Politischen.* Hamburg: Rotbuch.
Benner, D. (2002): Die Struktur der Allgemeinbildung im Kerncurriculum moderner Bildungssysteme. Ein Vorschlag zur bildungstheoretischen Rahmung von PISA. *Zeitschrift für Pädagogik*, 48(1), S. 68–90.
Benner, D. (2015): *Allgemeine Pädagogik. Eine systematisch-problemgeschichtliche Einführung in die Grundstruktur pädagogischen Denkens und Handelns* (8. überarbeitete Auflage). Weinheim: Beltz.
Berkemeyer, N. & May, M. (2023): Demokratiepädagogik und Demokratietheorie – Problemzonen eines schwierigen Verhältnisses. In: O. Bokelmann (Hrsg.), *Demokratiepädagogik*

– *Theorie und Praxis der Demokratiebildung in Jugendhilfe und Schule* (im Erscheinen). Wiesbaden: VS.
Coleman, James S. (1961): *The Adolescent Society. The Social Life of the Teenager and its Impact on Education*. New York: Free Press of Glencoe.
Comtesse, D., Flügel-Martinsen, O, Martinsen F. & Nonhoff, M. (2019): Einleitung. In: D. Comtesse, O. Flügel-Martinsen, F. Martinsen & M. Nonhoff (Hrsg.), *Radikale Demokratietheorie. Ein Handbuch*. Berlin: Suhrkamp, S. 11–21.
Detjen, J., Massing, P., Richter, D. & Weißeno, G. (2012): *Politikkompetenz – ein Modell*. Wiesbaden: VS.
Deutsches PISA-Konsortium (2001): *PISA 2000. Basiskompetenzen von Schülerinnen und Schülern im internationalen Vergleich*. Opladen: Leske + Budrich.
Drerup, J. (2021): *Kontroverse Themen im Unterricht. Konstruktiv streiten lernen*. Ditzingen: Reclam.
Easton, D (1975): A Re-assessment of the Concept of Political Support. *British Journal of Political Science* 5(4), S. 435–457.
Eder, M. (2021): *Von der Bildungstheorie zur Kompetenzorientierung*. Bad Heilbrunn: Klinkhardt.
Esquith, S. (1992): Political Theory and Political Education. *Political Theory* 20(2), S. 247–273.
Europarat (2018): *Kompetenzen für eine demokratische Kultur. Gleichberechtigtes Zusammenleben in kulturell unterschiedlichen demokratischen Gesellschaften*. Strasbourg: Council of Europe Publishing.
Fraenkel, E. (2011): *Deutschland und die westlichen Demokratien* (9., erw. Aufl.). Baden-Baden: Nomos.
Frei, B. (2003): *Pädagogische Autorität: Eine Empirische Untersuchung bei Schülerinnen, Schülern und Lehrpersonen der 5., 6. und 8. Schulklasse*. Münster: Waxmann.
Friedrichs, W. (2020): Demokratie ist Politische Bildung. In: M.-P. Haarmann (Hrsg.), *Demokratie, Demokratisierung und das Demokratische. Aufgaben und Zugänge der Politischen Bildung*. Wiesbaden: Springer, S. 9–30.
Furth, H. G. (1982): Das Gesellschaftsverständnis des Kindes und der Äquilibrationsprozess. In: W. Edelstein & M. Keller (Hrsg.), *Perspektivität und Interpretation. Beiträge zur Entwicklung des sozialen Verstehens*. Frankfurt: Suhrkamp, S. 188–215.
Gelhard, A. (2012): *Kritik der Kompetenz* (2. Aufl.). Zürich: diaphanes.
Giesecke, H. (1978): Didaktische Entwicklungen im Politikunterricht. In: W. Born & G. Otto (Hrsg.), *Didaktische Trends. Dialoge mit Allgemeindidaktikern und Fachdidaktikern*. Weinheim: Urban und Schwarzenberg, S. 358–387.
Grammes, T. (2017): Inwiefern ist der Beutelsbacher Konsens Bestandteil der Theorie politischer Bildung? In: S. Frech & D. Richter (Hrsg.), *Der Beutelsbacher Konsens. Bedeutung, Wirkung, Kontroversen*. Schwalbach: Wochenschau Verlag, S. 69–86.
Gruschka, A. (2011): *Verstehen lehren. Ein Plädoyer für guten Unterricht*. Stuttgart: Reclam.
Gutmann, A. (1999): *Democratic Education*. Princeton: Princeton University Press.
Habermas, J. (1996): *Moralbewusstsein und kommunikatives Handeln* (6. Aufl.). Frankfurt: Suhrkamp.
Habermas, J. (1998): *Faktizität und Geltung. Beiträge zur Diskurstheorie des Rechts und des demokratischen Rechtsstaats*. Frankfurt: Suhrkamp.
Jahr, D. & Petrik, A. (2018): Sokratische Lehrerstrategie gegen rechtspopulistische Schüleräußerungen: ein formales Modell auf Basis von Unterrichtsfällen. In: L. Möllers & Sa. Manzel (Hrsg.), *Populismus und politische Bildung*. Frankfurt: Wochenschau, S. 108–114.
Klieme, E. (2007): *Zur Entwicklung nationaler Bildungsstandards. Eine Expertise*. Bonn: BMBF.
Klieme, E., Maag-Merki, K. & Hartig, J. (2007): Kompetenzbegriff und Bedeutung von Kompetenzen im Bildungswesen. In: J. Hartig & E. Klieme (Hrsg.), *Möglichkeiten und Voraussetzungen technologiebasierter Kompetenzdiagnostik. Eine Expertise im Auftrag des Bundesministeriums für Bildung und Forschung*. Bonn: BMBF, S. 5–15.
Kohlberg, L. (1996): *Die Psychologie der Moralentwicklung*. Frankfurt: Suhrkamp.
Kramer, R.-T., Helsper, W. & Busse, S. (2001): Pädagogische Generationsbeziehungen und die symbolische Generationsordnung – Überlegungen zur Anerkennung zwischen den Generationen als antinomischer Struktur. In: dies. (Hrsg.), *Pädagogische Generationsbeziehungen*. Opladen: Leske + Budrich, S. 129–155.

Luhmann, N. (1994): Sozialisation und Erziehung. In: N. Luhmann (Hrsg.), *Beiträge zur funktionalen Differenzierung der Gesellschaft* (2. Aufl.). Opladen: Westdeutscher Verlag, S. 173–181.
Maag-Merki, K. (2009): Kompetenz. In: S. Andresen, R. Casale, T. Gabriel, R. Horlacher, S. Larcher Klee & J. Oelkers (Hrsg.), *Handwörterbuch Erziehungswissenschaft*. Weinheim: Beltz, S. 492–506.
May, M. (2007): *Demokratiefähigkeit und Bürgerkompetenzen*. Wiesbaden: VS.
May, M. (2008): *Demokratielernen oder Politiklernen?* Schwalbach/Ts.: Wochenschau Verlag.
May, M. (2020): Haltung ist keine didaktische Strategie! Zu einem Missverständnis im Kontext der Demokratiebildung. *Gesellschaft, Wirtschaft, Politik* 70(1), S. 17–21.
May, M. (2022a): Was ist Demokratiebildung? In: A. Beelmann & Danny Michelsen (Hrsg.), *Rechtsextremismus, Demokratiebildung, gesellschaftliche Integration. Interdisziplinäre Debatten und Forschungsbilanzen*. Wiesbaden: VS, S. 251–264.
May, M. (2022b): Demokratiebildung und die unscharfen Grenzen der Kontroversität. Zur Notwendigkeit eines pädagogischen Kriteriums bei der Bestimmung des kontroversen Raumes. Inter- und Transdisziplinäre Bildung (Sonderheft: Bildung und Demokratisierung) 1(2), S. 49–53.
May, M, & Partetzke, M. (2023): *Einführung in die Politikdidaktik*. Frankfurt: Wochenschau.
Osterwalder, F. (2011): *Demokratie, Erziehung und Schule*. Stuttgart: Haupt.
Petrik, A. (2013): *Von den Schwierigkeiten, ein politischer Mensch zu werden*. Opladen: Budrich.
Piaget, J. (2003): *Das Erwachen der Intelligenz beim Kinde* (5. Aufl.). Stuttgart: Klett-Cotta.
Reheis, F., Denzler, S., Görtler, M. & Waas, J. (2016): *Kompetenz zum Widerstand. Eine Aufgabe für die politische Bildung*. Frankfurt: Wochenschau.
Reichenbach, R. (2018): Kritik der Kompetenzorientierung aus bildungstheoretischer Sicht. *Schulmanagement-Handbuch* 37(166), S. 11–21.
Reinhardt, S. (2004): *Demokratie-Kompetenzen*. Berlin: BLK.
Sander, W. (2013): Die Kompetenzblase – Transformationen und Grenzen der Kompetenzorientierung. *zeitschrift für didaktik der gesellschaftswissenschaften* 4(1), S. 100–124.
Schleiermacher, F. (1994): *Ausgewählte pädagogische Schriften* (4. Aufl.). Paderborn: Schöningh.
Schweer, M. K. W. (2017): Vertrauen im Klassenzimmer. In: M. Schweer (Hrsg.), *Lehrer-Schüler-Interaktion*. Wiesbaden: VS, S. 523–545.
Selman, R. L. (1984): *Die Entwicklung des sozialen Verstehens. Entwicklungspsychologische und klinische Untersuchungen*. Frankfurt: Suhrkamp.
Terri, S. W. & Hansen, D. T. (2009): Demokratie. In: S. Andresen, R. Casale, T. Gabriel, R. Horlacher, S. Larcher Klee & J. Oelkers (Hrsg.): *Handwörterbuch Erziehungswissenschaft*. Weinheim: Beltz, S. 178–192.
Wehling, H.-G. (2016 [zuerst 1977]): Konsens à la Beutelsbach. Nachlese zu einem Expertengespräch. In: B. Widmaier & P. Zorn (Hrsg.), *Brauchen wir den Beutelsbacher Konsens? Eine Debatte der politischen Bildung*. Bonn: BpB, S. 19–27.
Weinert, F. E. (2001): Concept of Competence: A Conceptual Clarification. In: D. S. Rychen & L. H. Salganik (Hrsg.), *Defining and selecting key competencies*. Seattle, Toronto, Bern, Göttingen: Hogrefe and Huber, S. 45–65.
Westphal, M. (2018): Kritik- und Konfliktkompetenz Eine demokratietheoretische Perspektive auf das Kontroversitätsgebot. *Aus Politik und Zeitgeschichte* 68 (13–14), S. 12–17.
Wohnig, A. (2022): Politische Partizipation als Weg zum Ziel politischer Bildung. In: A. Wohnig & P. Zorn (Hrsg.), *Neutralität ist keine Lösung. Politik, Bildung – politische Bildung*. Bonn: BpB, S. 341–374.
Yacek, D. (2021): Erziehung zum kontroversen Denken. Zur Behandlung ethisch und politisch kontroverser Themen in der Schule. In: K. Minkyung, T. Gutmann, J. Friedrich & K. Neef (Hrsg.), *Werte im Ethikunterricht. An den Grenzen der Wertneutralität*. Opladen: Budrich, S. 81–102.

7 Kontroverse Themen unterrichten – Über die Bildung von Welt- und Menschenbildern

Marieke Schaper

7.1 Einleitung

Die Behandlung kontroverser Themen im Unterricht zählt zu einem der vielversprechendsten Ansätze der Demokratieerziehung und politischen Bildung[4]. Einer gelungenen Auseinandersetzung mit Kontroversität im Unterricht wohnt nicht nur das Potenzial inne, die sprachlichen und argumentativen Fähigkeiten von Schülerinnen und Schülern zu entwickeln und sie in ihrer Meinungsbildung zu unterstützen, sondern zentrale demokratische Werte und Tugenden zu kultivieren, sodass die Perspektiven von Lernenden erweitert und ihre Empathie und Persönlichkeitsentwicklung gefördert werden kann.

Das Diskutieren diverser Meinungen und Perspektiven ist nicht nur im Rahmen der Meinungsfreiheit verankert, sondern ist ein Ausdruck unserer pluralistischen Gesellschaft sowie demokratischer Teilhabe. Diese Teilhabe wurde auch von der Kultusministerkonferenz als Zielsetzung des (gymnasialen) Unterrichts festgesetzt: Der Unterricht »vermittelt eine Erziehung, die zur Persönlichkeitsentwicklung und -stärkung, zur Gestaltung des eigenen Lebens in sozialer Verantwortung sowie zur Mitwirkung in der demokratischen Gesellschaft befähigt« (KMK vom 16.03.2023, S. 6)[5]. Hier wird betont, dass der Unterricht nicht nur auf einzelne Kompetenzen in Bezug auf die fachliche Bildung ausgerichtet ist, sondern den ganzen Menschen samt Persönlichkeit, sozialer Verantwortung und demokratischen Mitwirken in den Blick nimmt. Dieses Ziel der Demokratiebildung wurde in einem zusätzlichen Rahmen noch weiter ausgeführt: So werden auf der Website der Kultusministerkonferenz folgende Ziele in Bezug auf die Demokratiebildung in der Schule formuliert:

> »Eines der obersten Ziele schulischer Bildung überhaupt ist es, junge Menschen zu befähigen, sich in der modernen Gesellschaft zu orientieren und politische, gesellschaftliche

---

4 Es ist an dieser Stelle bereits anzumerken, dass die Forderung nach Kontroversität im Unterricht nicht bloß auf den Politikunterricht und die Politikdidaktik beschränkt ist (Sander, 2009): Unterschiedliche Fachdidaktiker*innen sprechen sich für die Bedeutung von kontroversen Themen für ihren Fachunterricht aus, sei es der Geographieunterricht (Ohl 2013), die Wirtschaftsdidaktik (Hedtke, 2015), der Sachunterricht (Blanck, 2023) oder der Ethikunterricht (Giesinger, 2021).

5 Siehe »Vereinbarung zur Gestaltung der gymnasialen Oberstufe und der Abiturprüfung (Beschluss der KMK vom 07.07.1972 i. d. F. vom 16.03.2023)«: https://www.kmk.org/filead min/Dateien/veroeffentlichungen_beschluesse/1972/1972_07_07-VB-gymnasiale-Oberstu fe-Abiturpruefung.pdf (**Zugriff: 08.11.23**)

und wirtschaftliche Fragen und Probleme kompetent zu beurteilen. Dabei sollen sie ermuntert werden, für Freiheit, Demokratie, Menschenrechte, Gerechtigkeit, wirtschaftliche Sicherheit und Frieden einzutreten. Diesem übergeordneten Ziel sind grundsätzlich alle Unterrichtsfächer verpflichtet, insbesondere aber die des gesellschaftswissenschaftlichen Bereichs.«[6]

Sich »in der modernen Gesellschaft zu orientieren« (ebd.) bedeutet, sich mit der Vielzahl unterschiedlicher Sichtweisen, Welt- und Menschenbildern, somit auch mit Kontroversen, reflektierend auseinanderzusetzen, die eine diverse und demokratische Gesellschaft ausmachen.

Es wurde sich in vielfältiger Weise dafür ausgesprochen, dass die Behandlung kontroverser Themen im Unterricht zu jenem demokratischen Bildungsauftrag beitragen kann (Drerup, 2021a, Hilbrich, 2021, Yacek, 2023). So postuliert Drerup (2021a) beispielsweise, dass »[p]olitische Diskussionen im Klassenraum [...] so zuweilen als Königsweg von Demokratieerziehung [gelten]« (ebd., S. 482). Diese Überzeugung wird ebenfalls durch das »Kontroversitätsgebot« deutlich, welches als Teil des Beutelsbacher Konsens[7] formuliert wurde und fordert, dass das »was in Wissenschaft und Politik kontrovers ist, [...] auch im Unterricht kontrovers erscheinen« muss (Wehling, 1977, S. 179). Die in Beutelsbach festgehaltenen Punkte sollten dabei als eine Art »Minimalkonsens« (Schiele, 2016, S. 69) gelten.

Zudem ist das Kultivieren von Fehlbarkeit, Selbstkritik und intellektueller Bescheidenheit im Zusammenhang mit kontroversen Themen von Bedeutung, was im deutschen Kontext von Miguel Zulaica y Mugica (2021) im Rahmen des Konzepts der »Fallibilität« beleuchtet wird (ebd., S. 52). Des Weiteren wurde betont, dass das Behandeln kontroverser Themen ebenfalls dazu in der Lage sei, Schülerinnen und Schüler in ihrer Meinungsbildung zu schulen (Drerup, 2021b) sowie sprachliche und argumentative Fähigkeiten zu fördern (Gronostay, 2019).

Laut Tilmann Grammes (2020) wohnt einem gelungenen kontroversen Unterricht ebenso das Potenzial inne, zu einem »Perspektivenwechsel« sowie zur »Perspektivenkoordination (Kompromiss)« beizutragen. Im selben Maße äußert sich auch Johannes Drerup (2021) zu den Zielen einer Konfrontation mit kontroversen Themen, welche im besten Fall »Reflexions- und Lernprozesse auslösen, die Perspektivenübernahme und -erweiterung ermöglichen und zur Relativierung des Eigeninteresses zugunsten einer Orientierung an einem *common good* beitragen können.« (ebd., S. 31).[8]

---

6 Siehe die Website zur Demokratiebildung der Kultusministerkonferenz: https://www.kmk.org/themen/allgemeinbildende-schulen/weitere-unterrichtsinhalte-und-themen/demokratiebildung.html (Zugriff: 08.11.23)
7 Der Beutelsbacher Konsens entspringt einer im Jahre 1976 einberufenen Tagung in Beutelsbach im Zuge der 68er-Studentenbewegung sowie der Debatten um eine Neujustierung der politischen Bildung. Die zentralen Ergebnisse wurden von Hans-Georg Wehling zusammengefasst, »die drei Punkte enthalten, die zum «Beutelsbacher Konsens» geworden sind« (Schiele, 2016, S. 69).
8 Auch die Initiative »Jugend Debattiert« kommt zu ähnlichen Schlüssen in Bezug auf die Bedeutung von kontroversen Themen und dem Debattieren. Schülerinnen und Schüler sollen dazu ermutigt werden, sich im Debattieren und Diskutieren kontroverser Themen zu üben, da die »sprachliche Bildung durch Ausbildung in Rede, Gegenrede und Debatte«, die »Meinungsbildung durch Auseinandersetzung mit aktuellen Streitfragen«, die »politische

Doch *wie* können Lehrkräfte gelingend kontroverse Themen im Unterricht behandeln? Was ist überhaupt »kontrovers« und welche Themen sollte man als kontrovers in den Unterricht einbringen? Diesen Fragen wird sich im deutschen sowie internationalen Raum nicht nur ausgiebig gewidmet, sie werden sogar selbst kontrovers diskutiert. In Debatten innerhalb der deutschen Erziehungswissenschaft gilt insbesondere das im Rahmen des Beutelsbacher Konsens formulierten, »Kontroversitätsgebots« als Initialzündung eines neuen Diskurses zu kontroversen Themen im Unterricht, zu welchem sich viele Erziehungswissenschaftler*innen und Theoretiker*innen auf unterschiedlichste Art und Weise geäußert haben (Schiele, 2016; Gronostay, 2019; Drerup, 2021a,b; May 2022; Yacek 2023a).

Obwohl die bisher publizierten Ausführungen zu den Barrieren oder Gelingensbedingungen unterrichtlicher Kontroversität bereits wichtige Perspektiven zu den Bedingungen einer wünschenswerten Behandlung kontroverser Themen hinzufügen, so werden dennoch einige wesentliche Aspekte dieser herausfordernden pädagogischen Aufgabe übersehen. In diesem Beitrag stelle ich die These auf, dass die *philosophische* Betrachtungsebene bisher außer Acht gelassen wurde, die jedoch einen maßgeblichen Einfluss auf die Gelingensbedingungen kontroversen Unterrichts ausübt. Sie kann in dem Sinne als philosophisch bezeichnet werden, als dass sie insbesondere die (pseudo-)philosophischen (z. B. erkenntnistheoretischen oder ethischen) Grundannahmen in den Blick nimmt, die bei jedem Menschen bewusst oder unbewusst bzw. mehr oder minder ausgeprägt sind[9]. Diese Grundannahmen werden durch das Konzept des Welt- und Menschenbildes zusammengefasst, sodass die philosophische Betrachtungsebene demnach den subjektiven Zugang zu kontroversen Themen über persönliche Welt- und Menschenbilder fokussiert.

Meine Argumentation vollzieht sich in folgenden Schritten: Im ersten Abschnitt wird ein komprimierter Überblick über die bisherige (internationale) Debatte zu kontroversen Themen und *controversial issues* gegeben. Daran anschließend folgt ein Abschnitt zu Welt- und Menschenbildern, der die wichtigste Literatur dazu darstellt und bereits einige Risiken einer fehlgeschlagenen Auseinandersetzung mit kontroversen Themen beschreibt. Hierzu werden zwei Real-Beispiele einer kontroversen Diskussion zum Thema »Gendern« herangezogen. Im letzten Abschnitt werden einige praktische Implikationen angeführt, die für eine gelungene und zielführende Auseinandersetzung mit kontroversen Themen im Unterricht von Bedeutung sind.

Bildung durch Motivation zu demokratischem Handeln« sowie die »Persönlichkeitsbildung durch gegenseitigen Austausch und Perspektivenwechsel« gefördert werde (siehe Website von »Jugend debattiert«: https://www.jugend-debattiert.de/unterricht-training, Zugriff: 20.07.23).

9 Es ist wichtig anzumerken, dass es bei dem Konzept von persönlichen Welt- und Menschenbildern keineswegs um ein kohärentes und gefestigtes Bild oder Verständnis von der Welt, dem Selbst oder dem Menschen gehen soll. Dieser Begriff umgreift hier selbst rudimentäre und unbewusste Definitionen und Verständnisse, die sich zu einer individuellen Realität zusammenfassen lassen. So können selbst Kinder und Jugendliche bereits ein bestimmtes Welt- und Menschenbild aufweisen, welches sich durch bestimmte Annahmen und Aussagen, wie »Mädchen sind schlecht im Fußball« oder »Papas sind stärker als Mamas« charakterisieren lässt.

7.2 Was ist Kontroversität? Von der Debatte zu kontroversen Themen im Unterricht

Wenn man danach fragt, was der Begriff der »Kontroversität« eigentlich bedeutet, befindet man sich bereits im Zentrum des Diskurses. Von einer linguistischen Definition von Kontroversität abgesehen[10], stellt Diane Hess (2009) in überzeugender Weise fest, dass Themen nicht einfach die feste Eigenschaft der Kontroversität zugeschrieben werden kann, sondern, dass die Feststellung, dass etwas als kontrovers gewertet wird, den Ausgang gesellschaftlicher Aushandlungsprozesse darstellt (vgl. ebd., S. 37 f.). Dennoch schreibt Hess, dass einige Themen kontroverser als andere gelten, da sie mehr Uneinigkeit generieren (vgl. ebd., S. 38).

Als Initiator einer neuen und international ausgetragenen Debatte zu kontroversen Themen bzw. zu *controversial issues* gilt Michael Hand (2008). In seinem Artikel »What Should We Teach as Controversial? A Defense of the Epistemic Criterion« formuliert Hand eine Antwort auf die Frage, was Lehrerinnen und Lehrer als kontrovers unterrichten sollten. Hierbei knüpft er an Robert Dearden (1981) an und argumentiert für das epistemische Kriterium, wonach ein Thema dann als kontrovers unterrichtet werden sollte, wenn gegensätzliche Ansichten dazu vertreten werden können, die jedoch nicht vernunftwidrig sind (vgl. ebd., S. 217). Dieses epistemische Kriterium stehe zwei weiteren Kriterien gegenüber, gegen die sich Hand wendet: Das behaviorale Kriterium (»behavioral criterion«[ebd.]), nach dem Themen als kontrovers zu unterrichten sind, wenn beobachtet werden kann, dass eine große Anzahl von Menschen nicht mit den, im Zusammenhang zu diesem Thema getroffenen, Aussagen und Behauptungen zustimmt (vgl. ebd.) sowie das politische Kriterium (»political criterion« [ebd., S. 214]), nach dem eine moralische Frage dann als kontrovers unterrichtet werden sollte, wenn von den allgemeinen Werten und dem liberalen demokratischen Staat keine Antworten darauf vorgegeben werden (vgl. ebd.).

Douglas Yacek (2018) setzt sich kritisch mit diesen Kriterien auseinander. Doch anstatt ein weiteres Kriterium vorzuschlagen und sich lediglich der Frage zu widmen, *was* als kontrovers unterrichtet werden sollte, eröffnet Yacek eine weitere Perspektive auf den kontroversen Unterricht, indem er sich einer Schüler*innenzentrierten Betrachtungsweise zuwendet. Yacek stellt sich damit die Frage, welche Bedingungen vorhanden sein müssen, damit Lernende Themen als genuin kontrovers verstehen und somit ein kontroverser Unterricht gewinnbringend ist. Er postuliert, dass Kontroversität als eine intellektuelle Spannung (»intellectual tension« [ebd., S. 81]) gedacht werden muss. Diese intellektuelle Spannung stelle sogar eine notwendige Bedingung für das Unterrichten von kontroversen Themen dar, da Lernende ohne diese Spannung nicht dazu in der Lage seien, ein Thema überhaupt als kontrovers wahrzunehmen. Yacek ist der Meinung, dass diese Bedingung ge-

---

10 Michael Hand (2008) betont beispielsweise, dass die normative Frage »Welche Themen sollten als kontrovers unterrichtet werden« nicht auf die linguistische Frage »Welche Themen werden üblicherweise als kontrovers beschrieben?« reduziert werden sollte (vgl. ebd., S. 217).

schaffen werden muss, da es gewisse »corruptions of reason« (ebd., S. 79) gebe, die die Herstellung dieser geistigen Spannung im Wege stehen. Diese Hürden, bezeichnet als »absolutism, relativism, pessimism, and opportunism« (ebd.), verhindern, laut Yacek, in der Regel, dass sich die Schülerinnen und Schüler auf die Kontroversen einlassen können, mit denen die Lehrkräfte ihre Vernunft kultivieren wollen (vgl. ebd.). So wird ein Thema beispielsweise nicht als kontrovers wahrgenommen, wenn nur eine Position als Denkoption besteht und man keinen Zugang zu der zweiten hat (absolutism), wenn keine von mehreren Positionen als mögliche Option betrachtet wird (relativism), wenn das Vertrauen in die Vernunft und gut begründbare Positionen als Ganzes verloren wird (pessimism) oder wenn es nur um das Gewinnen einer Debatte oder um das Erhalten einer guten Note geht (opportunism) (vgl. ebd.).

Ähnlich wie Yacek argumentiert Thomas Goll (2021), dass eine fehlerhafte oder ungünstige Behandlung kontroverser Themen Folgen haben kann: so kann jener problematischen Auseinandersetzung mit Kontroversität nicht nur »eine Verschwendung von Unterrichtszeit entspringen, im schlechtesten Fall könnte sie jedoch Schaden bei den Lernenden anrichten« (ebd., S. 158). Laut Grammes kann ein fehlerhafter Umgang mit Kontroversen sogar zu einer »Perspektivenverhärtung« (Grammes, 2020, S. 133), auch als »Dogmatismus« (ebd.) bezeichnet, sowie zu »Ignoranz (Apathie)« führen. Kinder und Jugendliche können aber auch »mit Perspektivenwechsel, [sowie][…] mit Perspektivenkoordination (Kompromiss)« auf kontroverse Themen reagieren (ebd., Ausl. u. Zus. v. M.S.). Insofern bestehen die beiden wünschenswerten Ausprägungen in dem Perspektivenwechsel und in der Perspektivenkoordination bzw. dem Kompromiss, während es gilt, die Ignoranz und die Perspektivenverhärtung zu vermeiden.[11] Michael May (2022) postuliert sogar, dass es eines pädagogischen Kriteriums bedarf, um vorab einschätzen zu können, ob die Lernenden überhaupt von der Thematisierung von Kontroversität in einem bestimmten Kontext profitieren. Er schreibt: Die »Lernchancen durch die

---

11 Diese anglo-amerikanische Debatte wurde ebenfalls im deutschen Sprachraum rezipiert und in die aktuellen Diskussionen zu kontroversen Themen eingeflochten. Hierzu ist insbesondere Johannes Drerups (2021b) Buch »Kontroverse Themen im Unterricht. Konstruktiv streiten lernen« zu nennen. Drerup versucht einen Orientierungsrahmen für kontroversen Unterricht herauszuarbeiten, der darauf abzielt, sich theoretisch wie praktisch mit den Problemstellungen rund um die pädagogische Behandlung von Kontroversen. In Anlehnung an die international geführte Kriteriendebatte plädiert Drerup für die Kombinierung des politischen und wissenschaftsbezogenen Kriteriums und schlägt »dialogorientierte Formate im Umgang mit Kontroversen« vor (Drerup, 2021b, S. 5). Hierzu formuliert Drerup sieben »Leitlinien und Voraussetzungen für eine gelingende Praxis« (ebd., S. 66), definiert »Methoden des Umgangs mit Kontroversität« (ebd., S. 59) und arbeitet »Fallstricke und Fehlformen« heraus (ebd., S. 66). Seine Ausarbeitungen wurden zudem im Rahmen eines kürzlich erschienenen Buchsymposiums, welches in der Zeitschrift für praktische Philosophie veröffentlicht wurde, von unterschiedlichen Autorinnen und Autoren (Laschet & Engartner, 2023; Thein, 2023; Bechtel, Schrader & Lange, 2023; May & Hameister, 2023; Feldmann, 2023; Frick, 2023; Lanius, 2023; Martena, 2023; Herbst, 2023) kritisch geprüft. Während Jan-Hendrik Herbst (2023) Drerups Ansatz im Hinblick auf die Religionspädagogik hinterfragt und Laura Martena (2023) die Alternative einer dialogischen Wertebildung vorschlägt, argumentiert Marie-Luisa Frick (2023), dass Drerup die Komplexität der Menschenrechte und Grundrechte unterschätzt.

Kontroverse in konkreten Kontexten einzuschätzen zu können, setzt eine gute Kenntnis der Schülerschaft voraus und bleibt auch bei guter Lerngruppen-Kenntnis relativ unsicher. Etwas leichter lassen sich mitunter Situationen identifizieren, in denen es nicht mehr lohnt, auf die Irritation einer grenzwertigen Weltsicht durch die Kontroverse zu setzen« (ebd., S. 52). Somit verweist May ebenfalls auf das Vorhandensein und die Bedeutung von Weltbildern für die Auseinandersetzung mit kontroversen Themen. Da es »unsicher« sei, vorab einzuschätzen, inwiefern die Lernenden von einer Kontroverse profitieren, schlägt er vor, zumindest im Vorhinein die Grenzen abzustecken. Das heißt, wenn ein Schüler oder eine Schülerin bereits »abwegige Positionen als authentische Weltdeutungen in das Unterrichtsgespräch einbringt, [und] damit diskutierbar macht […] oder ob es vorrangig beispielsweise um politische Propaganda, Provokation, eigene Statusarbeit oder gar eine Straftat geht« (ebd.), wäre, laut May, hier eine Grenze zu ziehen. Dies gelte selbstverständlich auch, wenn Schüler*innen durch bestimmte Äußerungen »physische oder psychische Gewalt erfahren« (May & Heinrich, 2020, S. 122).

Obwohl Yacek, Grammes und May bisher einige der wenigen sind, die überhaupt Schüler*innen-zentriert über Kontroversen nachdenken und auf die psychologische Sphäre als Bedingung zur Behandlung kontroverser Themen verweisen, so übersehen sie, ebenso wie die anderen Stimmen innerhalb der Debatte, dennoch eine bedeutsame Betrachtungsebene: Nämlich die *philosophische Betrachtungsebene* kontroversen Unterrichts, die sich insbesondere durch das Konzept des Welt- und Menschenbildes definieren lässt. Obgleich die Psychologie der Lernenden zweifelsohne eine maßgebliche Rolle spielt, so wird durch sie nicht abgedeckt, welche individuellen Grundannahmen über die Welt, den Menschen sowie Konzepte von dem Guten, Gerechtigkeit oder Erkenntnis vorhanden sind. Hier geht es insbesondere um die Welt- und Menschenbilder der Lernenden, die ihre Meinungsbildung und Selbstentwürfe maßgeblich prägen und die in den Debatten um kontroverse Themen auf ganz besondere Weise herausgefordert, in Frage gestellt und teilweise unwiderruflich problematisiert werden. Wenn Lehrkräfte kein Gespür dafür haben, wie sich ihre Aussagen und Methoden auswirken, werden sie kaum feststellen können, ob die Behandlung der Kontroverse tatsächlich zu offeneren, empathischeren und reflektierteren Haltungen geführt, oder gar zum Gegenteil beigetragen hat. Die Thematisierung des Welt- und Menschenbildes zählt demnach zu einer signifikanten Dimension einer Schüler*innen-zentrierten Betrachtung eines kontroversen Unterrichts und ist für eine gelungene Auseinandersetzung mit Kontroversen im Unterricht unverzichtbar. Die Thematisierung und Herausarbeitung ebendieser Betrachtungsebene ist Gegenstand des nächsten Abschnitts.

7.3 Die philosophische Betrachtungsebene kontroversen Unterrichts. Von Welt- und Menschenbildern

Welt- und Menschenbilder sind in unserer Gesellschaft allgegenwärtig: Sie begleiten uns in unserem Alltag sowie im Weltgeschehen. Wenn wir uns mit unserer Nachbarin über die Corona-Pandemie unterhalten oder die Tageszeitung lesen – Welt- und Menschenbilder durchdringen implizit oder explizit nahezu jeden Teil unseres Lebens. So bemerkte Habermas (2011): »Weltbilder orientieren uns im Ganzen unseres Lebens.« (ebd., S. 63). Konkret definiert er den Begriff ›Weltbild‹ als »den theoretischen oder darstellenden, Wahrheit beanspruchenden Charakter einer Weltdeutung« (ebd.). Dem Welt- und Menschenbild einer bestimmten Person, Institution oder Organisation liegen fundamentale philosophische Fragen und Annahmen zugrunde, wie z. B. »Was ist der Mensch?« oder »Was kann ich wissen?«, die oft unbewusst und implizit bleiben. Während das Welt- und Menschenbild einer politischen Gruppierung oder Partei eher ersichtlich und zugänglich ist (da es beispielsweise durch ein Parteiprogramm festgesetzt wurde oder öffentliche Äußerungen in Interviews oder Schriften eine bessere Einschätzung erlauben), so gestaltet es sich bei dem einzelnen Menschen durchaus schwieriger, zu seinen fundamentalen Annahmen vorzudringen. Doch selbst wenn es einer Person selbst nicht oder kaum bewusst ist, welches Menschen- und Weltbild sie vertritt, so kommt es dennoch in bestimmten Situationen oder Äußerungen zum Vorschein.

In besonderer Weise treten Menschen- und Weltbilder in Diskussionen und in Auseinandersetzungen mit kontroversen Themen zu Tage. Es kann sogar behauptet werden, dass Themen umso kontroverser wahrgenommen werden, desto mehr das eigene Welt- und Menschenbild involviert ist. So kann die Debatte über den Konsum von Tierfleisch von einer Tierrechtaktivistin kontroverser wahrgenommen werden als von Jemandem, der sich bisher kaum damit auseinandergesetzt hat.

Dass Begriffe dennoch mit Werten aufgeladen sind und als Teil des persönlichen Weltbildes begriffen werden können, ist ein zentrales Ergebnis der philosophischen Erkenntnistheorie – mindestens seit Nietzsche. So definiert Nietzsche bspw. den Begriff »Wahrheit« in seinem Werk »Ueber Lüge und Wahrheit im aussermoralischen Sinne« als »[e]in bewegliches Heer von Metaphern, Metonymien, Anthropomorphismen kurz eine Summe von menschlichen Relationen [...], die poetisch und rhetorisch gesteigert, übertragen, geschmückt wurden, und die nach langem Gebrauche einem Volke fest, kanonisch und verbindlich dünken: die Wahrheiten sind Illusionen, von denen man vergessen hat, dass sie welche sind [...]« (Nietzsche, 2015, S. 15).

Doch Weltbilder weisen nicht nur eine starke sprachliche Komponente auf, sie wirken sich sogar darauf aus, ob eine Aussage oder Behauptung ernstgenommen werden kann. Besonders bedeutend ist hierzu William James' Unterscheidung von »*live* and *dead*« hypotheses (ebd., S. 199), welche er in seinem Essay »The Will to Believe« beschreibt. James' Ausarbeitung verbildlicht insbesondere den Prozess, in welchem eine Hypothese entweder Anklang findet oder als Denkoption abgelehnt wird. Er definiert den Begriff der ›Hypothese‹ erstmal folgendermaßen: [a] »hypothesis [is] anything that may be proposed to our belief« (ebd.). Er nutzt die eingängige Metapher von aktiven bzw. leitenden und toten Stromkabeln. Eine »live hypothesis« ist demnach eine Hypothese, die als echte Denkoption angesehen wird (vgl. ebd.), während eine »dead hypothesis« keine Verbindung mit der eigenen Natur herstellt – die Leitung ist ›tot‹. Hervorzuheben ist, dass die »liveness« oder »deadness« keine intrinsische Eigenschaft einer Hypothese ist, sondern die Beziehung zu dem individuellen Denker abbildet, die in seiner »willingness to act« gemessen wird (ebd., S. 199). Das bedeutet, dass es in Bezug auf kontroverse Themen mehr auf die persönliche Beziehung der Schülerinnen und Schüler zu der Kontroverse ankommt als auf die Eigenschaften der Kontroverse selbst.

Doch wie wirkt sich das Beachten oder Nichtbeachten von persönlichen Welt- und Menschenbildern auf reale kontroverse Diskussionen aus? Im Folgenden soll diese Beobachtung anhand realer Fallbeispiele veranschaulicht werden. Hierzu werden zwei Interviews bzw. Diskussionen herangezogen, die sich beide mit der kontroversen Debatte rund um das Thema »Gendern« beschäftigen. Obwohl sich beide Formate um einen Austausch und eine Diskussion um dasselbe Thema bemühen, könnten der Verlauf, Charakter sowie Ausgang der Debatte nicht unterschiedlicher sein. Folgend wird argumentiert, dass diese entstandenen Unterschiede aus der Beachtung bzw. Nicht-Beachtung der jeweiligen Welt- und Menschenbilder resultieren.

Das erste Fallbeispiel entstammt der Folge »Gendersprache – Überflüssig oder überfällig?« vom 25.02.2021 im Rahmen der phoenix-Runde[12]. Dort wurden vier Personen mit unterschiedlichen Hintergründen und Expertisen eingeladen: Der Sprachwissenschaftler Prof. Dr. Anatol Stefanowitsch, der Politikwissenschaftler Prof. Dr. Werner Patzelt, die ZDF-Moderatorin Petra Gerster sowie die Journalistin und Autorin Judith Sevinç Basad. Während des 45-minütigen Gesprächs kristallisieren sich einige Grundannahmen heraus, die den jeweiligen Argumentationsgängen zu Grunde liegen. Zuerst fragt die Moderatorin der phoenix-Runde Petra Gerster, weshalb sie seit Oktober 2020 aktiv in ihren Moderationen gendert. Frau Gerster antwortet, dass sie das nicht erst seit Oktober mache, sondern, dass sie sich »seit mehr als fünfzig Jahren mit dem Thema Gleichberechtigung […] und Frauenemanzipation« beschäftigt (ebd., 01:50).[13] Diese Antwort verdeutlicht Frau Gersters konkrete Assoziation von dem Gendern mit Gleichberechtigung und Emanzipation sowie ihr gewünschtes Weltbild einer gleichberechtigten Gesellschaft einschließlich der Annahme, dass dieses durch Sprache gefördert werden könne. Dies kommt auch in ihrer Äußerung zur Frage, ob Frauen auch gemeint sind, wenn das generische Maskulinum verwendet wird, zum Ausdruck: »Ich habe mich auch immer mit-gemeint gefühlt, aber das liegt auch daran, dass ich eine selbstbewusste Frau bin« (ebd., 14:36).

---

12 Siehe die phoenix-Runde zu »Gendersprache – Überflüssig oder überfällig?« vom 25.02. 2021 https://www.youtube.com/watch?v=_M1Two224uE&list=WL&index=7 (Zugriff: 24.10.2023)

13 Die Verweise zu den Zitaten werden folgend als Minutenangaben im Kurzverweis dargelegt.

Frau Basad hingegen findet »das Gendern und der Sprachaktivismus der dahintersteht, höchst problematisch, weil das Gendern der Sprache nicht zu denken ist mit dem postmodernen Weltbild, das dahinter steht« (ebd., 08:19). In ihrer Ergänzung dieser These ist ihr persönliches Weltbild in Bezug auf das Gendern besonders klar ersichtlich, denn sie sagt:

> »Diese Aktivisten haben ein ganz spezifisches Weltbild, das davon ausgeht, dass die Unterdrückung der Frau, also die Herrschaft des Mannes, auch des weißen Mannes, während des letzten Jahrhunderts so prägnant war, dass sich diese Herrschaft, diese Machtausübung, in der Sprache verankert hat und dass wir diese Machtgefälle und die Strukturen nur überwinden können, wenn wir die Sprache verändern« (ebd., 08:41–09:08).

In diesem Sinne verdeutlicht sie, dass sie sich gegen das Gendern als »politisches Instrument« (ebd., 09:41), gegen die Durchsetzung der »Forderungen ›von oben‹« (ebd., 23:35) sowie gegen das »Ressentiment gegen den Mann« (ebd., 10:14) und gegen die »krasse[.] Eliminierung des Männlichen aus der Sprache« (ebd., 23:30) wendet. Frau Basad setzt das Herausgeben von Gender-Leitfäden durch Institutionen sogar mit »totalitärem Verhalten« (ebd., 25:16) gleich und postuliert: Bei diesen Richtlinien gehe es nicht »um Höflichkeit, es geht nicht da drum, sexuelle Minderheiten wirklich sichtbar zu machen, sondern es geht da drum, gewisse Wörter aus der Sprache komplett herauszucanceln und eben Gedanken und Assoziationen und auch Bilder im Kopf der Rezipienten zu steuern« (ebd., 23:59).

Herr Stefanowitsch nimmt als Sprachwissenschaftler eher eine relativierende und wenig emotional-aufgeladene Haltung zum Gendern ein. So behauptet er: »Im Prinzip ist es schon richtig, dass wir Sprache nicht unpolitisch benutzen können, aber können eben auch den herkömmlichen Sprachgebrauch nicht unpolitisch nutzen. Der ist geprägt durch eine Vorstellung, dass das Männliche der Normalfall ist. Viel mehr brauchen wir da gar nicht reinzuinterpretieren« (ebd., 11:08). Dieses Prinzip nicht zu akzeptieren, habe ganz praktische Gründe, so Herr Stefanowitsch:

> »Man weiß zum Beispiel, dass Stellenanzeigen, die im generischen Maskulinum formuliert sind, dass das eine Wirkung hat auf junge Frauen oder Mädchen, die über ihre Berufswahl nachdenken und diese Stellenanzeige lesen. Also da geht es gar nicht so sehr um irgendwelche Ideologien von neuen Genderidentitäten« (ebd., 11:51–12:07).

Letztlich räumt er ein, dass »man [...] die Fähigkeit von Sprache [nicht] überschätzen [darf], unser Denken zu prägen. Sie tut es, aber sie tut es natürlich nicht in irgendeinem deterministischen, so quasi Orwell'schen Sinne. Es ist jetzt nicht so, dass wenn wir plötzlich anfangen würden, durchgängig das Gender-Sternchen zu verwenden, dass uns auf magische Weise, sich unser Denken ändern würde und wir plötzlich eine viel gerechtere Welt hätten« (ebd., 21:18–21:41). Als es um das Thema der Restriktion und Maßregelung von Sprache, um die sogenannte »Sprachpolizei« geht, gibt Herr Stefanowitsch persönlichere Einsichten in sein Meinungsbild preis, indem er behauptet, dass diese Sprachpolizei dort vorhanden ist, »wo versucht werden soll, das Gendern zu unterbinden« (ebd., 31:49).

Herr Patzelt äußert sich ebenfalls in einer Weise, die auf sein Menschen- und Weltbild schließen lassen. Die Unterzeichnung einer Petition des Vereins der deutschen Sprache »gegen den Gender-Unfug« lassen bereits erste Rückschlüsse zu.

Zudem äußert er sich zu der »politische Agenda«, die hinter dem Gendern stehe, und verdeutlicht, dass er denjenigen, die gendern, eine Angriffshaltung zuschreibt.

> »Manche – das muss ich aus meinen Erfahrungen sagen – manche warten ja förmlich darauf, dass irgendein Mann insbesondere, an einer bestimmten Stelle nicht ordnungsgemäß beide Geschlechter, idealerweise unter Einbezug von geschlechtlich diversen, anspricht und verwendet dann dieses Versäumnis – auch wenn es lediglich aus Leichtfertigkeit und nicht aus ideologischer Verbohrtheit geschehen ist – nutzen das Ganze als Angriff« (ebd., 17:25–17:49).

Allgemein lässt sich diese Gesprächsrunde als hitzig beschreiben. Die Argumentation glich einer emotional aufgeladenen Debatte, in der es eher darum ging, seine eigene Position durchzubringen und ›zu gewinnen‹, sodass sich die Teilnehmenden gegenseitig mehrfach unterbrochen haben und die Gesprächsrunde zudem abrupt aufgrund von Zeitmangel abgebrochen werden musste. Es gab zum Ende hin keine Kompromisse und kaum gegenseitiges Verständnis, geschweige denn eine veränderte Perspektive. Viel eher lassen sich innerhalb dieses Gesprächs Situationen beobachten, die einer Perspektivenverhärtung oder Ignoranz entsprechen.

Somit bringt dieses erste Fallbeispiel zwei bedeutsame Aspekte hervor: Einerseits unterstreicht es, wie eine kontroverse Debatte von unterschiedlichen Welt- und Menschenbildern geprägt werden kann, und verdeutlicht andererseits, welchen problematischen Charakter eine solche Diskussion annehmen kann, wenn diese nicht in Hinblick auf die eben genannten Weltbilder moderiert wird. Es sollte deutlich geworden sein, dass es diesen Charakter einer kontroversen Diskussion, der sich durch gegenseitiges Unterbrechen, Ignoranz und Perspektivenverhärtung konstituiert, insbesondere im Schulkontext zu vermeiden gilt, da er nicht nur der Mehrheit der Ziele kontroversen Unterrichts widerspricht, sondern diese sogar bedroht.

Während das erste Fallbeispiel illustriert hat, wie prekär eine Debatte verlaufen kann, die das Vorhandensein von eigenen Welt- und Menschenbildern verkennt, so soll nun das zweite Fallbeispiel herangezogen werden, welches nicht nur einen weiteren Beleg für die Bedeutung der persönlichen Weltbilder liefert, sondern – insbesondere durch die andere Art der Vermittlung durch den Moderator – zu einem wünschenswerten Verlauf und beispielhaften Ausgang der Diskussion führt.

Dieses zweite Fallbeispiel entstammt der Folge »Reizthema Gendern: Sprache, die aufregt«, die am 27.12.2021, beim ZDF-Format »Auf der Couch« erschienen ist.[14] Auch hier wurden Vertreter*innen unterschiedlicher Haltungen zum Gendern eingeladen. Aufgrund des Alters der Teilnehmenden kommt diese kontroverse Diskussion dem Setting eines Klassenraums um einiges näher, denn es unterhalten sich der 17-jährige Schüler namens Torben Hundsdörfer und die Lehramtsstudentin Teresa Reichl miteinander. Teresa wird als eine Kabarettistin und Poetry-Slammerin vorgestellt, die Deutsch auf Lehramt studiert hat, und wurde als Diskussionspartnerin eingeladen, die sich für das Gendern einsetzt. Den Gegenpol bildet Torben, der bereits während seiner Schulzeit nebenbei Jura studiert, sich als Mitglied der FDP

---

14 Siehe das ZDF-Format »Auf der Couch« zum Thema »Reizthema Gendern: Sprache, die aufregt« vom 27.12.2021: https://www.youtube.com/watch?v=OmT0FSRXitw&list=WL&index=4 (letzter Zugriff am 24.10.2023)

engagiert und im »Verein Deutsche Sprache e.V.« aktiv ist. Moderiert wird die Debatte von dem Psychologen Dr. Leon Windscheid.

Durch die Aussagen, die im Gesprächsverlauf getroffen werden, lässt sich bei Teresa ihr persönliches Menschen- und Weltbild deutlich rekonstruieren. Bereits vor dem Beginn der Diskussion äußert sie ihre Vermutung, »dass wir [sie und Torben] uns aufs ganze Leben gesehen uneinig sind«, womit sie bereits die verschiedenen Lebenswelten, insbesondere die jeweiligen Weltbilder anspricht. In erster Linie wird deutlich, dass Teresa das Gendern als Vehikel zur Gleichberechtigung begreift, sodass es einen Teil ihres Weltbildes ausmacht, der Unterdrückung der Frau durch Sprache entgegenzuwirken. So postuliert sie: »Sprache ist ein wichtiges Tool, um die Gesellschaft mitzuformen. Natürlich nur eins, aber ein wichtiges« (ebd., 2:20). In dieser Weise ordnet Torben ein:

> »Ich glaube, dass Teresas Hauptargument auch das der Gleichberechtigung ist, dass sich auch wirklich alle angesprochen fühlen, dass das generische Maskulinum vermeintlich noch ein Überbleibsel patriarchaler Strukturen ist und dass es deswegen das abzuschaffen gilt« (ebd., 02:05).

Besonders deutlich tritt ihre Haltung in Bezug auf ihr Weltbild zur männlichen Machtstruktur hervor: »Grammatik ist kein neutrales Ding, das einfach passiert ist. Männer haben Grammatik gebaut und da hat sich die Sprache nach Gendern sehr lange nicht gestellt« (ebd., 20:14). Als es dann um ihre persönlichen Diskriminierungserfahrungen geht, entgegnet sie Torben: »Du bist ein weißer Hetero-Mann, du kannst es wirklich nicht wissen« (ebd., 21:20), weswegen man sogar argumentieren könnte, dass gewisse Tendenzen in Bezug auf eine Feindbildung gegenüber diesem Männerbild bestehen. So unterstreicht eine weitere Aussage ihre persönliche Eingebundenheit und Emotionalität zum kontroversen Thema »Gendern«:

> »Das ist ja das Ding mit Diskriminierung. Ich fühle mich diskriminiert, wenn ich nicht angesprochen werde. Und wenn Leute sich dann weigern, mich anzusprechen, obwohl ich ihnen sage ›Ich würde gerne angesprochen werden‹, fühle ich mich noch mehr diskriminiert. Und dann wird aber von *mir* als Betroffene erwartet, dass ich eine komplett sachliche, unemotionale Diskussion führe, in einer Diskussion, in der es darum geht, dass mir wehgetan wird« (ebd., 18:45–19:10).

Als Teresa die Position von Torben zu beschreiben versucht, gibt sie zudem die folgende Einschätzung preis:

> »Er hat sehr viele Argumente über die Diskussion, die über das Gendern geführt wird und dass es da immer gleich um Moral geht und dass, wenn man sagt, man will nicht gendern, dass man gleich rechts ist und dass man gleich ein Frauenhasser ist« (ebd., 01:30–01:40).

Dass Begriffe wie »rechts-sein« und »Frauenhasser« mit dem Nicht-Gendern assoziiert werden, gibt weitere Hinweise auf Teresas Weltbild. So liegt es beispielsweise nahe, dass sie sich dadurch eher als »links« definiert und das »Links-Sein« auch mit dem Gendern in Verbindung bringen könnte.

Doch auch Torbens Äußerungen lassen auf ein gewisses Weltbild schließen. Seine Mitgliedschaft in der FDP bietet bereits eine erste Einschätzung in Bezug auf sein politisches Denken, welches sich in seinen Aussagen zu Freiheit und Sprache widerspiegelt: »Sprache muss sich immer frei entwickeln und das heißt, ich finde, dass wirklich niemandem irgendetwas vorgeschrieben werden sollte« (ebd., 01:23). Außerdem möchte er die Debatte um das Gendern in einer rationalen Art und Weise mittels guter Argumente führen und nicht in Bezug auf Moral belehrt werden, deshalb fordert er: »Ich bin wirklich dafür, dass man die Debatte um das Gendern entmoralisiert« (ebd., 01:40). Im Gegensatz zu Teresa hält er die Wirkung der Sprache für nicht tiefgreifend genug, um wirkliche Gleichberechtigung zu fördern, so sagt er: »Was mich am meisten nervt ist, glaub ich, dass Gendern, das einzige Mittel ist, Gleichberechtigung in unserem Land einzufordern, zu erreichen« (ebd., 13:06).

Im Gegensatz zu den anderen Debatten wird hier der Fokus auf das gegenseitige Verständnis und die Empathie gesetzt sowie zur Selbstreflexion ermutigt. Die Gesprächsrunde wird eröffnet, indem sich die Teilnehmenden gegenseitig (und somit nicht selbst) vorstellen. Der Moderator, Leon Windscheid, stellt zuallererst die Frage, weshalb die beiden glauben, dass das Gendern überhaupt so kontrovers diskutiert wird und dadurch die Gemüter so stark erhitzt werden. Diese Frage sensibilisiert einen bereits für die Kontroversität und die emotionale Aufgeladenheit des Themas und lädt dazu ein, erste reflektierte Gedanken zu formen. Dies wird durch ein einleitendes Gedankenexperiment unterstützt. Herr Windscheid nutzt zudem unterschiedliche Methoden, um den wortwörtlichen Standpunkt der beiden zu verdeutlichen: So stellen sich beide nebeneinander auf eine Klebeband-Linie und treten bei der Zustimmung aufeinander zu und gehen bei Ablehnung einer Aussage einen Schritt zurück. Hierbei wird unter anderem darauf abgezielt, sich anzunähern und einen Konsens zu finden. Eine weitere Methode ist das »Skulpturen-Bauen«, die als Verbildlichung der Gefühle und der Interpretation der gemeinsamen Gesprächsdynamik fungieren soll. Konkret bedeutet dies, dass von jedem der beiden eine Art Szene bzw. Skulptur dargestellt und mit einer Polaroidkamera festgehalten wurde. Im Anschluss wurden beide Fotos analysiert und verglichen; im Vordergrund stand dabei immer die Frage, welche Emotionen dieses Foto bei einem auslöst und was es mit einem macht, in der einen oder anderen Position zu sein. So besteht Teresas kreierte Szene in einem Bild von Torben, der sich die Ohren zuhält, und Teresa, wie sie versucht, ihn anzusprechen. Im Gegensatz dazu stellt Torben Teresa auf einen Stuhl, während sie auf ihn herabblickt und mahnend den Zeigefinger erhebt. Diese Fotos sollten dann von beiden betitelt werden: Teresas Bild trug den Titel »Hör mir doch zu!«, während Torbens Foto-Skulptur als »Die Belehrung von oben« beschrieben wurde. Diese verbildlichte Darstellung der eigenen Emotionen und Perspektive ermöglicht es, die Perspektive des anderen einfacher nachzuvollziehen und nachempfinden zu können. Nachfragen des Moderators, wie »Wo fühlst du dich am meisten getriggert?« oder »Was meinst du genau damit?«, haben dies weiter gefördert. Zudem fällt auf, dass durch dieses empathische Moderieren nahezu keine hitzigen Momente entstanden sind; trotz der stark emotionalen Kontroverse ist es erreicht worden, ein respektvolles Miteinander und eine offene Austauschkultur zu etablieren. So betont Herr Windscheid: »Unsere Gefühle sind unsere Realität, was ich fühle, ist meine Wahrnehmung und da kann niemand dran« (ebd., 19:20). Diese Sensibilität für die Gefühle der Teilnehmenden, die ihre Realität und somit das eigene Weltbild ausmachen, scheint in der kontroversen Debatte besonders gewinnbringend zu sein.

7 Kontroverse Themen unterrichten – Über die Bildung von Welt- und Menschenbildern

Besonders hervorzuheben ist, dass der Moderator aktiv eine Kompromissfindung ermöglichen wollte und die kontroverse Diskussion mit einer weiteren Übung beendet, die trotz der Meinungsverschiedenheiten gemeinsame Verbindungspunkte und gegenseitige Wertschätzung hervorzubringen versucht. In diesem Sinne gibt Torben eine abschließende Einschätzung zu dieser kontroversen Diskussion ab: »Ich fand es super, ich glaube, Teresa und ich haben gut gezeigt, dass das ein hitziges Thema ist und dass man sehr wohl unterschiedlicher Meinung sein kann und trotzdem persönliche Wertschätzung empfinden kann« (ebd., 31:50–32:02). Der Moderator, Leon Windscheid, schließt die Gesprächsrunde mit den folgenden Worten ab:

> »Was wir [...] heute an Torben und Teresa gesehen haben, war, dass wenn man nicht übereinander, sondern miteinander redet und vielleicht versucht, an bestimmten Punkten aufeinander zu zugehen, dass es dann plötzlich Lösungen gibt, wo vorher nie jemand damit gerechnet hätte, dass irgendein Kompromiss überhaupt möglich ist« (ebd., 32:27–32:42).

Auch das zweite Beispiel verdeutlicht, wie die persönlichen Welt- und Menschenbilder in kontroversen Diskussionen zum Tragen kommen. Zudem wird durch den Vergleich der beiden Fallbeispiele deutlich, wie unterschiedlich mit demselben kontroversen Thema umgegangen werden kann und welche Auswirkungen diese Umgangsweise auf den Charakter und den Ausgang der Diskussion haben kann. Im direkten Vergleich mit dem ersten Fallbeispiel fällt sogar auf, dass sich die Positionen und die hervorgebrachten Argumente nahezu decken. So haben die ZDF-Moderatorin Petra Gerster und die Studentin Teresa Reichl sich stark ähnelnde Weltsichten preisgegeben, die sich insbesondere auf das Gendern als Mittel zu mehr Gleichberechtigung bezieht. Auch der Schüler Torben Hundsdörfer und der Politikwissenschaftler Werner Patzelt vertreten ähnliche Ansichten und sind beide im selben »Verein Deutsche Sprache« aktiv. Doch der Umgang mit diesen Aussagen hat den Charakter und Ausgang dieser kontroversen Diskussion maßgeblich beeinflusst. Während die Moderatorin des ersten Fallbeispiels die Sphäre der Welt- und Menschenbilder gänzlich außer Acht gelassen hat, dabei lediglich den Versuch unternahm, allen das Wort zu erteilen und damit zu Ignoranz und Perspektivenverhärtung beigetragen hat, so hat sich der Moderator des zweiten Fallbeispiels durch seine Empathie und Methoden zur Perspektivenübernahme hervorgetan, welche zu Kompromissen, Wertschätzungen und das Hineinversetzen in die gegenüberliegende Perspektive führte.

Wenn die Ausführungen dieses Abschnitts stichhaltig sind, so sind Welt- und Menschenbilder nicht nur etwas, das jeden von uns begleitet und uns Orientierung bietet, sondern etwas, das einen maßgeblichen Einfluss auf die Auseinandersetzung mit kontroversen Themen ausübt. Die Fallbeispiele haben zudem aufgezeigt, wie sehr sich das Nicht-Beachten oder Beachten von Weltbildern, einschließlich dem Umgang mit ihnen, auf den Charakter und den Ausgang einer kontroversen Debatte auswirken kann. Doch wie kann man Schüler-orientiert mit Kontroversen im Unterricht umgehen? Wie lassen sich die potenziellen negativen Folgen wie Ignoranz und Perspektivenverhärtung umgehen und die wünschenswerten Ausgänge wie Kompromisse und Perspektivenwechsel kultivieren? Eine Annäherung an diese Fragen ist Gegenstand des letzten Abschnitts.

7.4 Implikationen für den schulischen Unterricht

Die bisherigen Abschnitte zeigen einerseits das große Potenzial auf, welches in dem Unterrichten von kontroversen Themen steckt, und legen andererseits nahe, wie bedeutsam die Beachtung der Welt- und Menschenbilder der Schülerinnen und Schüler für einen gelungenen Ausgang kontroverser Debatten ist. Doch wie lässt sich diese Betrachtungsebene der Welt- und Menschenbilder gewinnbringend in den Unterricht integrieren, sodass das Potenzial von Kontroversen im Unterricht ausgeschöpft und mögliche Schäden umschifft werden können?

Erstens ist es von großer Bedeutung, dass sich die Lehrkraft darüber im Klaren ist, dass jeder Schüler und jede Schülerin individuelle Welt- und Menschenbilder mitbringen, welche einen maßgeblichen Einfluss auf die Auseinandersetzung mit Kontroversität ausüben können. Dieser Einfluss kann sich positiv in Form eines Perspektivenwechsels oder einer Perspektivenkoordination bzw. eines Kompromisses auswirken oder aber problematische Folgen haben und zu einer Perspektivenverhärtung bzw. Dogmatismus oder zu Ignoranz und Apathie führen. Indem der Blick der Lehrerinnen und Lehrer für solche Angelegenheiten geschärft wird, lassen sich dadurch, im Sinne von Michael May (2022), »Situationen identifizieren, in denen es nicht mehr lohnt, auf die Irritation einer grenzwertigen Weltsicht durch die Kontroverse zu setzen« (ebd., S. 52).

Zweitens ist es wichtig, wenn man auf einen Perspektivenwechsel oder einen Kompromiss mittels einer Kontroverse abzielt, diesen auch einzuüben. So schreibt auch Siebert (2000), dass es »[e]in pädagogisches Ziel ist [...], einen Perspektivwechsel und Perspektivverschränkungen zu ›üben‹, das Spektrum der Wahrnehmungen und Unterscheidungen zu erweitern, die ›Driftzonen‹ unseres Beobachtens und Erkennens zu vergrößern« (Siebert, 2000, S. 21). Dieses ›Üben‹ kann je nach Alter und Reife der Lernenden variieren. So kann man mit der Übung anfangen, das jeweilige Menschen- und/oder Weltbild eines Textes herauszuarbeiten oder die Schüler*innen erst einmal darauf hinzuweisen, dass solche Grundannahmen überhaupt existieren und diese die Sichtweise auf sich selbst, andere Menschen und die Welt beeinflussen. Einen Zugang zu solchen Reflektionen könnte bspw. ein Rollenspiel oder das Erzählen einer Geschichte erleichtern. Die Lehrkraft kann hierbei eine ähnliche Rolle wie die des Sokrates einnehmen, sodass die Annahmen der Schüler*innen mittels gezielter Fragen Stück für Stück ans Licht gebracht werden. Indizien für eine bestimmte (unreflektierte, implizite) Sichtweise können z.B. bestimmte Hemmungen und Abneigungen gegen bestimmte »Vokabeln« sein, die man jedoch beim genaueren Hinschauen nicht plausibel begründen kann. So könnte ein Schüler, der in einem atheistischen Umfeld aufgewachsen ist, auf eher christlich gefärbte Vokabeln wie ›Erleuchtung‹ oder Sätze wie ›Jesus hat mich gerettet‹ abweisend, nahezu ›allergisch‹ reagieren. Eine unbegründete Abweisung bestimmter Hypothesen kann als Indiz für ein Nachforschen der eigenen Position bzw. der Beweggründe der Schüler*innen dienen. Dieses Reflektieren und Nachvollziehen der eigenen Haltung kommt bspw. auch im dritten Prinzip des Beutelsbacher Konsens zum Ausdruck: »Das dritte Prinzip der ›Schülerorientierung‹ soll die Schüler/- innen in die Lage versetzen, die politische Situation der Gesellschaft sowie die eigene Position zu analysieren und sich aktiv am politischen Prozess zu beteiligen« (Benzmann & Grammes, 2020, S. 37).

Drittens sollte das Maß an praktischen Implikationen bzw. pädagogischen Interventionen selbstverständlich an die Reife und das Alter der Lernenden angepasst werden. Während es bei jüngeren Schüler*innen bereits ausreicht, dass die Lehrkraft über das Vorhandensein von Welt- und Menschenbilder Bescheid weiß und vor grenzüberschreitenden Aussagen oder Tendenzen auf der Hut ist, um im Zweifelsfall eingreifen zu können, so kann es bei Oberstufenschüler*innen bereits ein Ziel sein, am Hinterfragen und Rekonstruieren der eigenen Grundannahmen zu arbeiten. Dabei ist es wichtig zu erwähnen, dass der Anspruch eines kontroversen Unterrichts nicht darin besteht, das jeweilige Menschen- und Weltbild zu dekonstruieren und neu aufzubauen (dies würde in die Sparte des transformativen Lernens fallen, siehe dazu z. B. Yacek, 2023b).

Viertens können, in Anbetracht des pädagogischen Erfolgs des zweiten Fallbeispiels, bestimmte Methoden im Klassenraum verwendet werden, die eine Verbildlichung der Kontroverse erleichtern. So kann es durchaus hilfreich sein, die Haltungen zu kontroversen Themen anhand einer »Positionierungslinie« in Form eines Klebebandes auf dem Boden darzustellen oder die empfundenen Positionierungen mittels einer »menschlichen Skulptur« nachzubilden. Unabhängig von diesen Methoden ist jedoch insbesondere die Bedeutung der Sensibilität der Lehrkraft gegenüber den Gefühlen, Realitäten und Weltbildern der Lernenden hervorzuheben.

Letztlich ist das Hinterfragen der eigenen Welt- und Menschenbilder ein herausforderndes und komplexes Unterfangen. So kann durchaus behauptet werden, dass selbst einige Erwachsene nicht oder kaum zu Selbstreflektion in der Lage sind. Gerade deshalb ist es umso wichtiger, dass Lehrkräfte von der Bedeutung von Welt- und Menschenbildern für kontroverse Themen wissen, sodass bereits mit jungen Menschen die Tugenden der Reflektion, der Empathie und des Perspektivenwechsels geübt werden können. Insbesondere diesen Eigenschaften wohnt die Kraft inne, zu einer gelungenen Auseinandersetzung mit kontroversen Themen und zu einem bereichernden demokratischen Miteinander beizutragen.

Literatur

Bechtel, T., Schrader, A. & Lange, D. (2023): Kontroversität in der politischen Bildung: Eine Replik auf Johannes Drerups Orientierungsrahmen für die Unterrichtspraxis. *Zeitschrift für Praktische Philosophie*, 10(1), S. 353–360.

Benzmann, S. & Grammes, T. (2020): Schütz ich mich – schütz ich Dich!: Sozio-moralische und politische Lernwege einer »Generation Corona«. *Journal für politische Bildung*, 10(4), S. 34–39.

Blanck, B. (2023): Vom Beutelsbacher Konsens zur erwägungsorientierten Kontroversität: für einen demokratieförderlichen Sachunterricht. *Herausforderungen und Zukunfts-perspektiven für den Sachunterricht*, S. 134–141.

Dearden, R. (1981): Controversial Issues and the Curriculum. In: *Journal of Curriculum Studies*, 13(1). S. 37–44.

Drerup, J. (2021a): Demokratieerziehung und die Kontroverse über Kontroversitätsgebote. *Zeitschrift für Pädagogik*, 67(4). S. 480–496.

Drerup, J. (2021b): *Kontroverse Themen im Unterricht. Konstruktiv streiten lernen*: Reclam Bildung und Unterricht. Reclam.

Feldmann, D. (2023): Antiextremistische Reichweite der Kontroversität an Schulen? *Zeitschrift für Praktische Philosophie*, 10(1). S. 369–374.

Frick, M.-L. (2023): Anmerkungen zu Drerups politischem Kriterium für legitime Kontroversen im Unterricht. *Zeitschrift für Praktische Philosophie*, 10(1), S. 375–382.

Giesinger, J. (2021): Kontroversität im Ethikunterricht: Das Kriterium der öffentlichen Rechtfertigbarkeit. In: M. Kim, T. Gutman, J. Friedrich & K. Neef (Hrsg.), *Werte im Ethikunterricht: An den Grenzen der Wertneutralität*. Opladen: Barbara Budrich, S. 103–124.

Goll, T. (2021): Vom Nutzen und Nachteil der Kontroversität für das tägliche Leben (als Politiklehrkraft) – ein Essay. In: J. Drerup, M. Zulaica y Mugica, M., D. Yacek (Hrsg.), *Dürfen Lehrer ihre Meinung sagen? Demokratische Bildung und die Kontroverse über Kontroversitätsgebote*. Stuttgart: Kohlhammer, S. 157-170.

Grammes, T. (2020): Kontroversität. In: S. Achour, M. Busch, P. Massing, P. & C. Meyer-Heidemann (Hrsg.), *Wörterbuch Politikunterricht*. Frankfurt a. M.: Wochenschau Verlag, S. 132–133.

Gronostay, D. (2019): *Argumentative Lehr-Lern-Prozesse im Politikunterricht: Eine Videostudie*. Essen: Springer.

Habermas, J. (2011): Von den Weltbildern zur Lebenswelt. *Deutsches Jahrbuch Philosophie*, 2, S. 63–88.

Hand, M. (2008): What Should We Teach as Controversial? A Defense of the Epistemic Criterion. *Educational Theory*, 58(2), S. 213–228.

Hedtke, R. (2002): Die Kontroversität in der Wirtschaftsdidaktik. *GWP–Gesellschaft. Wirtschaft. Politik*, 51(2), S. 11–12.

Herbst, J.-H. (2023): Eine religionspädagogische Replik auf Johannes Drerups Studie »Kontroverse Themen im Unterricht«. *Zeitschrift für Praktische Philosophie*, 10(1), S. 409–418.

Hess, D. E. (2009): *Controversy in the classroom: The democratic power of discussion*. New York und Oxon: Routledge.

Hilbrich, O. (2021): Kontroversität anders denken. Die Bedeutung von Streit für eine demokratische Erziehung. In: J. Drerup, M. Zulaica y Mugica, D. Yacek (Hrsg.), *Dürfen Lehrer ihre Meinung sagen? Demokratische Bildung und die Kontroverse über Kontroversitätsgebote*. Stuttgart: Kohlhammer, S. 61–74.

James, W. (2000): The Will to Believe. *Pragmatism and other Writings. Edited with an introduction and notes by Giles Gunn*. New York: Penguin.

Kultusministerkonferenz (2023): Vereinbarung zur Gestaltung der gymnasialen Oberstufe und der Abiturprüfung (Beschluss der KMK vom 07.07.1972 i. d. F. vom 16.03.2023). https://www.kmk.org/fileadmin/Dateien/veroeffentlichungen_beschluesse/1972/1972_07_07-VB-gymnasiale-Oberstufe-Abiturpruefung.pdf (29.11.2023)

Lanius, D. (2023): Was heißt es, konstruktiv zu streiten: Zur Förderung demokratischer Grundbildung durch Kontroversen im Unterricht. *Zeitschrift für Praktische Philosophie*, 10(1), S. 383–398.

Laschet, O. & Engartner, T. (2023): Kontroversität statt Neutralität – oder: Warum Werteerziehung unabdingbar ist. *Zeitschrift für Praktische Philosophie*, 10(1), S. 339–346.

Martena, L. (2023): Flucht ins Unbefragbare? Über Demokratiebildung und den Versuch, die Grenzen der Kontroverse im Klassenzimmer zu ziehen. *Zeitschrift für Praktische Philosophie*, 10(1), S. 399–408.

May, M. & Hameister, I. (2023): Was sind die Kriterien für die Kontroversitätskriterien? Fragen an die pädagogische Stabilität der Theoriearchitektur. *Zeitschrift für Praktische Philosophie*, 10(1), S. 361–368.

May, M. (2022): Demokratiebildung und die unscharfen Grenzen der Kontroversität. Zur Notwendigkeit eines pädagogischen Kriteriums bei der Bestimmung des kontroversen Raumes. In: F. Weber-Stein, S. Albers & B. Blanck (Hrsg.), *BuD – Bildung und Demokratisierung*. Itdb Nr. 2, S. 49–53.

May, M., & Heinrich, G. (2020): *Rechtsextremismus pädagogisch begegnen: Handlungswissen für die Schule*. Stuttgart: Kohlhammer.

Nietzsche, F. (2015): *Über Wahrheit und Lüge im aussermoralischen Sinne*. Ditzingen: Reclam.

Ohl, U. (2013): Komplexität und Kontroversität: Herausforderungen des Geographieunterrichts mit hohem Bildungswert. *Praxis Geographie*, S. 4–8.

Siebert, H. (2000): Der Kopf im Sand – Lernen als Konstruktion von Lebenswelten. In: Bolscho, D. & de Haan, G. (Hrsg.), *Konstruktivismus und Umweltbildung*. Opladen: Leske + Budrich, S. 15–32.
Schiele, S. (2016): Der Beutelsbacher Konsens ist keine Modeerscheinung. In: B. Widmaier & P. Zorn (Hrsg.), *Brauchen wir den Beutelsbacher Konsens? Eine Debatte der politischen Bildung.* Bundeszentrale für politische Bildung, S. 68–77.
Thein, C. (2023): Engziehungen durch Grenzziehungen: Über verpasste Chancen einer philosophischen Reflexion über das Kontroverse an der Kontroversität. *Zeitschrift für Praktische Philosophie*, 10(1). S. 347–352.
Wehling, H. (1977): Konsens à la Beutelsbach? In: S. Schiele & H. Schneider (Hrsg.), *Das Konsensproblem in der politischen Bildung*. Stuttgart: Klett, S. 173–184.
Yacek, D. (2023a): Kampf um Kontroversität. Die internationale Kriteriendebatte in der Demokratiepädagogik und der politischen Bildung. In: T. Goll (Hrsg.), *Kontroversität. Vorträge auf dem 1. Symposium zur politischen Bildung des Initiativzentrums für politische Bildung und kommunale Demokratie (IZBD) an der TU Dortmund am 4. November 2021.*
Yacek, D. (2023b): *Begeisterung wecken. Anleitung zu transformativem Lehren und Lernen*. Reclam Bildung und Unterricht. Ditzingen: Reclam.
Zulaica y Mugica, M. (2021): Wissen – Glauben – Kontroversität. Die Bedeutung eines Bewusstseins der Fallibilität als kommunikative Voraussetzung. In: J. Drerup, M. Zulaica y Mugica, M. & D. Yacek (Hrsg.). *Dürfen Lehrer ihre Meinung sagen? Demokratische Bildung und die Kontroverse über Kontroversitätsgebote.* Stuttgart: Kohlhammer, S. 44–60.

8 Müll – Welterfahrung und Verhaltensänderungen durch Umweltbildung. Potentiale einer Kooperation zwischen Schulen und außerschulischen Lernorten

Sarah Prinz & Henning Schluss

8.1 Einleitung

Im Animationsfilm Wall-E in der Regie von Andrew Stanton aus dem Jahr 2008 räumt ein letzter noch funktionierender Roboter eine vollständig vermüllte Erde auf. Tag um Tag presst er Müll zu handlichen Quadraten, die er stapelt, was im Laufe der Zeit Müllberge in der Höhe von Wolkenkratzern ergeben hat. Leben ist auf diesem Planeten schon lange nicht mehr möglich. Nur ein kleines Insekt ist der einzige Gefährte von Wall-E, dem mit einiger künstlicher Intelligenz ausgestatteten Roboter. Eines Tages entdeckt Wall-E den Sprössling einer Pflanze, der in einem Schuh wächst. Diese Pflanze ist künftig sein größter Schatz.

Die ewige Routine wird unterbrochen, als ein Raumschiff landet und einen weiteren Roboter auf die Erde bringt. Anders als der selbst schrottähnlich anmutende Wall-E hat Eve die elegante Design-Anmutung von weißen Apple-Geräten. Die beiden kommen sich näher, und auf Dauer kann Eve dem etwas robusten Charme Wall-E's nicht widerstehen. So zeigt Wall-E Eve seinen größten Schatz, die Pflanze im Schuh. Eve reagiert schlagartig, schiebt sich die Pflanze in eine Öffnung, verschließt sie und sich selbst und wird zu einer apathischen Kapsel, deren einziges Lebenszeichen ein grün leuchtendes Blinklicht wird. Alle Wiederbelebungsmaßnahmen Wall-E's bleiben erfolglos, und so nimmt er das Eve-Kokon in seinen Container auf, bis eines Tages das Raumschiff zurückkehrt und Eve abholt. Wall-E klammert sich an den Transporter und fliegt mit zu einem Raumschiff, das seit Generationen um die Erde kreist und eine heile Welt zu beherbergen scheint. Von Robotern vollständig umsorgte Menschen leben auf diesem Schiff, auf dem alles sauber und vollautomatisiert abläuft. Die Menschen müssen und können nichts mehr tun, sich nicht einmal mehr selbst bewegen. Es stellt sich heraus, dass die Menschheit vor Generationen den vermüllten Planeten Richtung Weltraum verlassen musste. Alle paar Jahre haben kleine Sonden den Auftrag zu erkunden, ob der Planet sich so weit regeneriert hat, dass wieder Leben auf dem Planeten möglich ist. In diesem Fall sollte das Raumschiff zurückkehren. Ein geheimes Zusatzprotokoll aber vertraut dem Schiffscomputer an, dass diese offizielle Hoffnung niemals zu erwarten ist und er also die Rückkehr verhindern muss. Die Pflanze, die Eve mitbringt, muss deshalb vernichtet werden. Wall-E versucht, dies am Ende mit Hilfe des auch schon reichlich degenerierten Kapitäns des Schiffes zu verhindern. Als Zuschauer*innen werden wir mitgenommen aus dem aseptischen Promenadendeck in die Unterdecks des Schiffes und sehen hier, dass der Umgang mit Müll genauso weitergeht wie auf dem Planeten, den man verlassen hat. Maschinen fegen den Müll zusammen, pressen ihn in Würfel und entlassen ihn in die Weite des Weltraums, der zusehends ebenfalls vermüllt. An Bord machen sich die rundum unterhaltenen Menschen ohnehin um kaum etwas Gedanken, schon gar nicht um den Müll, den sie produzieren.

Dieser Realitätsschock, die Konfrontation mit den Folgen des eigenen Lebensstils, führt im Film zu einer Bildungserfahrung, zu einer Katharsis (Reinigung), die mit dem Bewusstsein für die Vermüllung der Welt eintritt.

Pixar/Disney griff mit diesem Film 2008 ein Thema auf, das brisanter kaum sein könnte, das unser aller Alltag berührt und das dennoch kaum im Bewusstsein ist, weil es weitestgehend aus unserem Blickfeld zumindest in den reichen Ländern entsorgt, bzw. externalisiert, d. h. in den globalen Süden oder die Meere exportiert ist: Müll. Dabei ist seit dem Bericht des Club of Rome (Meadows/Meadows et al., 1972) klar, dass die Grenzen des Wachstums mit der Endlichkeit der Ressourcen korrelieren und dass die Vergiftung des Planeten durch menschengemachten Müll eines der ernsthaftesten Probleme des Anthropozäns (Crutzen & Stoermer, 2000) ist.

Dass der Earth-Overshoot Day Jahr für Jahr im Kalender weiter nach vorn rückt (https://www.overshootday.org/) macht deutlich, dass es sich hier nicht um ein abstraktes Problem handelt, sondern wir nicht nur in Bezug auf den Ausstoß von Klimagasen oder dem Artensterben, sondern auch in Bezug auf die Umwandlung von Ressourcen in Müll immer schneller an dem Ast sägen, auf dem wir sitzen. Dass dies auch ein fundamental pädagogisches Problem ist, wird in dem Maße zunehmend deutlich, in dem die ein gewisses Maß an Sicherheit, auf das pädagogische Prozesse bei aller Offenheit angewiesen sind, nicht mehr gegeben ist (Schluß, 2021).

Wie also könnte die Schule zur Bildung eines Bewusstseins für diese Problematik und vielleicht sogar zu einer Verhaltensänderung beitragen? Ein entsprechendes Vorhaben soll in diesem Text vorgestellt werden und so Möglichkeiten und Grenzen für Bildungsprozesse mithilfe eines schulischen Projekts am außerschulischen Lernort der Abfallverwertungsanlage vorgestellt werden.

8.2 Verhaltenstheoretische Modelle und Konzepte

Studien zur Verhaltensforschung liefern rund um das Thema Umweltbildung unterschiedliche Ergebnisse zum Zusammenhang der drei Schwerpunkte *Umweltwissen*, *Umweltbewusstsein* und *Umweltverhalten*. Ideal erschiene eine lineare Entwicklung zwischen den drei Aspekten, in der ein gesteigertes Umweltwissen zu höherem Umweltbewusstsein führe, das wiederum in einem umweltfreundlich(er)em Verhalten resultiert. Zwar können Zusammenhänge zwischen Umweltbewusstsein und

Umweltverhalten festgestellt werden, es gibt jedoch einige Aspekte, die Einflüsse auf das Verhalten zeigen, was eine solche Linearität ausschließt. Die *Theory of Planned Behavior (TPB)* (Ajzen, 1991) beschreibt eine dieser Einschränkungen. Sie besagt, dass das Verhalten von subjektiven Normen, von der Kontrolle über das Verhalten und einer (positiven) Einstellung zum Verhalten abhängig ist (Ajzen, 1991; Klöckner, 2013). Unter Kontrolle sind die Mittel, die zur Verfügung stehen, also bspw. Geld, Zeit oder die Fähigkeiten einer Person (Klöckner, 2013). Den subjektiven Normen liegen Wertesysteme zu Grunde, die von gesellschaftlichen Prinzipien bestimmt sind. Die *Social Influence Theory (SIT)* (Deutsch & Gerard, 1955) geht davon aus, dass soziale Konstellationen vorhanden sind, die Entscheidungen von Personen beeinflussen können.

Deutsch und Gerard (1955) beschreiben zwei verschiedene Formen des sozialen Einflusses, einerseits *normative social influence (NSI)* und andererseits *informational social influence (ISI)*. Die Ergänzung der beiden Theorien um den Aspekt der Umweltbildung geschieht in der *Environmental Behavior Theory*. Diese wurde von Klöckner (2013) anhand einer Metaanalyse unterschiedlicher Studien zum Umweltverhalten in die Diskussion eingeführt. Klöckner (ebd.) stellt fest, dass während der Interventionen eine besondere Konzentration auf die Umwelteinstellung von Bedeutung ist. Kampagnen, die alternative Verhaltensweisen präsentieren, um eine Veränderung des gewohnten Verhaltens zu ermöglichen, sind dabei zu fokussieren. Darüber hinaus ist es wichtig, den sozialen Zusammenhalt und die persönliche Selbstwirksamkeit zu stärken (Hungerford & Volk, 1990; Klöckner, 2013), ohne allerdings Illusionen über die Selbstwirksamkeit zu begünstigen (Reichenbach, 2000).

Gründe, weshalb solche Interventionen notwendig sind, um Bewusstseins- und Verhaltensänderungen zu ermöglichen, beschreibt die Low-Cost-Hypothese. Diekmann und Preisendörfer untersuchten dazu »ein(en) Interaktionseffekt von Umwelteinstellungen und Verhaltenskosten auf das Ausmaß ökologischer Aktivitäten« (1998, S. 234). Es liegt die Annahme zugrunde, dass bestimmte Verhaltensweisen dann durchgeführt werden, wenn die dafür aufgewandten Kosten einen bestimmten Schwellenwert nicht überschreiten. Zwar kann die Einstellung gegenüber einem gewissen nachhaltigen Thema positiv sein, überschreiten aber die Kosten (finanzielle Mittel, Zeit, Fähigkeiten, ...) den Schwellenwert, wird ein umweltfreundliches Verhalten nicht gezeigt (Diekmann & Preisendörfer, 1998). Bedeutsam ist, dass Personen in unterschiedlichen Bereichen der Nachhaltigkeit verschiedene Verhaltensweisen präsentieren. Eine Person achtet bspw. besonders auf Mülltrennung, während sie aber täglich mit dem Auto fährt. Die Kosten sind also für die Mülltrennung gering (bspw. wenig zeitlicher Aufwand), während sie für das Erreichen des Arbeitsplatzes hoch sind (die Arbeit ist bspw. zwar mittels öffentlicher Verkehrsmittel erreichbar, es nimmt jedoch mehr Zeit in Anspruch und ist unflexibler).

Individualität und Nutzenmaximierung sind Stichworte, die den Bogen zu einem Prinzip spannen, das eine weitere Kontroverse in der Umweltthematik zu beschreiben versucht. Die Allmendeproblematik, auch *Tragedy oft the Commons* genannt, ist ein humanökologischer Ansatz, der den Konflikt zwischen der individuellen Nutzenmaximierung und den endlichen Ressourcen, die auf der Erde zur Verfügung stehen, beschreibt (Hardin, 1968) und den Karl Marx bereits im 24. Kapitel über die ursprüngliche Akkumulation im Kapital beschrieb (Marx, 1867). Diese Problematik wurde im Bericht *The Limits of Growth:* (Meadows & Meadows et al., 1972) mit Hilfe eines Computermodells am MIT erstmals berechnet.

8.3 Umweltbildung im schulischen Kontext – zwischen Naturraum und urbaner Umgebung

8.3.1 Außerschulische Lernorte zwischen non-formellem und informellem Lernen

»Außerschulisches Lernen beschreibt die originale Begegnung im Unterricht außerhalb des Klassenzimmers. An außerschulischen Lernorten findet die unmittelbare Auseinandersetzung des Lernenden mit seiner räumlichen Umgebung statt. Die Möglichkeit einer aktiven (Mit-)Gestaltung sowie die Möglichkeit zur Primärerfahrung von mehrperspektivischen Bildungsinhalten durch den Lernenden sind dabei zentrale Merkmale des außerschulischen Lernens« (Sauerborn & Brühne, 2010, S. 27).

Jene Primärerfahrungen sind es, die das außerschulische Lernen relevant für die Umweltbildung machen. Neuere Forschungsergebnisse zu Kriterien der Bildung für nachhaltige Entwicklung zeigen, dass außerschulische Lernorte (ASL) alle der sechzehn von Wittlich und Brühne geforderten Kriterien »Bewahrung, Handlungsorientierung, Interaktives Lernen, Kulturelle Vielfalt, Lebenslanges Lernen, Maßstabsebene, Methodenvielfalt, Multiperspektivität, Dimensionen der Nachhaltigkeit, Naturerfahrungen, Partizipation, Problemorientierung, Soziale Gerechtigkeit, Systemisches Denken, Transformation und Zukunftsorientierung« (Wittlich & Brühne, 2020, S. 8) erfüllen können. Sie schaffen Potentiale zur Vermittlung der SDG's (Sustainable Development Goals) (UNESCO, 2015). Neben den Primärerfahrungen sind die transdisziplinären Zugänge, die ASL bieten, in der Vermittlungsarbeit von Bedeutung (Schulte, 2019). Die Primärerfahrung ist im Sinne einer Originalbegegnung zu verstehen, »die ungefilterte Konfrontation mit Orten, Dingen und Personen« ermöglicht (Tiedemann, 2021, S. 5).

8.3.2 Biologiedidaktische Ansätze für allgemeine Umweltbildung

Vorstellungsforschung in der Biologiedidaktik geht davon aus, dass, bevor Schüler*innen mit einem neuen Thema in Berührung kommen, bereits subjektive Vorstellungen dazu vorhanden sind (Gropengießer & Mahron, 2018). Werden Beziehungen zwischen Begriffen, die der Vorstellung zugehörig sind, erstellt, wird von einem Konzept gesprochen (ebd.). Es sind Konstruktionen im Denken vorhanden, die einer prozesshaften Wandlung unterliegen (Gropengießer, 2020).

Um den Soll-Zustand der Schüler*innen zu beschreiben, bedarf es weiterer Arbeitsschritte. Dafür gibt es zwei Möglichkeiten, einerseits anhand des Modells der didaktischen Rekonstruktion und andererseits durch die Theorie des Conceptual Change. Ähnlich wie in der Theorie transformatorischer Bildungsprozesse (Koller, 2012) ist auch hier ein kognitiver Konflikt notwendig, um einen Vorstellungswandel einzuleiten (Groß et al., 2019). Eine Information, die den Lernenden nicht bekannt ist, wird präsentiert und widerspricht den Erwartungen, die in engem Zusammenhang mit der Vorstellung der Schüler*innen stehen. Dieser Widerspruch ist sensibilisierend, kann mit Emotionen und Unverständnis verbunden sein (Kattmann, 2016). Eine Veränderung in den Konzepten unterliegt zweierlei Bedingungen. Es muss Unzufriedenheit mit dem vorhandenen Konzept vorliegen, und das neu präsentierte Konzept muss plausibel und verständlich sein (Gropengießer & Mahron, 2018). Es kann jedoch dazu kommen, dass Lernende die Informationen ignorieren, sie fehlinterpretieren oder auch dem Konflikt ausweichen (Chinn & Brewer, 1993).

8.3.3 Zur Bedeutung von Vorerfahrungen und Vorwissen.

Vorstellungen und Vorerfahrungen von Kindern und Jugendlichen spielen eine bedeutende Rolle, wenn es um Bewusstseins- und Verhaltensänderungen geht. Die Motivation, umweltbewusst zu leben, steht dabei in engem Zusammenhang mit den sozialen Einflüssen auf die Jugendlichen, wie bereits im Rahmen der *Social Influence Theory* erläutert, und mit dem Naturbezug, den die Jugendlichen in ihrer Kindheit hatten (Chawla, 1998, 2007; Cheng & Monroe, 2012; Mayer & Frantz, 2004). Zudem zeigt sich, dass zur Verfügung stehendes materielles Kapital einen Einfluss auf die Bereitschaft haben kann, umweltbewusst zu leben (Bruderer Enzler & Diekmann, 2015; Girod & Haan, 2010). Motivation und Interessen der Schüler*innen zu kennen, ist damit eine wichtige Voraussetzung, um die Vermittlungsarbeit zu beginnen.

Hungerford und Volk präsentierten bereits 1990 einen Zugang zur Umweltbildung, der bis heute relevant ist. Sie wiesen nach, dass es eine vermeintlich lineare Entwicklung von Umweltwissen zum Umweltbewusstsein und daraus resultierend im Umweltverhalten nicht gibt. Das System, um umweltfreundliches Verhalten zu initiieren, ist komplex und wird im Folgenden orientiert an Hines et al. (1987) und Hungerford und Volk (1990) rekonstruiert:

Abbildung 8.1 unterscheidet zwischen Umweltwissen, Umweltbewusstsein und Umweltverhalten. Unter Umweltwissen wird der »Erkenntnis- und (der) Informationsstand einer Person, über Naturphänomene, über Trends und Entwicklungen in ökologischen Aufmerksamkeitsfelder, über Methoden, Denkmuster und Traditionen in Hinblick auf Umweltfragen verstanden« (de Haan, 1995, S. 197). Das Umweltwissen ist aufgebaut aus System-, Aktions- und Effektivitätswissen (Liefländer et al., 2015).

Das Aktionswissen umfasst Wissen zu Handlungsstrategien und auch darüber, wie man jene Strategien tatsächlich umsetzt. Es ist somit komplexer als das Systemwissen, da es bereits Verhalten initiieren kann, aber nicht muss (Bogner et al.,

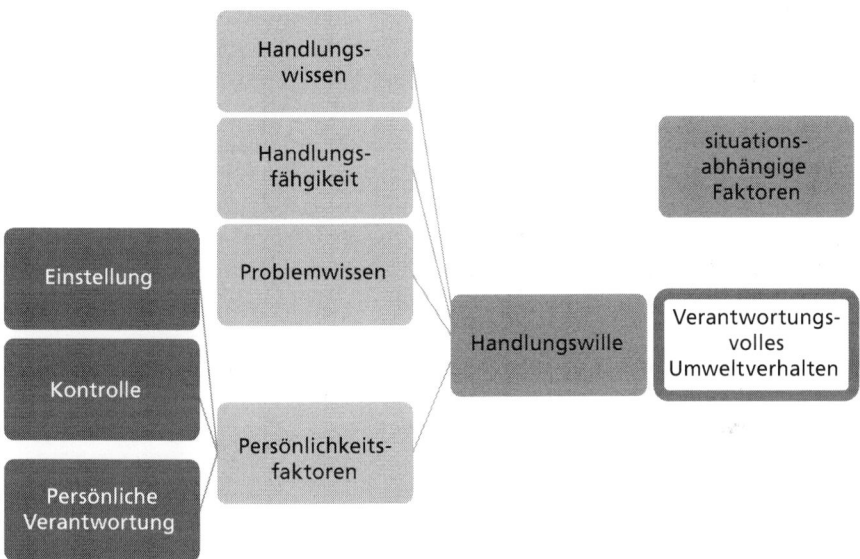

Abb. 8.1: Modell zu verantwortungsvollem Umweltverhalten nach Hines (1987) und Hungerford & Volk (1990)

2019; Kaiser et al., 2008). Beispiel ist das Wissen über die unterschiedlichen Formen des Mülls und wie er getrennt werden muss, um recycelbar zu sein. Das Effektivitätswissen geht der Frage nach, welche Handlungen sich wie auf die Umwelt auswirken können (Kaiser et al., 2008). So eröffnet z. B. das Wissen, dass kein Abfall am wenigsten Auswirkungen auf die Umwelt hat, die Möglichkeit zu Strategien, keinen Müll zu produzieren.

Das Umweltbewusstsein umfasst die Dimensionen von Umweltwissen, Umweltbewusstsein und Umweltverhalten (de Haan, 1995). Die Verhaltenskomponente ist dabei nicht auf tatsächliches Handeln bezogen, sondern meint eine Handlungsintention (ebd., S. 197). Dabei bleibt die Handlungsintention (die Handlungsabsicht) von der Handlungskompetenz (der Fähigkeit zum Handeln und vom Handeln selbst klar zu unterscheiden (Benner et al., 2011). Eine Frage, die sich in Bezug auf das Umweltbewusstsein eröffnet, ist die der Umwelteinstellung. Diese Einstellung ist von normativ-wertenden Annahmen bestimmt, kann durch (traditionelle) Gesellschaftsbilder geprägt sein und die Vorstellungen von sozial nahen Gruppen widerspiegeln (Wendt & Görgen, 2017).

8.3.4 Beispielhafte Umsetzung anhand einer Müllbehandlungsanalage

Um sichtbar zu machen, welche Möglichkeiten außerschulische Lernorte für formelle und informelle Bildungszwecke im Rahmen der Umweltbildung leisten können, wird eine Intervention an einem ASL, einer Müllbehandlungsanlage, mit einer Sekundarstufe II beispielhaft beschrieben, die im Rahmen einer Studie auch durchgeführt wurde (Prinz, 2023). An dieser Stelle kann allerdings nur sehr summarisch auf die Ergebnisse eingegangen werden. Die grundlegenden Annahmen, um Schüler*innen theoretische und praktischen Grundlagen des Recyclings und des Umgangs mit Abfall näher zu bringen, ist im 4R-Prinzip (reduce, reuse, recycle, recover), das von der EU ins Leben gerufen und unter dem Begriff *Circular Economy* verschriftlicht wurde (European Commission, 2023), umschrieben. Das oberste Ziel ist es, keinen Müll zu produzieren bzw. ihn in den Kreislauf zurückzuführen. Möglichkeiten, wie eine solche Reduktion und ein Verständnis für dieses Konzept geschaffen werden kann, bietet der Besuch am außerschulischen Lernort. Es gilt mehrere Faktoren zu beachten.

Abb. 8.2: Zyklischer Vorgang zur Vermittlung an ASL (Prinz 2023)

Die Überprüfung der Qualität des ASL im Kontext der Umweltbildung kann durch einen von BILDUNG2030 (2020) zur Verfügung gestellten Qualitätskatalog erfolgen. Dieser setzt den ASL in den Kontext der Bildungsziele der Agenda 2030 und bezieht sich einerseits auf die Ziele der von den UNITED NATIONS (2015) beschlossenen SDG's und andererseits auf die notwendigen didaktischen Schritte, wie sie bereits Bogner (1998) und Hungerford & Volk (1990) beschrieben haben. Methodenvielfalt, die Aktivierung der Schüler*innen, kritische Auseinandersetzung mit den vorhandenen Themen sowie die Einordnung im lokalen, glokalen oder globalen Zusammenhang, sind nur einige Unterpunkte, die abgefragt werden, um in einen Kontext der Umweltbildung gesetzt werden zu können. Wird die Qualität des ASL als positiv eingestuft, erfolgt der Besuch der Müllbehandlungsanlage. Im zweiten Schritt ist es notwendig, die Vorstellung und das Vorwissen der Schüler*innen zu erheben. Das findet im Rahmen der Vorbereitung zur Intervention am ASL statt (Schulte, 2019). So bietet es sich an, die Schüler*innen konkret zu fragen, welche Vorstellungen sie haben, wie eine Kreislaufwirtschaft aussieht. Nebenfragen dazu können sich um das Nicht-Recycelbare und die wirtschaftlichen Aspekte im Hintergrund drehen. Das Abfragen von Wissen sollte bereits im allgemeinen Rahmen des Themas des ASL durchgeführt werden. Es sind vor allem Fragen, die die Mülltrennung und Kreislaufwirtschaft betreffen, zu besprechen, um festzustellen, welches Wissen bei Schüler*innen über die korrekte Mülltrennung vorhanden ist. Zusätzlich ist ein Fokus auf das Umweltbewusstsein zu richten, indem Schüler*innen Aussagesätze vorgelegt werden, die affektive und motivationale Variablen enthalten, wie bspw.: Es macht mich *wütend*, wenn Personen Müll nicht in den Mistkübel werfen.

Im Anschluss an die Vorarbeit in der Schule erfolgt der Besuch am ASL. Expert*innenvorträge können im Falle der Abfallbehandlungsanlage das Abfallwirtschaftsgesetz in der Bundes-, Landes- und kommunalen Ebene umfassen sowie die im internationalen Kontext präsentierten Richtlinien zum Circular Economy Package – 2018 EU »Kreislaufwirtschaftspaket« (European Commission, 2023). Bereits vorhandenes Vorwissen wird in der Präsentation des ASL durch eine Führung in der Praxis aktiviert. Die Schüler*innen können den Lernort mit all ihren Sinnen und vor allem mit dem Geruchssinn erfassen (Dühlmeier, 2008). Während der Intervention zeigen sich Berge an Plastikmüll in der Abfallbehandlungsanlage. So bietet es sich auf dieser Ebene an, die Schüler*innen damit zu konfrontieren, welche Auswirkungen einerseits ihr Kaufverhalten auf die Umwelt hat, andererseits aber macht es auch deutlich, wie wenig individuelle Konsumentscheidungen etwas an systematischen Problemen ändern können, die nur politisch entschieden werden können, z. B. durch Mehrwegverordnungen und Einwegverbote oder Besteuerungen (Man, 2021). Es kann sein, dass die Lehrpersonen das Thema des Konsums aufgreifen und in der Nachbereitung nochmals behandeln müssen, um die Diskrepanz zwischen Vorstellung und Realität zu demonstrieren (Groß et al., 2019). Unter Analyse der gegebenen Bedingungen am ASL liegen das Systemwissen und die Handlungsoptionen, die gesetzt werden können, im Schwerpunkt der Vermittlung. Systemwissen ist in diesem Fall jenes Wissen, das sich mit der Kreislaufwirtschaft beschäftigt. Handlungsoptionen, die den Schüler*innen gezeigt werden, umfassen Überlegungen zum Einkauf, also verpackungsfreier Einkauf oder die Reduktion von Verpackungen, wie es dem 4R-Prinzip entspricht und dem politischen Engagement z. B. für verbindliche Mehrwegquoten. Eine Führung durch die Abfallbehandlungsanlage zeigt die unterschiedlichen Verarbeitungs- und Produktionsschritte, die dazu beitragen können, systemische Zusammenhänge, bspw. bei der Erzeugung von Erde und Biogas aus den Resten, die nicht mehr anders verwertet werden können, zu erkennen.

Die Nachbereitung ist wichtig, um die während des Aufenthalts am ASL erkannten neuen Strukturen und Handlungsoptionen in den Alltag einzubetten. Es bietet sich an, auf das Effektivitätswissen einzugehen und aufzuzeigen, weshalb z. B. das Achten auf verpackungsfreie oder Mehrweg-Produkte wichtig für die Umwelt ist und wie deren Anteil im Warensortiment erhöht werden könnte (Liefländer et al., 2015). Das Umweltbewusstsein kann im Vergleich zu Vorbereitung erhoben werden. Ebenso können auch Handlungsoptionen zu nachhaltigem Verhalten abgefragt werden (Kaiser et al., 2008). Die Schüler*innen können im Anschluss an die Intervention in einen Reflexionsprozess eintreten und ihre Handlungen kritisch hinterfragen. Die Lehrperson präsentiert dafür Leitfragen. Den Abschluss bildet das abermalige Betrachten der Vorstellungen, die zu Beginn erfasst wurden. Den Schüler*innen wird dabei die Möglichkeit geboten, ihre Vorstellungen zu bearbeiten und in einen neuen Kontext zu setzen (Klöckner, 2013).

Im Rahmen der hier vorgestellten Untersuchung ließen sich die bestenfalls erwartbaren Ergebnisse allerdings nur eingeschränkt nachweisen, was auch mit der spezifischen Situation in der besuchten Anlage zu tun hatte. Im Rahmen der kleinen Querschnittstudie, die zwei Erhebungszeitpunkte, einen vor der Intervention und einen danach umfasst, wurde deutlich, dass einmalige, auf Expert*innenvorträge ausgelegte Interventionen im Kontext der Umweltkompetenz positive Veränderungen im Umweltwissen ergeben. Eindeutige Ergebnisse konnten dagegen bei Umweltbewusstsein und Umweltverhalten nicht festgestellt werden. Gründe dafür sind im Interesse, der Motivation der Proband*innen und auch in den sozialen Einflüssen zu suchen, die im Rahmen dieser Studie nicht untersucht wurden. Signifikante Korrelationen konnten allerdings zwischen dem Alter und dem Umweltbewusstsein sowie dem Umweltverhalten festgestellt werden. Im Gegensatz zur herangezogenen Literatur präsentierten die Schüler*innen mit zunehmendem Alter ein höheres Umweltverhalten. Es zeigt sich ein positiver Zusammenhang zwischen dem Umweltbewusstsein und dem Umweltverhalten, was mit der im Fragebogen schwierigen Unterscheidung zwischen der Intention, umweltfreundlich zu handeln, also dem Bewusstsein, und dem tatsächlichen Handeln erklärbar ist. Die wenigen signifikanten Ergebnisse sind auf das für eine quantitative Studie kleine Sample von N=35 im Pretest und N=27 im Posttest zurückzuführen. Das Ergebnis der konkreten Erhebung zu dem Projekt außerschulischen Lernens bleibt damit etwas hinter den Erwartungen zurück, die nach der Durchsicht der Literatur zum Thema zu erhoffen gewesen wäre. Es muss allerdings auch bemerkt werden, dass leider auch am außerschulischen Lernort hier vor allem ein frontaler Vortragsstil dominierte, der sich nicht sehr von der Unterrichtserfahrung in der Schule abhob und die Möglichkeiten des Lernortes, insbesondere die eigenen Erfahrungen mit Müll und Müllverarbeitung und vermeintlicher »Entsorgung« machen zu können, deutlich unterbot.

Aufschlussreich ist, dass mit dieser beabsichtigten und anscheinend auch erreichbaren Steigerung des Umweltverhaltens eine zentrale Grenze der Kompetenzorientierung überschritten wird. In der Kompetenzorientierung geht es lediglich um ein »als ob«, also die *Fähigkeit* zum Handeln, nicht um das *Handeln selbst*. Handlungskompetenz ist deshalb nicht das gleiche wie Handlungsbereitschaft, die Motivation zur Handlung oder gar die Handlung selbst. Dieser Unterschied ist entscheidend, weil er Grenzen der Indoktrination markiert (Schluß, 2007). Politische Bildung in der Schule soll zwar die Kompetenz vermitteln, selbst politische Entscheidungen verantwortlich treffen zu können und sie argumentativ zu prüfen, nicht aber eine bestimmte politische Entscheidung auch tatsächlich zu treffen, wie der Beutelsbacher Konsens festlegte (Grammes, 2017). Im Bereich der Umweltbildung scheint auch im schulischen Kontext dieser enge Bereich der Beschränkung auf die Kompetenz, also die Fähigkeit, umweltgerecht zu handeln, insofern zumindest eingeschränkt zu sein, als das Bildungsziel eben nicht nur diese Fähigkeit, sondern die Bereitschaft zum und das entsprechende Handeln selbst als Ziel verstanden wird. Das ist nicht gänzlich außergewöhnlich. Denn z. B. auch im Bereich der Civic Education und der Menschenrechtsbildung ist das Ziel die Anerkennung der Menschenrechte (UN, 2021) wie auch der Grundlagen des demokratischen Rechtsstaates (Klunkert, 1995) vorgeben und nicht nur die Fähigkeit/Kompetenz, den Rechtsstaat oder die Menschenrechte anzuerkennen. Freilich wird es immer Schüler*innen geben, die auch nach Absolvierung der Schule Menschenrechte und Rechtsstaat ablehnen, aber das hindert nicht, sie eben deshalb als über die reinen Kompetenzen hinausgehendes Ziel schulischer Bildungsbemühungen zu definieren, weil sie die Bedingung der Möglichkeit unseres gesellschaftlichen Zusammenlebens sind. Mit der gleichen Begründung ließe sich auch legitimieren, weshalb die Umweltbildung sich nicht nur auf die Umweltkompetenz beschränken darf, sondern aktiv die Bereitschaft zum Schutz der Mitwelt anzielen muss, weil es sich dabei um die Sicherung der Bedingung der Möglichkeit von Leben auf dem Planeten handelt, wie eben die Menschenrechte und die demokratische Grundordnung die Bedingung der Möglichkeit von freiheitlichem gesellschaftlichem Leben sind.

8.4 Einschränkungen und Ausblick

Insofern ist aus den Unterrichtseinheiten am außerschulischen Lernort zu lernen, dass die spezifischen Möglichkeiten dieses Lernortes im Blick zu behalten sind und genutzt werden sollten. Vorträge sind auch in der Schule möglich, dazu bedarf es des ASL nicht. Darüber hinaus bedarf jede Intervention einer intensiven Vor- und Nachbereitung durch die Lehrpersonen. Wie in Abbildung 8.2 (▶ Abb. 8.2) dargestellt, ist diese Vorgangsweise als wiederkehrende Vermittlungsarbeit zu verstehen (Bogner, 1998). Bedacht muss werden, wie in einigen Studien erkennbar ist, dass sich während solcher Interventionen eine Steigerung des Umweltwissens als Bestandteil des Umweltverständnisses ergibt, während das Umweltbewusstsein oder Umweltverhalten nur zu geringen Teilen oder gar nicht verändert werden (Bogner, 1998, 2002; Kaiser et al., 2008). Sobald jedoch Änderungen in der Vorstellung vorhanden sind, sind die Chancen groß, dass eine Einstellungs- und Verhaltensänderung eintritt, die es braucht, um erfolgreiche Umweltbildung zu ermöglichen.

Allerdings muss gefragt werden, wie es gelingt, dass die Konfrontation mit dem Abfall und der Vermüllung der Welt nicht hoffnungslos macht und lähmt und somit gerade die intendierte Verhaltenswirkung nicht erreicht wird (Mann, 2021). Hier lohnt ein Blick zurück auf Wall-E, den Pixar Film. Die Verhaltensänderung bei den Passagieren des lethargischen Raumschiffes in der Umlaufbahn des vermüllten Planeten bewirkt nicht die Konfrontation mit den schier endlosen Müllbergen, sondern die Wahrnehmung des unscheinbaren Pflanzensprösslings. Wie in der

Geschichte der großen Flut (Gen. 6) ist es die grüne Pflanze, die inmitten der hoffnungslosen Situation Hoffnung symbolisiert. Auch auf Verhaltensauswirkungen (sei es ändernd oder verstärkend, wo es ohnehin schon ein hohes Bewusstsein und entsprechendes Verhalten gibt) zielendes Lernen ist es deshalb wesentlich, nicht falsche Hoffnungen zu wecken, aber auch nicht Hoffnungslosigkeit zu verbreiten (Schluß, 2023).

8.5 Zusammenfassung

Das Wissen über den Zusammenhang zwischen Umweltwissen, Umweltbewusstsein und Umweltverhalten sowie die beeinflussenden Elemente, wie Motivation, gesellschaftliche Werte, die Verbundenheit zur Natur (auch aus evolutionstheoretischer Sicht) wie auch die sozialen Umstände, sind dabei von Bedeutung. In der Biologiedidaktik gibt es mit den Arbeiten zu Vorstellungen und Conceptual Change wichtige Grundlagen für die theoretischen Ausgangslagen im Unterricht, wie anhand des Beispiels der Kooperation zwischen der Abfallbehandlungsanalage und Klassen der Sekundarstufe II erkennbar gemacht wird. Zugleich wurden auf Grenzen des Lernens am außerschulischen Lernort der Abfallbeseitigungsanlage deutlich, die zum einen in einer der Anwendung konventioneller Vermittlungstechniken auch am außerschulischen Lernort liegen, aber auch in der Gefahr der Frustration und der Hoffnungslosigkeit, die insbesondere das Zielen auf ein notwendiges Verhalten erschweren statt erleichtern kann, wenn nicht auch die Perspektive der Hoffnung angemessen mit deutlich wird.

Literatur

Ajzen, I. (1991): The theory of planned behavior. *Theories of Cognitive Self-Regulation*, 50(2), S. 179–211.

BILDUNG2030 (2020): *Qualitätskriterien.* URL: https://bildung2030.at/ueber- uns/qualitaetskriterien/ (Zugriff 28.06.2023).

Benner, D., Schieder, R., Willems, J. & Schluß, H. (2011): *Religiöse Kompetenz als Teil öffentlicher Bildung – Versuch einer empirisch, bildungstheoretisch und religionspädagogisch ausgewiesenen Konstruktion religiöser Dimensionen und Anspruchniveaus.* Paderborn: Schöningh.

Bogner, F. (1998): The Influence of Short-Term Outdoor Ecology Education on Long-Term Variables of Environmental Perspective. *The Journal of Environmental Education*, 29, S. 17–29.

Bogner, F. X. (2002): The influence of a residential outdoor education programme to pupil's environmental perception. *European journal of psychology of education*, 17, S. 19–34.

Bruderer Enzler, H. & Diekmann, A. (2015): Environmental Impact and Pro-Environmental Behavior: Correlations to Income and Environmental Concern. *ETH Zurich Sociology working Papers*, 9, S. 1–36.

Chawla, L. (1998): Significant Life Experiences Revisited: A Review of Research on Sources of Environmental Sensitivity. *The Journal of Environmental Education*, 29(3), S. 11–21.

Chawla, L. (2007): Childhood Experiences Associated with Care for the Natural World: A Theoretical Framework for Empirical Results. *Children, Youth and Environments*, 17(4), S. 144–170.

Cheng, J. & Monroe, M. (2012): Connection to Nature: Children's Affective Attitude Toward Nature. *Environment and Behavior – ENVIRON BEHAV*, 44(1), S. 31–49.

Chinn, C., & Brewer, W. (1993): The Role of Anomalous Data in Knowledge Acquisition: A Theoretical Framework and Implications for Science Instruction. *Review of Educational Research*, 63 (1), S. 1–49.

Crutzen, P. J. & Stoermer, Eugene F. (2000): The »Anthropocene«. *Global Change Newsletter* 41, S. 17–18.

De Haan, G. (1995): Umweltbewußtsein. In: M. Jänicke, H.-J. Bolle & A. Carius (Hrsg.), *Umwelt Global: Veränderungen, Probleme, Lösungsansätze*. Berlin: Springer, S. 197–211.

Debrah, J. K., Vidal, D. G. & Dinis, M. A. P. (2021): Raising Awareness on Solid Waste Management through Formal Education for Sustainability: A Developing Countries Evidence Review. *Recycling*, 6(1), S. 6–10.

Deutsch, M. & Gerard, H. B. (1955): A study of normative and informational social influences upon individual judgment. *The Journal of Abnormal and Social Psychology*, 51(3), S. 629–636.

Diekmann, A. & Preisendörfer, P. (1998): Umweltbewußtsein und Umweltverhalten in Low- und High-Cost-Situationen: Eine empirische Überprüfung der Low-Cost-Hypothese. *Zeitschrift für Soziologie*, 27(6), S. 438–453.

Diekmann, A. & Preisendörfer, P. (2003): Green and Greenback: The Behavioral Effects of Environmental Attitudes in Low-Cost and High-Cost Situations. *Rationality and Society – RATION SOC*, 15 (4), S. 441–472.

Dühlmeier, B. (2008): *Außerschulische Lernorte in der Grundschule*. Hohengehren: Schneider-Verlag.

European Comission (2023): *Circular economy*. Energy, Climate change, Environment. URL: https://environment.ec.europa.eu/topics/circular-economy_en (Zugriff: 12.07.2023).

Girod, B. & Haan, P. (2010): More or Better? A Model for Changes in Household Greenhouse Gas Emissions due to Higher Income. *Journal of Industrial Ecology*, 14 (1), S. 31–49.

Grammes, T. (2017): Inwiefern ist der Beutelsbacher Konsens Bestandteil der Theorie politischer Bildung? In Frech, S. & Richter, D. (Hrsg.), *Der Beutelsbacher Konsens. Bedeutung, Wirkung, Kontroversen*. Schwalbach/Ts.: Wochenschau Verlag, S. 69–86.

Gropengießer, H. (2020): Vorstellungen im Fokus: Forschung für verstehendes Lernen und Lehren. In: B. Reinisch, K. Helbig & D. Krüger (Hrsg.), *Biologiedidaktische Vorstellungsforschung: Zukunftsweisende Praxis*. Berlin: Springer, S. 9–25.

Gropengießer, H. & Mahron, A. (2018): Schülervorstellungen und Conceptual Change In: D. Krüger, I. Parchmann, I. & H. Schecker (Hrsg.), *Theorien in der naturwissenschaftsdidaktischen Forschung*. Berlin: Springer, S. 49–67.

Groß, J., Hammann, M., Schmiemann, P. & Zabel, J. (2019): Schülervorstellungen im Biologieunterricht. In: J. Groß, M. Hammann, P. Schmiemann & J. Zabel (Hrsg.), *Biologiedidaktische Forschung: Erträge Für Die Praxis*. Berlin: Springer, S. 3–20.

Hameed, I., Khan, K., Waris, I. & Zainab, B. (2022): Factors influencing the sustainable consumer behavior concerning the recycling of plastic waste. *Environmental Quality Management*, 32(2), S. 197–207.

Hardin, G. (1968): The Tragedy of the Commons. *Science*, 162(3859), S. 1243–1248.

Hines, J. M., Hungerford, H. R. & Tomera, A. N. (1987): Analysis and Synthesis of Research on Responsible Environmental Behavior: A Meta-Analysis. *The Journal of Environmental Education*, 18(2), S. 1–8.

Hungerford, H. R. & Volk, T. L. (1990): Changing Learner Behavior Through Environmental Education. *The Journal of Environmental Education*, 21(3), S. 8–21.

Kaiser, F. G., Roczen, N. & Bogner, F. X. (2008): Competence formation in environmental education: Advancing ecology-specific rather than general abilities. *Umweltpsychologie*, 12(2), S. 56–70.

Kattmann, U. (2016): *Schüler besser verstehen: Alltagsvorstellungen im Biologieunterricht*. Köln: Aulis Verlag.

Koller, H.-C. (2012): *Bildung anders denken. Einführung in die Theorie transformatorischer Bildungsprozesse.* Stuttgart: Kohlhammer.

Klöckner, C. A. (2013): A comprehensive model of the psychology of environmental behaviour – A meta-analysis. *Global Environmental Change,* 23(5), S. 1028–1038.

Klunkert, S. (1995): »Erziehung zur Demokratie« und Europa nach 1989: Chancen für eine neue europäische Dimension? *Integration,* 18(1), S. 31–36.

Liefländer, A. K., Bogner, F. X., Kibbe, A. & Kaiser, F. G. (2015): Evaluating Environmental Knowledge Dimension Convergence to Assess Educational Programme Effectiveness. *International Journal of Science Education,* 37(4), S. 684–702.

Mann, M. E. (2021): *Propagandaschlacht ums Klima.* Hannover: Heise Medien.

Marx, K. (1867): *Das Kapital,* Band 1; MEW 23, Dietz, Berlin.

Mayer, F. S. & Frantz, C. M. (2004): The connectedness to nature scale: A measure of individuals' feeling in community with nature. *Journal of Environmental Psychology,* 24(4), S. 503–515.

Meadows, D., Meadows, D., Randers, J. & Behrens III, W.W. (1972): *The Limits to Growth. A Report for the Club of Rome's Project on the Predicament of Mankind.* New York: Universe Books.

Nachreiner, M., Laufer, D., Belakhdar, T., Koch, U. & Oeschger, A. (2020): *Umweltbildung und Bildung für nachhaltige Entwicklung – zielgruppenorientiert und wirkungsorientiert!* (Forschungskennzahl FKZ 3716 16 103 0; Texte | 118/2020). Umweltbundesamt. URL: https://www.umweltbundesamt.de/sites/default/files/medien/1410/publikationen./2020- 06-29_texte_118-2020_umweltbildung-bne.pdf. (Zugriff: 01.06.2023).

Overwien, B. (2009): Informelles Lernen und Bildung für eine nachhaltige Entwicklung: Beiträge aus Theorie und Praxis. In: M. Brodowksi, U. Devers-Kanoglu, B. Overwien, M. Rohs, S. Salinger & M. Walser (Hrsg.), *Informelles Lernen und Bildung für nachhaltige Entwicklung: Beiträge aus Theorie und Praxis.* Opladen: Budrich, S. 23–35.

Prinz, S. (2023): *Die Wirkung von außerschulischen Lernorten auf die Umweltkompetenz von Schüler*innen im Kontext der Bildung für nachhaltige Entwicklung.* Masterarbeit an der Universität Wien, ZTL.

Reichenbach, R. (2000): Die Ironie der politischen Bildung – Ironie als Ziel politischer Bildung. In: R. Reichenbach & F. Oser (Hrsg.): *Zwischen Pathos und Ernüchterung. Zur Lage der Politischen Bildung in der Schweiz/Entre pathos et désillusion. La situation de la formation politique en Suisse.* Freiburg/CH: Universitätsverlag, S. 118–130.

Schluß, H. (2007): *Indoktrination und Erziehung – Aspekte der Rückseite der Pädagogik.* Wiesbaden: VS Verlag.

Schluß, H. (2021): (Un-)Sicherheit – Zur Bedeutung der Klimakrise für die Pädagogik. In: A. Czejkowska & S., Spieker (Hrsg.), *Innere Sicherheit – Jahrbuch für Pädagogik 2019.* Berlin: Peter Lang, S. 41–53.

Schluß, H. (2023): Pädagogik der Hoffnung im ausgehenden Anthropozän? – Plädoyer für eine Pädagogik der Hoffnung innerhalb der Grenzen der bloßen Prognosen. In: *Vierteljahrsschrift für wissenschaftliche Pädagogik.* 99(3), S. 337–355.

Schulte, A. (2019): *Außerschulische Lernorte* (1. Auflage.). Berlin: Cornelsen.

Tiedemann, M. (2021): *Außerschulische Lernorte, Erlebnispädagogik und philosophische Bildung* (1. Aufl.). Stuttgart: Metzler.

UNESCO (2015): *Roadmap zur Umsetzung des Weltaktionsprogramms »Bildung für nachhaltige Entwicklung«,* 1–39. Deutsche UNESCO-Kommission e.V. (DUK). UNITED NATIONS. (2015a). *The 17 Goals.* Department of Economic and Social Affairs Sustainable Development. URL: https://sdgs.un.org/goals. (Zugriff: 27.06.2023).

UN (2021): *Annual report of the United Nations High Commissioner for Human Rights and reports of the Office of the High Commissioner and the Secretary-General Promotion and protection of all human rights, civil, political, economic, social and cultural rights, including the right to development.* URL: https://documents-dds-ny.un.org/doc/UNDOC/GEN/G21/397/78/PDF/G2139778.pdf?OpenElement

Wendt, B. & Görgen, B. (2017): *Der Zusammenhang von Umweltbewusstsein und Umweltverhalten – Eine explorative Studie zu einem Kernproblem der Umweltsoziologie am Beispiel von Wissensarbeiter*innen.* Wissenschaftliche Schriften der WWU Münster Reihe VII Band 21.

Wittlich, C. & Brühne, T. (2020): Entwicklung von BNE-Kriterien zur Sichtbarmachung und Bewertung von Implementierungsprozessen in (Umwelt-)Bildungskonzepten. *Zeitschrift für Geographiedidaktik – ZGD*, 48(1), S. 1–17.

9 Kontrafaktizität und Kontingenz. Zum Konstitutionsproblem der Unterrichtsforschung

Frank Beier

9.1 Einleitung

Die empirische Unterrichtsforschung hat sich innerhalb der Lehr-Lern-Forschung zu einer eigenständigen Disziplin entwickelt. Dies hat auch in den Fachdidaktiken zu einer stärkeren evidenzbasierten Diskussion geführt und neue Forschungsfelder erschlossen (vgl. Riegel & Macha, 2013). Der Aufstieg dieser zum überwiegenden Teil quantitativ ausgerichteten Unterrichtsforschung geht mit dem zunehmenden Bedeutungsverlust von bildungstheoretischen Konzepten einher, die noch in den 1980er Jahren beispielsweise im Rahmen der sogenannten »Stoffdidaktik« den Diskurs um Unterricht prägten (vgl. Prediger & Erath, 2014). Aktuell ist das Verhältnis von qualitativer und quantitativer (vgl. Helsper & Klieme, 2013), fachdidaktischer, lerntheoretischer (vgl. Klieme & Rakoczy, 2008), erziehungswissenschaftlicher (vgl. Breidenstein, 2009, 2021) und bildungstheoretischer Unterrichtsforschung (vgl. Gruschka, 2013) Gegenstand zahlreicher wissenschaftlicher Kontroversen. Es ist daher wohl nicht vermessen, wenn man der Unterrichtsforschung trotz der Dominanz des lehr-lern-theoretischen Ansatzes eine hohe Heterogenität attestiert und sie als multiparadigmatisch beschreibt. Dies ist auf den ersten Blick verwunderlich: Schließlich stellt Unterricht einen institutionell klar abgegrenzten Gegenstand dar, der eigentlich ein vergleichsweise überschaubares Phänomen darzustellen scheint. Warum gibt es trotzdem so unterschiedliche Wege, Unterricht zu erforschen und warum fällt es keineswegs leicht, diese zusammenzubringen? Die bis in die Gegenwart andauernde Diskussion deutet darauf hin, dass es möglicherweise auch epistemische Gründe gibt, die unterschiedliche Ansätze empirischer Unterrichtsforschung rechtfertigen. Wenn sich zeigen lässt, dass die unterschiedlichen Ansätze inkommensurable Wissenskulturen erzeugen, die grundlegende Probleme der Unterrichtsforschung mit anderen Lösungswegen begegnen, dann wäre damit nicht nur die Rechtfertigung dieser Ansätze möglich, sondern auch eine aufgeklärtere Rezeption ihrer Ergebnisse. Eine solche Perspektive auf Unterrichtsforschung muss sich mit den epistemischen Problemen und deren paradigmatischen Lösungen auseinandersetzen, die von verschiedenen Ansätzen gewählt werden. Dabei geht es nicht darum, bspw. quantitative und qualitative Unterrichtsforschung gegeneinander auszuspielen, diese Ansätze zu verallgemeinern und deren Diversität zu leugnen oder zu schematisieren. Vielmehr soll es darum gehen zu zeigen, dass die Erforschung von Unterricht unabhängig von ihrem Paradigma vor ähnlichen Herausforderungen steht, denen mit unterschiedlichen Prämissen begegnet werden kann. Ich möchte dazu zunächst auf ein grundlegendes epistemisches Problem eingehen, welches ich als *Konstitutionsproblem* bezeichnen möchte. Dahinter steckt eine unterrichtstheoretische Problemstellung, die auf die Frage rekurriert, wie Unterricht als Gegenstand konstituiert wird. Aus einer kontingenztheoretischen Sichtweise möchte ich dabei auf die präskriptiven Setzungen der lehr-lern-theoretischen Unterrichtsforschung eingehen und anschließend an einem eigenen Beispiel zeigen, wie die interpretative Unterrichtsforschung, welche bevorzugt in den Erziehungswissenschaften verwendet wird, diese Herausforderungen anders aufgreift und bearbeitet. Im Anschluss wird diskutiert, inwieweit diese Perspektive auf Unterrichtsforschung auf die berufspraktische Rezeption wissenschaftlichen Wissens wirken kann.

9.2 Das Konstitutionsproblem der Unterrichtsforschung

Es ist bereits vielfach betont worden: Unterricht besitzt für uns in aller Regel eine hohe Alltagsevidenz. Die überwiegende Mehrheit der Menschen unseres Kulturkreises haben jahrelange Erfahrungen mit Unterricht gesammelt. Was Unterricht ist (vgl. Geier & Pollmanns, 2016), erscheint vor diesem Hintergrund zunächst wenig fragwürdig. Diese Problemstellung verändert sich jedoch, sobald versucht wird, Unterricht empirisch zu beschreiben. Die Beobachtung von Unterricht führt schnell zu einer paradoxen Konstellation: Einerseits werden die Überkomplexität des Geschehens und die Selektionsnotwendigkeit der Beobachtung spürbar. Es ist unmöglich, das Unterrichtsgeschehen ›in Gänze‹ einzufangen. Daten zu erheben, ist daher ein zwar begründbarer, aber letztlich eben konstruktiver und kreativer Akt (vgl. Knorr-Cetina, 2023). Auf der anderen Seite erscheinen die beobachteten Verläufe im Unterricht häufig trivial, routiniert – ja gar langweilig (vgl. Breidenstein, 2006). Die Praktiken allein zu beobachten, ist daher für sich genommen wenig aufschlussreich und liefert kaum neue Erkenntnisse, die über die jahrelange eigene Erfahrung mit Unterricht hinausgehen. Unterrichtsforschung muss daher aus den Beobachtungen systematische Schlüsse ziehen – eine analytische Haltung einnehmen – und eine eigene Beobachtungssprache entwickeln. Mit anderen Worten: Die Beobachtungen müssen theoretisiert werden. In der qualitativen Forschung geschieht dies in der Regel über Verfahren analytischer Abstraktion und Abduktion (vgl. Reichertz, 1993). In der quantitativen Forschung werden Muster und Regelhaftigkeiten des Unterrichts über statistische Kennwerte ermittelt, die latente Strukturen wie die so genannten nicht direkt beobachtbaren Tiefstrukturen des Unterrichts offenbaren (vgl. Decristan et al., 2020). In beiden Fällen wird also etwas aus den Daten konstruiert, was zuvor nicht sichtbar war. Beides verweist auf eine theoretische Konstitution des Gegenstands ›Unterricht‹ (vgl. Meseth, 2011b), die selbst bei der Analyse des gleichen Phänomens zu unterschiedlichen Deutungen führen kann (vgl. Geier & Pollmanns, 2016). Die theoretische Konstitution des

Gegenstands *durch* Forschung ist dabei jedoch keine Besonderheit der Unterrichtsforschung (vgl. Beier, 2018b). Die soziale Konstitution sozialwissenschaftlichen Wissens ist seit den Anfängen soziologischen Denkens ein Gegenstand wissenschaftstheoretischer Debatten[15]. Sofern ist damit noch kein spezifisches Problem der Unterrichtsforschung benannt. Jedoch weist Unterricht gegenüber anderen sozialen Phänomenen durchaus einen bedeutsamen Unterschied auf. Denn Unterricht ist kein Produkt sozialer Evolution, sondern eine planvolle und zielgerichtete institutionalisierte soziale Erfindung, die einen spezifischen Zweck verfolgt. Im Unterricht soll gelernt werden[16]. Dies ist jedoch, folgt man Robert Kreitz, nicht nur eine normative Setzung, sondern auch eine interaktive Notwendigkeit des Unterrichts. Denn Unterricht scheitere systematisch, wenn Falsches gelehrt werde (vgl. Kreitz, 2011). Im Extremfall – beispielsweise im Unterricht autoritärer Bildungssysteme – kann dies zu der Frage führen, ob überhaupt Unterricht oder nicht etwa Indoktrination stattfindet (vgl. Beier, 2018a, S. 45 ff)[17]. Diese Diskussion macht auf den Umstand aufmerksam, dass nicht nur der empirische Zugriff ein konstruktiver Akt ist, sondern Unterricht auch als soziales Phänomen situativ hergestellt werden muss. Es gibt also konstitutive Praktiken, die notwendig sind, um Unterricht als pädagogisches Geschehen zu erzeugen. Darauf weist zum Beispiel Andreas Gruschka hin, wenn er darauf aufmerksam macht, dass nicht alles, was ›im Unterricht‹ geschieht, auch tatsächlich ›Unterricht‹ sei:

> »Wenn im Sportunterricht Fußball gespielt wird, hat der Unterricht aufgehört; es sei denn, das Spiel wird als Übung inszeniert, dann aber wird geübt und nicht mehr gespielt« (Gruschka, 2013, S. 50).

Unterricht ist damit einerseits ein *kontingentes* Phänomen, welches aus unterschiedlichen, aber konstitutiven Praktiken besteht. Es ist eine durch soziale Handlungen hergestellte Entität, die so, aber auch anders möglich ist (vgl. Makropoulos, 2004). Zugleich verweist dies auf die dem Unterrichten inhärente *Kontrafaktizität:* Im Unterricht kann immer auch anders gehandelt werden und in jedem Protokoll einer Unterrichtsinteraktion dokumentieren sich eine endliche Anzahl kontrafaktisch nicht-realisierter rationaler Handlungsoptionen. Dies ist von grundlegender

---

15 Bereits Durkheim und Weber reflektieren dies ausführlich in ihren Begründungen sozialwissenschaftlicher Theoriebildung.

16 Hier besteht ein entscheidender Unterschied zu anderen sozialen Phänomenen, wie beispielsweise Kriminalität. Sicher auch Kriminalität ist eine soziale Konstruktion, welche von der Existenz eines Rechtssystems abhängig ist. Andererseits erschiene es absurd, Kriminalitätstheorien mit dem Ziel zu konstruieren, erfolgreiches kriminelles Handeln zu ermöglichen oder Kriminalität zu verbessern. Stattdessen konzentrieren sich diese Theorien auf die Erklärung kriminellen Verhaltens (vgl. Mehlkop, 2011). In der Unterrichtsforschung sieht dies häufig anders aus: »Die Erwartung besteht darin, daß Unterrichtsforschung ihren Untersuchungsgegenstand nicht nur zu erforschen, sondern auch zugleich Vorschläge zur Verbesserung von Unterricht zu machen habe« (Krummheuer & Naujok, 1999, S. 14).

17 Diese Frage ist nicht leicht zu beantworten. Es hängt wohl davon ab, was man gegenstandstheoretisch unter Unterricht versteht. So kann Indoktrination natürlich als eine Praktik des Unterrichtens gefasst werden; Gleichzeitig ließe sich argumentieren, dass Unterrichten geradezu das Gegenteil von Indoktrination sei (vgl. Schluß, 2007).

Bedeutung für die Unterrichtsforschung, für die Kontrafaktizitäten eine wesentliche Rolle spielen.

Wissenschaftshistorisch ließe sich beispielsweise zeigen, dass wesentliche didaktische Strömungen ihren Ausgang gerade darin nehmen, dass etwas empirisch bisher nicht vorzufinden sei und daher didaktisch erst noch konstituiert werden müsse (vgl. auch Lesh & Bharath, 2005)[18]. Die Konstitution von dem, was wir als Unterricht im Allgemeinen bezeichnen, und eine bestimmte Art des Unterrichts im Besonderen (z. B. aktiv-entdeckender Unterricht) ist, erscheint voraussetzungsreich.

Das Konstitutionsproblem lässt sich daher auf mindestens zwei Ebenen spezifizieren: Erstens muss im empirischen Zugriff auf Unterricht zwangsläufig ein selektiver und konstruktiver Prozess stattfinden, der den Unterricht forschungslogisch konstituiert. Ich möchte dies *theoretische Konstitution* nennen. Zweitens muss Unterricht durch bestimmte Praktiken erzeugt werden. In dieser *sozialen Konstitution* von Unterricht drückt sich das spezifische Spannungsverhältnis von Kontingenz und Kontrafaktizität aus. Da Unterricht kein Selbstzweck ist, sondern als soziale Erfindung ein Ziel verfolgt, ist diese als sozial konstituierte Variante einer pädagogischen Struktur zu verstehen, die im empirischen Zugriff immer auch auf Handlungsalternativen verweist, die nicht eingelöst wurden. Für die Unterrichtsforschung bedeutet dies, dass empirische Beobachtungen nicht nur Faktizitäten beinhalten, sondern immer auch auf Kontra-Faktizitäten verweisen. Indem wie bspw. ein Lehrinhalt vermittelt, wie auf eine Schüler*innenfrage eingegangen, wie der Unterricht beendet, wie eine Disziplin-Störung behandelt wird, etc. zeigen sich unmittelbar immer auch rationale Handlungsalternativen. Dies hat methodologische Konsequenzen. Die Frage, wie Sachverhalte, die faktisch nicht existieren, empirisch rekonstruiert werden können, ist m. E. bislang nicht zufriedenstellend diskutiert worden (vgl. Beier, 2019).

Die kompetenztheoretische Modellierung der Unterrichtsforschung im Rahmen der pädagogisch-psychologischen Lehr-Lernforschung blendet Kontrafaktizität des Unterrichts jedoch zugunsten einer starken Fokussierung auf empirische Faktizitäten aus. Dies kann jedoch nur um den Preis einer starken Reduzierung der Kontingenzperspektive (vgl. Nassehi & Saake, 2002) gelingen. Das epistemische Konstitutionsproblem der Unterrichtsforschung wird damit nur auf eine andere Art und Weise gelöst, ohne dass deren grundlegende Spannung dadurch aufgelöst werden kann.

---

18 Die Nicht-Berücksichtigung der natürlichen Lernbedürfnisse des Kindes bildet beispielsweise die wesentliche Ausgangslage der Montessori-Pädagogik. Aber auch moderne didaktische Ansätze nehmen an sich Kontrafaktizität zum Ausgangspunkt, zum Beispiel, wenn die Engführung des Unterrichts beklagt und eine neue Lernkultur gefordert wird, die der Autonomie der Lernenden besser gerecht werde (Arnold & Pachner, 2011).

9.3 Der kompetenztheoretische Ansatz der Lehr-Lern-Forschung und dessen Umgang mit Kontingenz und Kontrafaktizität

Die lehr-lern-psychologische Unterrichtsforschung grenzt sich von der klassischen Didaktik stark ab, da diese dazu tendiere, Unterrichtsqualität im Rahmen eines Formalismus zu betrachten, in dessen Kontext vordergründig die Anwendung bestimmter Unterrichtsmethoden relevant sei[19]. Die Lehr-Lern-Forschung hingegen frage, wie bestimmte Qualitätsdimensionen des Unterrichts umgesetzt werden:

> »Wenn es darum geht, den Unterricht anhand von Kriterien zu beurteilen, liegt in der Didaktik, verkürzt ausgedrückt, der Schwerpunkt meist darauf, welche Methoden eingesetzt werden, um Unterrichtsabläufe lernwirksam zu gestalten. In der empirischen Unterrichtsforschung dagegen charakterisiert man Unterricht – unabhängig von der jeweils gewählten Methode – im Hinblick auf bestimmte Qualitätsdimensionen (z. B. Strukturiertheit, Verständlichkeit, Motivierung), die nachweislich (belegt durch vorangegangene Untersuchungen) eine Rolle für den Lernerfolg spielen« (vgl. Helmke, 2009, S. 27)

Um die unterschiedlichen Perspektiven zu verdeutlichen, nutzen Mareike Kunter und Silvia Ewald (2016) das Beispiel der Diskussion um Entdeckendes Lernen, welches aus der Perspektive der Didaktik vermehrt als wünschenswert charakterisiert sei (vgl. z. B. Wittmann, 1995; aber auch nicht-normativ bei Meyer, 2010). Empirische Ergebnisse aus der Unterrichtsforschung hätten jedoch übereinstimmend gezeigt, dass Entdeckendes Lernen per se keineswegs zu besseren Lernerfolgen führe. Von einer vermeintlichen Überlegenheit gegenüber dem instruktionsorientierten Lehren sei daher nicht zu sprechen. Die Diskussion habe jedoch auch offenbart, dass es nicht darauf ankomme, *ob* Entdeckendes Lernen, sondern *wie* es im Unterricht durchgeführt würde: »Einfach nur eine vermeintlich ›gute‹ Methode einzuführen und diese in schlechter Qualität umzusetzen, führt also nicht zu besseren Schülerleistungen« (Kunter & Ewald, 2016, S. 15). Die Lehr-Lern-Forschung interessiere sich daher nicht für die oberflächliche Beschreibung von Methoden (Sichtstruktur), sondern für die Qualität der Prozesse, die sich in latenten Variablen ausdrücken (Tiefenstruktur). Mehrheitlich wird dabei auf die Bedeutung der kognitiven Aktivierung, der Klassenführung und der konstruktiven Unterstützung der Lernenden hingewiesen (vgl. ebd). Der Mehrwert dieses lerntheoretischen Ansatzes ist kaum zu übersehen. Das Beharren auf empirische Evidenzen für den Lernerfolg hat zu einer enormen Versachlichung der Debatte über Effekte von Unterricht geführt. Dies erzwingt eine sachliche Differenzierung. So können bestimmte teilweise seit Jahrzehnten im Diskurs auftauchende Behauptungen nicht mehr umstandslos aufrechterhalten werden. Dies betrifft bspw. angebliche negative Lerneffekte der gemeinsamen Beschulung von Schüler*innen mit und ohne sonderpädagogischen Förderbedarf gleichermaßen (vgl. dazu z. B. Krämer et al., 2021), wie pauschal

---

19 Jedoch werden die zahlreichen Forschungsarbeiten aus den Fachdidaktiken ausgeblendet. Zur Vielfalt bspw. der mathematikdidaktischen Forschung (Leuders, 2015). Didaktische Forschung ist sicherlich nicht adäquat beschrieben, wenn sie auf eine reine Methodenlehre reduziert wird.

postulierte Überlegenheitsansprüche offener Unterrichtsformate gegenüber instruktionsbasiertem Lernen (vgl. dazu z. B. Lipowsky, 2002). Ist damit Unterrichtsforschung im Stile der Lehr-Lern-Forschung alternativlos? Wenn nicht, welche blinden Flecken erzeugt dieser Ansatz?

Um diese offen zu legen, soll zunächst die theoretische Konstitution des Unterrichts in diesem Ansatz genauer betrachtet werden. Diese ist offenkundig variablenbasiert. Als relevant werden Eigenschaften des Unterrichts dann eingeschätzt, wenn durch sie empirische Evidenzen für den Kompetenzerwerb geliefert werden. Dies folgt einer spezifischen Perspektive auf Unterricht. Denn:

> »Schulischer Unterricht ist kein Selbstzweck, sondern verfolgt als Hauptziel die Ermöglichung, Anregung und Aufrechterhaltung individueller Lernprozesse. ›Guter‹ Unterricht hieße demnach ›lernwirksamer‹ Unterricht« (Helmke, 2022, S. 20).

Die Lernwirksamkeit wird daher zum bedeutenden Merkmal der Unterrichtsbeschreibung und zum Dreh- und Angelpunkt unterrichtstheoretischer Reflexion. Im Sinne der Evidenzbasierung haben dabei nur faktisch nachweisbare Zusammenhänge eine Relevanz. Dies hat eine wichtige Implikation: Um die lernförderlichen Variablen von den weniger lernförderlichen trennen zu können, müssen diese entweder im Feld bereits vorliegen oder in Laborexperimenten künstlich geschaffen und auf natürliche Unterrichtssituationen als Wirkmechanismen übertragen werden. Eine solche Forschung ist von Natur aus konservativ. Sie kann per se nichts Neues entdecken (vgl. bereits Cronbach, 1957), sondern nur die lernförderlichsten Variablen der im Unterricht eingesetzten Methoden von jenen unterscheiden, die weniger oder gar nicht lernförderlich sind. Die von Andreas Helmke vorgenommene Analogie zur Medizin ist hier instruktiv, um die damit verbundene Problematik sichtbar zu machen. Er argumentiert:

> »Ebenso wie ein Arzt keine Therapie ohne vorherige Anamnese und Diagnose durchführt, benötigen wir in der Schule eine fundierte Bestandsaufnahme als Grundlage für gezielte Verbesserungsmaßnahmen« (Helmke, 2022, S. 16).

Während kaum zu verneinen ist, dass pädagogisches Handeln auf einer adäquaten Situationseinschätzung basieren muss, ist jedoch fragwürdig, inwieweit eine reine Bestandsaufnahme ausreichend ist, um geeignete Maßnahmen zum Entgegenwirken zu identifizieren. Wirksame Heilungsmaßnahmen gegen Krankheiten wird man nicht dadurch entdecken können, dass man die Variablen zu identifizieren sucht, die dazu führen, dass manche Menschen an diesen sterben und andere überleben. Möglicherweise kann eine solche Forschung helfen, Ideen für Therapien und Medikation zu entwickeln. Aber dann müsste sich diese Forschung darauf ausrichten, was in den bisherigen Heilungsversuchen gerade nicht getan wurde. Sie müsste die tatsächlichen Wirkmechanismen im Körper rekonstruieren und nicht allein jene Variablen zu identifizieren versuchen, die (auf opake Weise) heilend wirken. Das Verständnis von Wirkmechanismen trägt dazu bei, neue medizinische Interventionen zu ermöglichen. Mit anderen Worten, es entstehen rationale Handlungsalternativen. Die derzeitige Unterrichtsforschung kann diese Alternativen aber nur derart konstruieren, indem sie zeigt, dass andere Praktiken in anderen Kontexten erfolgreicher sind. Auf noch nicht existierende *neue Praktiken*, also auf in der Situation entstehende Handlungspotenziale, kann eine solche Forschung jedoch nicht verweisen. Sie schließt kontrafaktische Handlungsalternativen aus, die in evidenzbasierter Forschung als reine Spekulation gesehen werden. Stattdessen steht allein im Fokus, welche der bisherigen Strategien am erfolgreichsten ist. Dies ist auch in der Experten-Novizen-Forschung (vgl. Thiel et al., 2012) der Fall, in der die Praktiken nachweislich erfolgreicher Lehrpersonen untersucht werden.

So überzeugend diese Befunde auch sind, so sehr reproduzieren diese jedoch auch die Praktiken des tradierten (zumeist instruktionsbasierten) Unterrichts. Eine solche Forschung ist daher nicht produktiv, sondern grundlegend reproduktiv. Dies ist ganz wesentlich auf die theoretische Konstitution des Unterrichts zurückzuführen, die in dieser Variante als lernwirksamer Unterricht verstanden wird. Dabei ist nochmal zu wiederholen: Der Ertrag dieser Forschung ist enorm und er leistet einen wesentlichen Beitrag, um die Debatte über Unterricht zu versachlichen. Andererseits ist die in diesem Ansatz spezifizierte Perspektive auf Unterricht zu reflektieren. Diese Forschung kann die lernwirksamen Variablen des tatsächlichen Unterrichts identifizieren. Jedoch kann sie keine über die bisherigen Praktiken hinausgehenden Handlungsalternativen sichtbar machen.

Dazu müsste die soziale Konstitution des Unterrichts und deren Strukturlogik in den Fokus genommen werden. Eine solche Forschung suspendiert den Anspruch, Lernwirksamkeit von bestimmten Praktiken zu messen und konzentriert sich stattdessen auf die Beobachtung, Systematisierung und Erklärung von Unterrichtsphänomenen (vgl. Meseth, 2011a). Dabei wird der Anspruch von der Planbarkeit von Unterricht zurückgewiesen, wie er in der Lehr-Lern-Forschung immer wieder impliziert wird:

> »Gelingen die Lernprozesse nicht so, wie in der Planung des Unterrichts vorgesehen, werden individuelle Kompetenzdefizite auf Seiten der planenden und unterrichtenden Lehrenden dafür verantwortlich gemacht. In der Konsequenz heißt dies, dass die mit dem Angebots-Nutzungs-Modell theoretisch beabsichtigte Unterscheidung von Unterricht und Lernen in der Anwendung des Modells in der empirischen Forschung wieder aufgehoben wird« (Rabenstein, 2010, S. 31).

Wenn die Prämisse der Planbarkeit des Unterrichts fallen gelassen und der Zusammenhang zwischen Unterrichtsangebot und Unterrichtsnutzung kontingent gesetzt wird, erscheint auch die Übertragbarkeit von Ergebnissen aus Laborexperimenten fragwürdig. Aus solch einer Perspektive erscheint die Rekonstruktion von konstitutiven Unterrichtsstrukturen, also die Fokussierung der Frage, wie Unterricht von Lehrenden und Lernenden als soziale Ordnung entsteht, lohnenswerter zu sein.

> »Eine praxistheoretische Unterrichtsforschung orientiert sich weder am ›Input‹ des Unterrichts – noch am so genannten ›Output‹ – den Schülerleistungen im Sinne der pädagogisch-psychologischen Schulleistungsmessung, sondern an der Performanz des unterrichtlichen Alltags, an dem situativen und praktischen Vollzug von ›Unterricht‹« (Breidenstein, 2006, S. 19).

Damit rücken die kontingenten Praktiken der *sozialen Konstitution* von Unterricht in den Fokus. Aus einer praxistheoretischen Perspektive geraten die konkreten Handlungsherausforderungen des Unterrichtens in den Blick, die zudem von Lehrpersonen nicht unmittelbar steuerbar sind. Eine solche Perspektive kann darauf aufmerksam machen, dass Unterrichtsformen nicht deswegen schon der gleichen

Art angehören, nur weil sie einem didaktisch ähnlichen Konzept folgen. Vielmehr ginge es dann darum, die kontingenten Umsetzungsvarianten genauer zu betrachten (vgl. Beier, 2021). In einer solchen Perspektive werden dann auch einerseits nicht-realisierte Handlungspotenziale sichtbar (Kontrafaktizitäten) sowie strukturelle Handlungsprobleme, »die gewissermaßen unterhalb der Ebene methodisch-didaktischer Entscheidungen liegen« (Breidenstein, 2009, S. 205). Darauf weist auch Bauersfeld (1980) hin:

> »Gegen die Tradition des kurzschrittigen fragend-entwickelnden Verfahrens wenden sich moderne Unterrichtslehren, die stärker die Eigenaktivität der Schüler, offene Problemsituationen, spontane Gesprächsentwicklung u. ä. betonen. Allerdings scheint es nach unseren Interaktionsanalysen auch für progressive Mathematiklehrer nicht einfach zu sein, in den Interaktionsprozessen über eine nur subtilere Fragetechnik hinauszugehen. [...] Die Routinen lassen die guten Absichten sich oft in ihr Gegenteil verkehren, und das unbemerkt« (S. 48).

Die konstitutiven Handlungsprobleme des Unterrichtens zu systematisieren, die Kontingenz unterrichtlicher Praxis aufzudecken und kontrafaktische Handlungsoptionen sichtbar zu machen, kann daher als ein zentrales Anliegen der interpretativen Unterrichtsforschung gesehen werden. Sie bezieht Kontrafaktizität und Kontingenz von Praktiken systematisch mit ein und ermöglicht damit eine alternative Perspektive auf die Lehr-Lern-Prozesse.

Wie dies konkret aussehen kann, soll anhand eines eigenen Forschungsbeispiels abschließend illustriert werden. Daran kann gezeigt werden, dass eine mikroanalytische Perspektive auf Unterricht, die kontingenten Praktiken und Kontrafakizitäten sichtbar macht, genau das ausleuchten kann, was die Lehr-Lern-Forschung in ihrem methodologischen Ansatz zwangsläufig ausblenden muss. Damit soll keinesfalls die Überlegenheit dieses Ansatzes behauptet, sondern stattdessen dessen grundlegend unterschiedliche Herangehensweise verdeutlicht werden.

9.4 Kontrafaktizität, Kontingenz und Empirie

Das hier zu diskutierende Protokoll stammt aus dem Forschungsprojekt »Doing Mathematics: Substanzielle Lernumgebung« (gemeinsam mit Elisa Wagner und Maria Wendt, 2019–2025). In diesem Forschungsprojekt nutzten Lehrkräfte für uns eine auf entdeckendes Lernen ausgerichtete Lernumgebung in ihrem Unterricht. Diese Lernumgebung wurde fachdidaktisch entwickelt (vgl. Hirt & Wälti, 2018) und stellt damit den Versuch einer Innovation des Unterrichts dar. Im Zentrum dieser stehen Aufgabenpäckchen, die einer mathematischen Struktur folgen, die wiederum Gegenstand mathematisch elaborierter Auseinandersetzungen werden sollen. Die nun zu besprechende Szene stammt aus einer Präsentationsphase, in der die Schüler*innen über ihre Entdeckungen an den Aufgabenpäckchen sprechen sollen (vgl. Beier, 2021). Die Szene wird in gebotener Kürze sequenzanalytisch (vgl. Meseth, 2013) betrachtet.

L: was fandest du etwas ganz faszinierend etwas besonders an dem Päckchen

Ins Auge springt zunächst der Konstruktionsabbruch und die *en passant* folgende Reparatur des Sprechaktes, in der die Frage »was fandest du ... ganz faszinierend« in »fandest du etwas ganz faszinierend« umgeformt wird. Damit wird die starke Empfindung der Faszination, die zunächst unterstellt wurde, in eine Frage abgeschwächt. Faszination zu empfinden, ist mit Sicherheit keine Alltäglichkeit. Zugleich ist Faszination gleichzusetzen mit starkem Interesse an einem Phänomen, welches aufgrund seiner Eigenschaften eine besondere Wirkung auf Menschen auszustrahlen vermag. Damit wird dem Gegenstand, um den es offenbar geht, zumindest potenziell eine besondere Eigenschaft zugewiesen. Dies wird sogar verstärkt, da an diesem nicht nur etwas, sondern »etwas ganz faszinierend« sein könnte. Aber auch dem Schüler wird damit eine Position zugeschrieben. Es geht an dieser Stelle nicht darum, dass eine Aufgabe nur ausgerechnet werden sollte oder ein Lösungsweg erläutert werden soll. Stattdessen wird dem Schüler unterstellt, es hätte etwas geben können, was ihm besonders aufgefallen sei und kognitives Interesse geweckt habe: es geht um Faszination. Er wird damit als jemand angesprochen, der zumindest potenziell mit großem Interesse an etwas gearbeitet habe. Diese Adressierung ist nicht alternativlos. Es ließen sich leicht Unterrichtskontexte gedankenexperimentell konstruieren, in denen der Schüler mit deutlich anderen Implikationen angesprochen würde. Hätte die Lehrperson beispielsweise gefragt, was der Schüler herausgefunden habe, so wäre seine Schülerrolle deutlicher in den Vordergrund gerückt. Der Schüler hätte dann einen Arbeitsauftrag erfüllt und nun davon berichten sollen. Würde die Lehrperson den Schüler auffordern, zu erklären, was er gerechnet habe, wäre er für eine kurze Zeit in die Position des Erklärenden und damit in die Lehrerrolle überführt worden. Darin zeigt sich das Besondere dieser Anrede: Der Schüler wird gerade nicht als Lernender, nicht als Leistungserbringer, auch nicht als Ersatzlehrer angesprochen, sondern als potenziell Faszinierter, der seine besondere Entdeckung teilen solle. Es gäbe nun viele kontrafaktisch zu erwartende Anschlussoptionen auf diese Adressierung, die an dieser Stelle nicht weiter ausgeführt werden sollen. Wie reagiert der Schüler faktisch?

S: Nö

Der Schüler antwortet mit der dispräferierten Handlung (vgl. Pomerantz, 1984) einer informellen Verneinung. Der lakonische Charakter der Antwort auf die Frage des Lehrers, die einen elaborierten Redebeitrag erwarten lassen würde, führt für den Unterricht zu einer problematischen Konstellation. Die Schülerantwort kann von der Lehrperson nicht im Sinne von richtig und falsch evaluiert werden. Der Redebeitrag des Schülers liefert damit keinen Mehrwert für die Elaboration des Unterrichtsgegenstandes. Durch das Fehlen einer Begründung liefert die Schülerantwort keinen substanziellen Beitrag zum formalen Unterrichtsgespräch. Das Gespräch würde sicher einen anderen Verlauf nehmen, würde der Schüler rückfragen, wieso die Lehrperson meint, dass etwas Faszinierendes an der Aufgabe sei. Er könnte auch darauf eingehen, dass er zwar nichts Faszinierendes gefunden habe, aber dennoch etwas mehr zu den Aufgaben sagen könne. Da der Schüler jedoch nichts dazu beiträgt, das Unterrichtsgespräch fortzuführen, wären verschiedene Anschlüsse denkbar. Die Lehrperson könnte die Äußerung als Desinteresse oder fehlende Kooperationsbereitschaft deuten und den Schüler darauf hinweisen, dass er sich doch bitte etwas Mühe geben solle und nochmal genau hinschauen solle. Eine andere Alternative wäre, dass die Lehrperson die Frage an die übrige Klassengemeinschaft abgibt. Die Präsentationsphase könnte jedoch mit der fehlenden Faszination auch sein Ende finden. Letztlich könnte die Lehrperson die ›Lösung‹ verraten und das Faszinosum erläutern. Allein hier zeigen sich also diverse Handlungsalternativen, die die Kontingenz der Situation sichtbar machen.

L: *Okay dann sag ich euch was ich dort Besonderes gestern rausgefunden hab als ich zu Hause nochmal gerechnet habe ähm ich fand es faszinierend dass wir Minusaufgaben rechnen dass die der Minuend und der Subtrahend immer kleiner werden also minus 10 minus 15*

Die Lehrkraft entschließt sich dazu, nun selbst das Faszinosum zu erläutern. Das »Okay« dient hier als Ratifizierung der dispräferierten Äußerung der Schülerantwort, die dadurch als legitime Antwort anerkannt wird. Die Situation wird damit nicht zu einer Situation, in der das pädagogische Arbeitsbündnis und die implizite Pflicht des Schülers, sich gewinnbringend am Unterricht zu beteiligen, zum Gesprächsgegenstand gemacht wird. Stattdessen holt die Lehrkraft selbst dazu aus, zu erläutern, was er faszinierend an den Aufgaben fand. Er stellt sich dabei als jemand dar, der sich in gleicher Weise wie die Schüler*innen mit den Aufgaben auseinandergesetzt und dabei etwas Faszinierendes entdeckt hat. Fragt man danach, wie die Lehrperson hier ihre Rolle ausfüllt, dann zeigt sich, dass er sich als Teil der entdeckenden (Klassen-)Gemeinschaft im Unterricht inszeniert. Dies wird besonders augenscheinlich, wenn man kontrafaktische Alternativen konstruiert. So hätte die Lehrperson an dieser Stelle ebenfalls einen Lehrvortrag starten können, in der ein Erklär-Schema inszeniert wird. In diesem Falle hätte sich die Lehrperson auch als Lehrperson exponiert dargestellt, als eine Person mit Wissensvorsprung. Der Sprechakt zeichnet sich aber gerade dadurch aus, dass hier nicht der Modus des Erklärenden, sondern des am Entdeckungsprozess partizipierenden eingenommen wird. Tatsächlich zeigt sich in unseren komparativen Analysen, dass genau dieser erklärende Modus in ähnlichen Situationen von Lehrpersonen in der Tat eingenommen wird (vgl. ausführlicher Beier, 2021). Damit tritt das ein, was Krummheuer & Najouk (1999) als zentrales theoriebildendes Element charakterisieren:

> »In dem Vergleich verschiedener Fälle treten Dimensionen zutage, die bei Einzelanalysen nicht in vergleichbar kontrollierter Weise rekonstruiert werden können« (S. 26).

Aus Platzgründen kann eine solche komparative Analyse an dieser Stelle nicht illustriert werden. Deutlich geworden ist jedoch bereits an diesem kurzen Beispiel, dass in der mikroanalytischen Betrachtung von empirischen Fällen der Einbezug kontrafaktischer rationaler Handlungsalternativen dazu beitragen kann, die Charakteristik und die spezifische Ausformung einer kontingenten Unterrichtspraxis in den Blick zu nehmen.

Eine solche Form interpretativer Unterrichtsforschung geht also zwangsläufig anders mit Kontingenz und Kontrafaktizität um als die pädagogische Lehr-Lern-Psychologie. Dies geschieht um den Preis, dass die Lernwirksamkeit von Praktiken nicht nachgewiesen werden kann. Die interpretative Unterrichtsforschung sollte sich daher davor hüten, Handlungsempfehlungen auszusprechen. Es geht nicht darum, Unterrichtspraktiken zu kritisieren oder bessere Handlungsalternativen vorzuschlagen. Vielmehr ist der praktische Nutzen einer solchen Unterrichtsforschung darin zu sehen, die Kontingenz unterrichtlicher Praktiken sichtbar zu machen und in analytische Kategorien zu entwickeln, die Unterrichtsphänomene in ihrer Zusammensetzung beschreiben (vgl. ausführlicher: Beier et al., 2021). Um es mit den Worten Bauersfeld und Voigt zu sagen:

> »Flexibilität im Unterricht setzt Einsicht und größeres Handlungsrepertoire voraus. Dazu ist die gemeinsame Entwicklung von Alternativen des Lehrerhandelns in konkreten Fällen erforderlich« (Bauersfeld & Voigt, 1984, S. 51).

9.5 Diskussion: Zur berufspraktischen Rezeption der Unterrichtsforschung

Der Beitrag hat versucht zu zeigen, dass jegliche Unterrichtsforschung generell vor dem gleichen Konstitutionsproblem steht. Einerseits muss genauer bestimmt werden, was im Rahmen einer Unterrichtstheorie erfasst werden soll (theoretische Konstitution). Andererseits muss geklärt werden, welche Eigenschaften Praktiken haben sollen, damit sie als Unterricht gelten können (soziale Konstitution). Es wurde gezeigt, dass für die lehr-lern-theoretische Unterrichtsforschung die Frage nach Lernwirksamkeit zentral ist. Identifiziert werden damit die positiven Wirkungen von Unterricht. Ausgeblendet bleiben dabei die konkreten Praktiken, die Unterricht konstituieren. Diese stehen in der interpretativen Unterrichtsforschung im Fokus. In beiden Ansätzen offenbart sich ein anderer Umgang mit Kontingenz und Kontrafaktizität. Wenn die Wirksamkeit von Maßnahmen empirisch untersucht werden soll, dann können kontrafaktische Handlungsalternativen im konkreten empirischen Fall keine Rolle spielen. Dies geht damit einher, dass die Kontingenz dieser sozialen Praxis zweifach reduziert wird. Man muss – bspw. um Vergleiche zwischen instruktionsbasiertem und entdeckendem Lernen anstellen zu können – unterstellen, dass es sich in den in diesen Gruppen um identische Fälle handelt, die sich nur in ihrer Qualität unterscheiden. Außerdem müssen die kontingenten Aneignungspraxen der Schüler*innen (zumindest teilweise) ausgeblendet werden. Im Rahmen der interpretativen Unterrichtsforschung werden hingegen Wirkungsannahmen ausgeblendet und der Fokus auf die Praktiken der sozialen Konstitution des Unterrichts gelegt. Hier geht es darum, Kontingenz sichtbar zu machen und Phänomene an theoretischen und empirischen Kontrastbeispielen zu spezifizieren. Eine solche Perspektive ermöglicht es, Unterrichtsphänomene und deren Genese analytisch zu beschreiben.

Welche Konsequenzen haben diese unterschiedlichen Unterrichtsforschungsansätze für die berufspraktische Rezeption? Zum einen sollte die Reflexion über die Grenzen beider Ansätze zu einer vorsichtigen Inanspruchnahme wissenschaftlicher Belege für die Legitimation bestimmter Unterrichtskonzepte führen. In Anlehnung an Karl Poppers wissenschaftstheoretische Prämisse des Falsifikationismus ließe sich raten, auch die Ergebnisse der lehr-lern-theoretischen Unterrichtsforschung nicht als Anleitungen dafür zu verstehen, wie guter Unterricht auszusehen habe. Vielmehr tragen die Forschungsergebnisse dazu bei, wissenschaftliche Aufklärung zu betreiben. Bestimmte – in der Öffentlichkeit und in Lehrkräftezimmern – stetig reproduzierte Mythen entbehren schlicht der empirischen Grundlage und sind damit zunächst falsifiziert. Zudem liefern die Befunde durchaus auch für jene Lehrkräfte einen Mehrwert, die ihren Unterricht innovieren wollen. Die Forschungsergebnisse und zahlreichen Publikationen machen schlicht darauf aufmerksam, dass auch bei Unterrichtsinnovationen die bisherigen Erfolgskriterien des Unterrichts nicht einfach über Bord geworfen werden sollten. Unterricht sollte klar und strukturiert, kognitiv anregend und motivierend sein. Zudem sollte er gut organisiert und wenig chaotisch sein. Ebenfalls wichtig erscheint es m. E. jedoch auch, sich über die sozialen Praktiken, die Routinen, die Handlungsprobleme und deren kontingente Lösungen gewahr zu werden, die Unterricht zuallererst konstituieren. Dafür ist die Rezeption von fallanalytischen und bestenfalls komparativ angelegten qualitativen Forschungsarbeiten m. E. zwingend notwendig. In jedem Falle zeigt die enorme Expansion der Unterrichtsforschung jedoch, dass die akademische Lehrkräftebildung nicht umhinkommen wird, Forschungsmethoden stärker zu adressieren, um eine aufgeklärte Rezeption von Unterrichtsforschung zu ermöglichen (vgl. Beier, 2023).

Literatur

Arnold, R. & Pachner, A. (2011): Konstruktivistische Lernkulturen für eine kompetenzorientierte Ausbildung künftiger Generationen. In: T. Eckert (Hrsg.), *Bildung der Generationen*. Wiesbaden: VS, S. 299–307

Bauersfeld, H. (1980): Hidden dimensions in the so-called reality of a mathematics classroom. *Educational Studies in Mathematics*, 11(1), S. 23–41.

Bauersfeld, H. & Voigt, J. (1984): Können wir eigentlich weitermachen... Entwicklungen und Verwicklungen des Unterrichtsthemas. *Der Mathematikunterricht*, 34(2), S. 30–43.

Beier, F. (2018a): Politisch inhaftierte Frauen in der DDR. Dissertation. Opladen: Budrich UniPress Ltd.

Beier, F. (2018b): Soziologische Methoden und erziehungswissenschaftliche Theorie? Ein kritischer Diskussionsbeitrag zum Theorie-Empirie-Problem der qualitativen Forschung in der Pädagogik. *Erziehungswissenschaft*, 29(1), S. 17–18.

Beier, F. (2021): Zwischen »Was hast du für Entdeckungen gemacht?« und »Sag erstmal, was du gerechnet hast« – Paradoxe Interaktionskonstellationen in den Präsentationsphasen Substantieller Lernumgebungen. In: U. Binder & F. K. Krönig (Hrsg.), *Paradoxien (in) der Pädagogik*. (1. Aufl.). Weinheim: Beltz, S. 212–232.

Beier, F. (2023, im Druck): Inklusives Unterrichten praktisch erfahren – aber wie? Die Einstellung von Lehrkräften gegenüber Inklusion als Umweltbedingung schulpraktischer

Studien. In: K. te Poel, P. Gollub, C. Siedenbiedel, S. Greiten & M. Veber (Hrsg.), Heterogenität und Inklusion in den Schulpraktischen Studien. Theorie, Empirie, Diskurs. Bielefeld: Waxmann.

Beier, F. (2023): Lehrerbildung und Promotion. Reflexionen nach sieben Jahren Graduiertenforum Lehrerbildung an der TU Dresden. In: F. Beier (Hrsg.), *Schule, Unterricht und Profession. Empirische Studien zur Lehrkräftebildung.* (1. Aufl.) Münster: Waxmann, S. 255–270.

Beier, F., Wyßuwa, F. & Wagner, E. (2021): Fallinterpretationen zwischen Theorie- und Anwendungsbezug. Zum praktischen Nutzen wissenschaftlicher Erkenntnis am Beispiel der qualitativen Kurs- und Unterrichtsforschung. *Debatte*, 3 (1–2020), S. 6–22.

Breidenstein, G. (2006): *Teilnahme am Unterricht. Ethnographische Studien zum Schülerjob.* Wiesbaden: VS.

Breidenstein, G. (2009): Allgemeine Didaktik und praxeologische Unterrichtsforschung. In: M. A. Meyer, M. Prenzel & S. Hellekamps (Hrsg.), *Perspektiven der Didaktik. Zeitschrift für Erziehungswissenschaft.* Wiesbaden: VS, S. 201–215.

Breidenstein, G. (2021): Interferierende Praktiken. *Zeitschrift für Erziehungswissenschaft*, 24(4), S. 933–953.

Cronbach, L. J. (1957): The two disciplines of scientific psychology. *American Psychologist*, 12(11), S. 671–684.

Decristan, J., Hess, M., Holzberger, D. & Praetorius, A.-K. (2020): Oberflächen- und Tiefenmerkmale. Eine Reflexion zweier prominenter Begriffe der Unterrichtsforschung. *Zeitschrift für Pädagogik*, Beiheft, 66 (1. Auflage). Frankfurt: DIPF.

Geier, T. & Pollmanns, M. (2016): *Was ist Unterricht? Zur Konstitution einer pädagogischen Form.* (1. Aufl.). Wiesbaden: VS.

Gruschka, A. (2013): *Unterrichten – eine pädagogische Theorie auf empirischer Basis.* Opladen: Budrich.

Helmke, A. (2022): *Unterrichtsqualität und Professionalisierung. Diagnostik von Lehr-Lern-Prozessen und evidenzbasierte Unterrichtsentwicklung.* (1. Aufl.). Hannover: Klett.

Helsper, W. & Klieme, E. (2013): Quantitative und qualitative Unterrichtsforschung – eine Sondierung. *Zeitschrift für Pädagogik*, 59(3), S. 283–290

Hirt, U. & Wälti, B. (2018): *Lernumgebungen im Mathematikunterricht. Natürlich differenzieren für Rechenschwache und Hochbegabte.* (1. Aufl.). Hannover: Klett.

Klieme, E. & Rakoczy, K. (2008): Empirische Unterrichtsforschung und Fachdidaktik. Outcome-orientierte Messung und Prozessqualität des Unterrichts. *Zeitschrift für Pädagogik*, 54(2), S. 222–237.

Knorr-Cetina, K. (2023): *Die Fabrikation von Erkenntnis. Zur Anthropologie der Wissenschaft.* Unter Mitarbeit von Rom Harré (1. Auflage). Berlin: Suhrkamp.

Krämer, S., Möller, J. & Zimmermann, F. (2021): Inclusive Education of Students with General Learning Difficulties: A Meta-Analysis. *Review of Educational Research*, 91(3), S. 432–478.

Kreitz, R. (2011): »Kooperation« als Grundbegriff einer analytischen Theorie des Unterrichts. In: Meseth, W. (Hrsg.), *Unterrichtstheorien in Forschung und Lehre.* Bad Heilbrunn: Klinkhardt, S. 161–174.

Krummheuer, G. & Naujok, N. (1999): *Grundlagen und Beispiele Interpretativer Unterrichtsforschung.* Wiesbaden: VS.

Kunter, M. & Ewald, S. (2016): Bedingungen und Effekte von Unterricht: Aktuelle Forschungsperspektiven aus der pädagogischen Psychologie. In: N. McElvany, W. Bos, H. G. Holtappels, M. M. Gebauer & F. Schwabe (Hrsg.), *Bedingungen und Effekte guten Unterrichts.* Münster: Waxmann, S. 9–32.

Lesh, R. & Bharath, S. (2005): Mathematics Education as a Design Science. *ZDM*, 37(6), S. 490–505.

Leuders, T. (2015): Empirische Forschung in der Fachdidaktik. Eine Herausforderung für die Professionalisierung und die Nachwuchsqualifizierung. *Beiträge zur Lehrerinnen- und Lehrerbildung*, 33(2), S. 215–234.

Lipowsky, F. (2002): Zur Qualität offener Lernsituationen im Spiegel empirischer Forschungen. Auf die Mikroebene kommt es an. In: U. Drews & W. Wallrabenstein (Hrsg.), *Freiarbeit in der Grundschule. Offener Unterricht in Theorie, Forschung und Praxis.* Frankfurt am Main: Grundschul-Verband, S. 126–159.

Makropoulos, M. (2004): Kontingenz. Aspekte Einer Theoretischen Semantik Der Moderne. *European Journal of Sociology* 45(3), S. 369–399.

Mehlkop, G. (2011): *Kriminalität als rationale Wahlhandlung.* Wiesbaden: VS.

Meseth, W. (2011a): Erziehungswissenschaftliche Forschung zwischen Zweck- und Wertrationalität. Überlegungen zum Normativitätsproblem der empirischen Unterrichtsforschung. *Zeitschrift für Soziologie der Erziehung und Sozialisation,* 31(1), S. 12–27.

Meseth, W. (2011b): *Unterrichtstheorien in Forschung und Lehre.* Bad Heilbrunn: Klinkhardt.

Meseth, W. (2013): Die Sequenzanalyse als Methode einer erziehungswissenschaftlichen Empirie pädagogischer Ordnungen. In: Friebersthäuser, B. & Seichter, S. (Hrsg.), *Qualitative Forschungsmethoden in der Erziehungswissenschaft.* Weinheim: Beltz, S. 63–80.

Meyer, M. (2010): Logik und Mystik des (entdeckenden) Lernens. *Mathematica didactica,* 33, S. 32–57.

Nassehi, A. & Irmhild, S. (2002): Kontingenz: Methodisch verhindert oder beobachtet? / Contingency: Methodically Eliminated or Observed? *Zeitschrift für Soziologie,* 31(1), S. 66–86.

Pomerantz, A. (1984): Agreeing and disagreeing with assessments. Some features of preferred/dispreferred turn shapes. In: J. Atkinson & J. Heritage (Hrsg.), *Structures of social interaction.* Cambridge: Cambridge University Press, S. 57–101.

Prediger, S. & Erath, K. (2014): Content, Interaction, or Both? Synthesizing Two German Traditions in a Video Study on Learning to Explain in Mathematics Classroom Microcultures. *Eurasia Journal of mathematics, science and technology education,* 10(4), S. 313–327.

Reichertz, J. (1993): Abduktives Schlußfolgern und Typen(re)konstruktion. In: T. Jung & S. Müller-Doohm (Hrsg.), *»Wirklichkeit« im Deutungsprozess. Verstehen und Methoden in den Kultur- und Sozialwissenschaften.* 2. Aufl. Frankfurt am Main: Suhrkamp, S. 258–282.

Riegel, U. & Macha, K. (2013): *Videobasierte Kompetenzforschung in den Fachdidaktiken.* Münster: Waxmann.

Schluß, H. (2007): *Indoktrination und Erziehung. Aspekte der Rückseite der Pädagogik.* 1. Aufl. Wiesbaden: VS.

Thiel, F., Richter, S. G. & Ophardt, D. (2012): Steuerung von Übergängen im Unterricht. *Zeitschrift für Erziehungswissenschaft,* 15(4), S. 727–752.

Wittmann, C. E. (1995): Aktiv-entdeckendes und soziales Lernen im Rechenunterricht – vom Kind und vom Fach aus. In: C. E. Wittmann. & G. N. Müller (Hrsg.), *Mit Kindern rechnen.* Frankfurt am Main: Arbeitskreis Grundschule, S. 10–41.

10 Transformationen im Unterricht? Bildende Erfahrungen im Unterricht empirisch erforschen[20]

Julia Lipkina & Douglas Yacek

10.1 Bildungsprozesse und Unterrichtsforschung

Unterricht als ›pädagogisches Geschehen‹ muss mit Benner bildende Erfahrungen von Schüler*nnen in der Auseinandersetzung mit den Gegenständen ermöglichen. Auch wenn sich bildende Erfahrungen zwar nicht intentional erzeugen lassen, stellt sich dennoch die Frage, wie diese Prozesse in der Auseinandersetzung mit Gegenständen, Sachverhalten und Problemstellungen durch die Unterstützung der Lehrkraft sowie mithilfe didaktisch konzipierter Lehr-Lernmittel ermöglicht werden können (vgl. ebd., S. 485). Die daraus hervorgehenden *Möglichkeitsräume bildender Erfahrungen* zu erforschen, ist Aufgabe erziehungswissenschaftlicher Forschung. Gleichwohl sind empirische Studien, die sich der Problemstellung eines Unterrichts, der bildend wirkt, widmen, eher rar gesät. In der Unterrichtsforschung dominieren vor allem Studien, die Bildung über den messbaren Output bestimmen, wobei die bildende Auseinandersetzung mit Gegenständen in den Hintergrund rückt.

Studien, die sich der qualitativen Unterrichtsforschung zuordnen lassen, und solche, die explizit nach Bildungsprozessen fragen (so kann Unterricht auch aus anderen Perspektiven in den Blick genommen werden: vgl. dazu: Geier & Pollmanns, 2016), haben gemeinsam, dass sie sich an einem Konzept von Bildung orientieren, das *Bildung als transformatives Geschehen* auffasst, welches durch Irritationen und Brüche Neufassungen und Neustrukturierungen von Selbst- und Weltverhältnissen evoziert (vgl. Koller, 2012). Die qualitativ-empirische Unterrichtsforschung untersucht daran anknüpfend die Ermöglichung bzw. die Verhinderung von Irritationen, Krisen, Fremdheits- oder Verstehenserfahrungen in unterrichtlichen Interaktionsprozessen (vgl. Reh, 2015, S. 330; Bähr et al., 2019). Der Blick in den Forschungsstand zeigt dabei, dass bildende Erfahrungen im Unterricht eher selten zu sein scheinen (vgl. Lübke et al., 2019, S. 177 ff.). Bildungsprozesse im Unterricht erscheinen als derart unwahrscheinliches Ereignis, dass sie sich – wenn überhaupt – ausschließlich unter besonderen Bedingungen empirisch rekonstruieren und pädagogisch hervorrufen lassen. Zur Erklärung dieser empirischen Schieflage wird neben der Infragestellung einer grundsätzlichen methodischen Zugänglichkeit zu Bildungsprozessen im Unterricht (bspw. über Sprache) diskutiert,

---

20 Der Beitrag ist eine gekürzte und z. T. abgeänderte Fassung der Publikation: Lipkina, J. & Yacek, D. (2023): Unterrichtliche Transformationsforschung – Formen bildsamer Erfahrungen im schulischen Unterricht – Formen bildsamer Erfahrungen im schulischen Unterricht. *Zeitschrift für Erziehungswissenschaft* 26, S. 1105–1127.

inwieweit es sinnvoll erscheint, von grundlegenden Veränderungen auszugehen und, ob empirische Rekonstruktion nicht eher niederschwelliger bei subtilen »Verschiebungen [...] des etablierten Verhältnisses zur Welt« ansetzen sollten (ebd., S. 200). Daran anknüpfend stellt sich unseres Erachtens jedoch auch die Frage, inwieweit das Ausbleiben von Bildung nicht in der defizitären Praxis des Unterrichts liegt, sondern eventuell das Resultat der Tatsache sein könnte, dass an das Unterrichtsgeschehen ein (relatives enges) Bildungsverständnis herangetragen wird, welches das Geschehen womöglich überhöht und der bildenden Qualität des Unterrichts nicht gerecht wird. Ist es sinnvoll, den Fokus nur auf Krisen[21] zu setzen und Bildung so auf *eine* Teilklasse der denkbaren Formen des Umgangs mit der Welt einzugrenzen, indes andere bildende Erfahrungen nicht in den Blick kommen (vgl. Fuchs, 2014; Krinninger & Müller, 2012)?

Denn durch die Verengung des Bildungsbegriffs gerät die Identitätsentwicklung von Schüler*innen und ihre pädagogische Unterstützung – weil mit dem transformatorischen Bildungsbegriff im Grunde nur die Infragestellung von Identität als bildungsrelevant betrachtet wird, aus dem Blick. Dabei stellt sich zudem die Frage, ob krisenhafte Identitätsumbrüche nur unter bestimmten Bedingungen (bspw. eine privilegierte Herkunft: Wischmann, 2010) produktiv genutzt werden und bei der Vielzahl von Schüler*innen eher zu Blockaden führen können, die einen persönlichen Zugang zum Gegenstand erschweren.

Damit einher geht auch die Frage, ab welchem Alter sich solch komplexen Bildungsprozesse überhaupt vollziehen können. So vermutet Wiezorek (2016), dass transformatorische Bildungsprozesse wohl frühestens im jungen Erwachsenenalter zu erwarten seien, indes Konstitutionsprozesse von Welt- und Selbstverhältnissen in Kindheit und Jugend nicht als Bildungsprozesse beschrieben werden können. Dies führt dazu, dass der Entwurf von Selbst- und Weltverhältnissen eher als Sozialisation oder Entwicklung theoretisiert wird.

> »Denn theoretisch setzt das Konzept der Bildung als Transformation von Selbst- und Weltverhältnissen die Formation eines wie auch immer gearteten Selbst-Welt-Verhältnisses bereits voraus [...]. Hier ist fraglich, inwiefern bzw. ab wann vorausgesetzt werden kann, dass Heranwachsende darüber verfügen« (ebd., S. 70).

Die einseitige vorherrschende Auffassung von bildenden Transformationen und die fehlende Reflexion darüber, dass auch weitere Formen transformativer Erfahrung sowohl möglich als auch wünschenswert sind, welche nicht immer das Zeichen von Irritation und Krise tragen, erscheint damit problematisch. Es kann bezweifelt werden, ob krisenhafte Erfahrungen alleiniger Anlass für persönlichkeitsbildende Prozesse sind, vielmehr ist denkbar, dass sie nur *einen* möglichen Anlass von Bildung repräsentieren (vgl. Lipkina, 2021). Geht man davon aus, dass der Prozess der Bildung nicht nur Veränderung, sondern auch den Aufbau und die Aufrechterhaltung von Selbst- und Weltverhältnissen impliziert (vgl. Marotzki, 1999, S. 58), ist zu fragen, wie diese verschiedenen bildungsstiftenden *Dynamiken* (vgl. Rucker, 2014) initiiert und empirisch beobachtet werden können.

---

21 Zwar wird im didaktischen Kontext von Irritationen und nicht existenziellen Krisen gesprochen, nichtsdestotrotz werden auch hier Bildungsprozesse von additiven und bestätigenden Lernformen abgegrenzt und als höherwertig klassifiziert.

Im Anschluss an diese Überlegungen möchten wir eine transformative Unterrichtsforschung vorschlagen, die auf einer *Integration unterschiedlicher bildenden Erfahrungen* (vgl. auch: Pugh, 2011) basiert. Dazu werden die Konzepte Artikulation, Resonanz und Aspiration vorgestellt, die unterschiedliche Formen transformativer Erfahrungen beschreiben und die sich dynamisch ergänzen können, aber auch jeweils für sich empirisch in Erscheinung treten können. Die Relationen wiederum machen deutlich, dass sich Bildung nicht auf *eine* Bildungsdynamik (vgl. Rucker, 2014) reduzieren lässt, sondern als *komplexes und mehrdimensionales Geschehen* konzipiert werden muss. Dieser Vorschlag beruht auf der Annahme der Offenheit von Bildungsprozessen, die in irgendeiner Form zu Veränderungen des Selbst- und Weltverhältnisses führen können, deren Ausgang aber letztlich nicht finalisiert werden kann.

»Die Bedeutsamkeit und Wirkung der Welt und die Ergebnisse der Bildung lassen sich nicht philosophisch oder gar in Bildungskritik bestimmen, sondern bedürfen der Realitätsvergewisserung« (Tenorth, 2016, S. 58).

10.2 Bildende Erfahrungen jenseits von Krisen

Im Folgenden werden drei Genres bildsamer transformativer Erfahrung vorgestellt und kritisch auf den Prüfstand gestellt, welche im letzten Jahrzehnt zwar an Aufmerksamkeit gewonnen haben, jedoch bisher keinen sicheren Eingang in die deutschsprachige Erziehungswissenschaft erzielen konnten: die Erfahrung der *Artikulation*, der *Resonanz* und der *Aspiration*. In jedem Fall geht es um einen bildsamen Erfahrungsprozess, welcher nicht nur einen vornehmlich konstruktiven Transformationsvorgang beschreibt, sondern auch phänomenologische Möglichkeiten zur Ingangsetzung von (transformativen) Bildungsprozessen jenseits von Krise und Irritation offenlegt.

10.2.1 Artikulation

In dem Verständnis von Charles Taylor steht der Begriff der Artikulation für die Entäußerung von starken Werten. Starke Werte verstehen sich als identitätsstiftender Rahmen, »innerhalb dessen ich von Fall zu Fall zu bestimmen versuchen kann, was gut oder wertvoll ist« (Taylor, 1994, S. 55). Sie sind primär und implizit in Form von moralischen Gefühlen wie Scham, Ehrfurcht oder Stolz zugänglich, die sich als emotionaler Ausdruck der Anerkennung bestimmter Werte verstehen lassen, ohne dass ein Bewusstsein über die Existenz dieser Maßstäbe vorhanden sein muss. Die Grundlage für starke Wertungen bildet die soziale Praxis, die Güter bereitstellt und damit den inhaltlichen Gehalt des jeweiligen Selbst- und Weltverhältnisses des Subjektes bestimmt. Starke Wertungen stellen eine *Positionierung* zu bestimmten kulturellen Gütern dar, wobei dadurch auch die Einführung *neuer, konstitutiver Formulierungen* (vgl. Taylor, 2017, S. 363) möglich wird.

Damit starke Wertungen handlungsleitend und letztlich zum Gegenstand transformativer Erfahrungen werden können, bedürfen sie einer (Selbst-)Vergewisserung, die sich nach Taylor als *Prozess der Entäußerung* vollzieht. Menschen sind damit nicht nur stark wertende Wesen, sondern verspüren auch das Bedürfnis nach »expliziten und reflexiven Selbstdeutungen«, indem sie fragen, »was eine Situation *wirklich* für sie bedeutet, was sie *wirklich* wollen, was *wirklich* gut oder wichtig ist etc.« (Rosa, 1998, S. 86; Hervorh. im Original). Ziel der Artikulation ist dabei die Herstellung eines (vorübergehenden) Gleichgewichts zwischen den handlungsleitenden Werten und ihrer reflektierten Vergegenwärtigung, bei der das Selbst versucht, sich in Übereinstimmung mit sich selbst adäquat zu artikulieren.

In diesen Versuchen der Artikulation steckt ein transformatives Moment. Denn auch wenn die Rede von der Verwirklichung eines Selbst ist, meint dies keinesfalls nur das *Gerechtwerden* einer wesensmäßigen Bestimmung. So geschieht eine Artikulation durch Rückgriff auf intersubjektive Medien, bei denen insbesondere die Sprache als reflexives und metareflexives Medium eine herausragende Rolle spielt. Auch wenn Taylor dabei der Sprache eine besondere Bedeutung zuweist, zeigt sich ein weites Verständnis von Artikulation und eine Vielfalt expressiver Möglichkeiten (wie Bilder, Gesten, Bewegungen u. a.), mit denen jeweilig andere und eigenlogische Optionen des Selbstausdrucks möglich sind (zur Multimodalität von Artikulationen vgl. auch: Jung, 2009).

Dabei bezieht sich die Transformation auf die *Übersetzung vom Impliziten ins Explizite* und stellt einen Bildungsprozess dar, in dem ein Selbst- und Weltverhältnis *eine neue Qualität* erfährt. Artikulationen sind in diesem Sinne nicht nur abbildend, repräsentativ, sondern zugleich auch *erschließend und schöpferisch*. Erst durch Rückgriff auf ein Medium kann etwas formuliert werden, das anfangs unvollständig oder konfus ist. Diese *Art* der Formulierung oder Reformulierung jedoch läßt ihren Gegenstand nicht unverändert. Etwas eine bestimmte Artikulation zu verleihen bedeutet, unser Verständnis von dem zu formen, was wir wünschen oder was wir in einer bestimmten Weise für wichtig halten (Taylor, 1992, S. 39).

Die treibende Kraft dieser Transformation kommt dabei (nicht unbedingt) von außen, sondern entspringt primär dem *inneren Bedürfnis nach der Steigerung der Artikuliertheit*. Dies wiederum erfordert einen *kulturellen Vorrat an Deutungsmustern*, auf den in der Artikulation zurückgegriffen wird. Artikulation nimmt, wie Taylor es schreibt, Bezug zu »frei stehenden Realitäten« (2017, S. 375). Schulische Gegenstände können damit den Zugang zu kulturellen Deutungsmustern bereitstellen und Schüler*innen dazu verhelfen, sich auf bestehende Werteinterpretationen beziehend zu artikulieren. So verweist Joas auf die Möglichkeit, sich über kulturelle Deutungsmuster einen Zugang zu Erfahrungen und Interpretationen zu eröffnen, die ohne sie nicht möglich wären: »Die Begegnung eines Menschen mit ihm bis dahin unbekannten Interpretationen kann eine längst vergangene Erfahrung in treffender Weise ausdrucksfähig machen« (vgl. Joas, 2002, S. 236). Dazu bedarf es eines Netzes öffentlich etablierter Weltdeutungen, die einen inspirieren, artikulierter und seiner sozialen Umwelt gerechter zu werden.

Deutlich wird, dass die Artikulationstheorie von Taylor einen gänzlich anderen Zugang zu transformativen Erfahrungen ermöglicht als die Konzeption von Bildung als krisenhaftes Geschehen. Mit ihr eröffnen sich alternative Perspektiven auf bildenden Unterricht und erlauben den Blick auf subtile Bildungsbewegung sowie die Verknüpfung von Selbstausdruck und der im Unterricht bereit gestellten kulturellen Deutungsmuster. Gleichwohl lassen sich in Bezug auf das Konzept auch Leerstellen und Begrenzungen formulieren: So fehlen konkrete Bestimmungskriterien zu den Gelingensbedingungen von Artikulationen, durch welche gelungene von misslungenen Artikulationsprozessen systematisch voneinander unterschieden werden könnten. Nach Taylor gelten als Bedingung für eine gelingende Artikulationen – neben der Authentizität im Sinne einer Übereinstimmung von starken Werten und ihrer Interpretation durch das jeweilige Individuum – Erfahrungen der *Anerkennung*, die er als Wertschätzung und Bestätigung von Artikulationen in der sozialen Praxis definiert (vgl. Rosa, 1998, S. 212 f.). Der Verweis auf Anerkennung ist einleuchtend, jedoch erweist er sich als unbefriedigend, weil Prozesse der Anerkennung grundsätzlich ambivalent und mit Unterwerfungspraktiken verbunden sein können (Bedorf, 2010; Butler, 2001). Zudem lassen sich auch bestärkende Erfahrungen denken, die *jenseits* intersubjektiver Prozesse der Anerkennung zu verorten sind. Darüber hinaus wird deutlich, dass eine Beschränkung auf die Taylor'schen Überlegungen den bildungstheoretisch interessierten Blick auf Versuche der Selbstthematisierung und -deutung allzu sehr eingrenzen würde.

10.2.2 Resonanz

Die Resonanztheorie Hartmut Rosas (2016) stellt eine weitere Möglichkeit dar, die Beschaffenheit und Bedeutung bildender Transformationen theoretisch zu erfassen. Resonanz beschreibt ein Verhältnis gegenüber und innerhalb der Welt, in der das Individuum eine besondere Form der Verbundenheit mit seiner Umgebung erfährt. Resonanz tritt dann auf, wenn sich das Individuum in einem *responsiven* Verhältnis zur Welt befindet – man reagiert *antwortend* auf seine Umgebung in dem Sinne, dass sich eine gegenseitige Wechselwirkung des Subjekts und dessen Erfahrungsraums vollzieht. Diese Wechselwirkung ist laut Rosa ein erstrebenswerter Zustand, eine als *gelingend* zu bezeichnende Weltbeziehung, da resonante Verhältnisse die Eigenschaften (oder *Stimmen*) aller Betroffenen in besonderer Weise zu bestärken vermögen. Das Individuum fühlt sich im Modus der Resonanz durch einen »vibrierenden Draht« (ebd., S. 24) zu seiner Umgebung verbunden, welche als eine Expansion oder Intensivierung seines Wertempfindens anerkannt wird. Diese Form der Verbundenheit soll von einer »Kontrolle« oder »Beherrschung« (ebd., S. 32) der Umgebung unterschieden werden, da solchen Weltbeziehungen der kooperative Charakter der Resonanz fehlt. Dabei soll sie gleichzeitig einen Gegenpol zu *entfremdeten und verstummten* Weltbeziehungen bilden.

Anverwandlung besteht nicht nur in einer Transformation des erfahrenden Subjektes, sondern auch in den Gegenständen, mit denen es sich antwortend auseinandersetzt. Eine erfolgreiche Anverwandlung im Rahmen einer Sportveranstaltung führt z. B. zum bekannten Gefühl, dass die verschiedenen dazugehörenden

Elemente – Mitspieler, Ball, Netz, sonstige relevante Spielgegenstände und -geräte – zu einem zusammenhängenden Ganzen werden. Man fühlt sich unmittelbar verbunden mit seiner Umwelt, jedoch nicht in Form eines Selbstverlustes oder einer Selbstauflösung, sondern im Sinne einer Ermächtigung und Bereicherung des Selbst. Wichtig ist, dass die Herstellung dieser ganzheitlichen Erfahrung nicht zwingend bessere Leistungen mit sich bringt. Der Wert und das Gut der Resonanz liegt nicht in dem, was aus der Tätigkeit der Anverwandlung gewonnen wird, sondern im (sich) anverwandelnden Erlebnis selbst.

Deutlich wird dabei, dass sich auch hier ein Moment der Transformation verbirgt, dem jedoch eine andere Qualität innewohnt als einer Transformation durch Artikulation. Wie Artikulation enthält Resonanz eine *positive Erfahrungsqualität*, sie verweist aber zugleich darüber hinaus auf ein pathisches Moment des Ergriffenwerdens. Auf diese Weise wird sowohl das Subjekt als auch die Welt transformiert und in eine reziproke Beziehung zueinander gebracht, welche eine starke leibliche Empfindungsdimension aufweist

Somit steckt ein großes Potential in der forschungspraktischen Bedeutung der Resonanztheorie, welches sich vor allem in der Ergänzung zur Artikulationstheorie äußert. Den Bezug zu Taylor stellt Rosa her, indem er darauf verweist, dass Resonanz ohne Bezug zu starken Wertungen nicht denkbar sei: Resonanz gelingt mit Weltausschnitten, die ihre Werte in sich selbst tragen und nicht einfach nur als nützlich oder praktisch erscheinen (vgl. Rosa, 2016, S. 622.) So liefert schließlich das Resonanzkonzept eine Orientierung, um feststellen zu können, welche Artikulationsprozesse als gelungen oder misslungen betrachtet werden können. Ein Artikulationsversuch ist demnach als gelungen zu bewerten, wenn der Lernende eine antwortende Haltung gegenüber der Erfahrungsdomäne, die die Artikulation betrifft, nun (besser) einnehmen kann. Wenn eine Schülerin etwa versucht, eine Erfahrung anhand des Begriffs der *Konsumgesellschaft* neu zu interpretieren und dazu sensibilisiert wird, ökologischer zu leben und eine reichhaltige Beziehung zur Natur zu pflegen, ist dies eine resonanzbegünstigende Artikulation. Wenn ein Schüler oder eine Schülerin demgegenüber vor der Ubiquität des Konsumdenkens und -verhaltens in zeitgenössischen Gesellschaften in Verlegenheit und Resignation gerät, dann muss zwingend (ohne weitere Informationen) von einem misslungenen Artikulationsversuch gesprochen werden.

Gleichzeitig kann die Resonanzidee weitere Phänomene des Lernens und der Welterschließung begreifen, die nicht vornehmlich sprachlich-artikulativer Art sind. Wenn man mit neuen Begriffen, Perspektiven, Werten und Denkformen konfrontiert wird, weist z. B. die Erfahrung oft weitere phänomenologischen Facetten auf, die sich (zunächst) in nicht-sprachlicher, meta-artikulativer Art äußern, etwa Erfahrungen der Faszination, des Staunens oder der Inspiration. Durch die resonanztheoretische Brille kann z. B. die Körperhaltung der Schüler*innen im Unterricht relevant werden – somit wird das faszinierte Sitzen am Rande des Stuhls mit glänzenden Augen oder ein ermüdetes Zurücklehnen mit einem gelangweilten Blick ebenso wie ein aufgeregtes Unterhalten oder ein abwesendes, gar abgelenktes Quatschen zu wichtigen Indizien, die ebenso zu einer umfassenden Forschungsperspektive gehören, welche unterrichtliche Transformationen begreifen und rekonstruieren soll.

Auch wenn die Artikulations- und Resonanztheorien vielversprechend miteinander vereinbar sind, reichen sie nicht aus, um das Transformative des Lehrens und Lernens vollumfänglich zu begreifen. So zeigt sich im Anschluss an die Überlegungen von Rosa, dass das *Fehlen* von Resonanz nicht immer ein Zeichen von einem misslungenen Erfahrungsprozess ist. Vor allem in unterrichtlichen Kontexten ist eine Perspektive notwendig, die den Stellenwert von z.B. Herausforderung, Anstrengung und Selbstüberwindung anerkennen kann, welche noch nicht in resonanter Form erlebt werden können. Insbesondere, wenn es darum geht, den bisherigen Erfahrungshorizont zu dehnen und zu erweitern, wird man nicht immer von vollständigen Resonanzerlebnissen reden können. Lernende werden etwa Zeit und Unterstützung brauchen, bis sie die Lösung einer schwierigen Problemstellung in der Analysis als eine Resonanzquelle oder auch als eine Gelegenheit zur Selbstartikulation empfinden können. Notwendig erscheint also ein theoretisches Vokabular, das zwischen *transformationsbegünstigenden* und *transformationshemmenden* Begegnungen mit Herausforderungen und Lernhindernissen unterscheiden kann.[22]

10.2.3 Aspiration

Ein weiteres, bildungsbedeutsames Genre transformativer Erfahrung wird durch den Begriff der Aspiration erhellt. Laut Agnes Callard (2018) steht der Aspirationsbegriff für »die charakteristische Form der Handlungsfähigkeit, welche auf Werteaneignung ausgerichtet ist« (ebd., S. 4f.). Er deutet auf den Erfahrungsprozess, wodurch der intrinsische Wert einer Aktivität oder Lebensform erkannt und daran anschließend weiterverfolgt wird. Aspiration ist somit eine Form des Strebens bzw. des Anstrebens, jedoch nicht nach einem bereits vorgeplanten Ziel oder Gut. Sie bezeichnet eine Erweiterung dessen, was für uns überhaupt als erstrebenswerte Ziele und Güter zählen. Wenn etwa das erstmalige Hören einer Komposition von Tárrega zu dem Beschluss führt, das Spiel der Gitarre zu erlernen; wenn das Erleben eines Gemäldes von Albrecht Dürer veranlasst, dass man sich nun selbst an der Malerei versuchen möchte; oder wenn das Erblicken der Notlage und Würde eines Menschen in ein ehrenamtliches Engagement in der Bahnhofsmission mündet – dann erfährt man ein Bewegt-sein durch diese aspirative Form des wertgebundenen Strebens.

Laut Callard geht mit dem In-Erscheinung-Treten und Erkennen von Wert bei aspirativen Prozessen einher, dass man die bisherige Bewertungsperspektive als eingeengt, korrumpiert oder defektiv erlebt. Aspiration entwächst also nicht nur der Inspiration durch einen Wert, sondern zugleich einem »Bewusst[sein] der Defekti-

---

22 Darüber hinaus bleibt unklar, ob die Resonanzerwartung das einzige Kriterium bilden soll, um die Beschäftigung mit einer Praktik oder Aktivität zu rechtfertigen. Warum ist der Schulalltag nicht mit Aktivitäten wie Tanzen, Singen oder Sport treiben gefüllt, die scheinbar deutlich zielsicherer zur Resonanz führen, als das Lernen in akademischen Disziplinen? In welchen Erfahrungsdomänen soll nach Resonanzerfahrungen gesucht werden, in welchen nicht? Warum verdienen manche Resonanzerfahrungen eine besondere Beachtung? Und wenn Resonanz bei einer bestimmten Aktivität empfunden wird, wie kann diese wiederholt hergestellt werden?

vität in Bezug auf das Verständnis des relevanten Werts« (ebd., S. 226). So verfügen Aspiranten über zwei Beweggründe für ihre Bemühungen: erstens die »proleptische« Motivation (ebd., S. 68), welche an die erwarteten Vorteile und Möglichkeiten des angestrebten Gegenstandes gebunden ist, zweitens die negative Motivation, dass der Aspirationsprozess sie allmählich aus ihrem nun problematisch erscheinenden Bewertungsstadium befreit. Das Besondere an dem Begriff der Aspiration ist also, dass eine Diskrepanz zwischen unserem jetzigen Werterahmen und dem, der den neuen Wert integrieren würde, eröffnet wird. Diese anfängliche Diskrepanz und Distanz zum Wert *motiviert*, da sie an einem Gegenstand ausgerichtet ist, der nun als wert-*voll* empfunden wird. Aspiration folgt also auf die Hoffnung, dass durch die Auseinandersetzung mit dem aspirativen Gegenstand unser Leben mit Wert erfüllt(er) wird.

Aspiration lässt sich somit anhand vier zentraler Merkmale bestimmen. Sie entsteht erstens aus einer *Andeutung von Wert*. Diese Andeutung – welche als eine Art Resonanzerlebnis ausgelegt werden kann – setzt zwar den wertgebundenen Aneignungsprozess in Gang, genügt aber nicht, um den neu erkannten Wert vollumfänglich zu erschließen. So ist die Andeutung von Wert mit einem weiteren Merkmal aspirativen Werterlernens eng verknüpft: *das Erkennen einer ethischen Distanz*. Man konfrontiert die Tatsache, dass die Erschließung von Wert *Arbeit* erfordert. Diese Arbeit an sich selbst umfasst jedoch nicht nur Übung und Wiederholung, sie setzt eine Transformation voraus, um zu dem ersehnten Wert zu gelangen. Dieses dritte Merkmal – *das Erkennen einer ethischen Differenz* – ist notwendig, um erstens den Einfluss des bestehenden (und nun als eingeschränkt wahrgenommenen) Werterahmens zu lockern, zweitens um die neuen Aufgaben, Beziehungsformen und Perspektiven des aspirativen Objekts anzueignen. Da solch aspirativen Transformationen schwierig und fast unvermeidlich mit Rückschlägen verbunden sind, beinhaltet Aspiration auf individueller Ebene einen *Entschluss zum Anders-Werden*, welcher auch durch bedeutsame Beziehungen mit anderen unterstützt werden muss.

Obwohl der Aspirationsbegriff im Rahmen einer Debatte zu Fragen rationaler Handlungsfähigkeit in der Philosophie entstanden ist (vgl. Paul, 2014; 2015) und in der obigen Form bloß skizzenhaft dargestellt wurde, liegt auf der Hand, dass er auch als pädagogische Kategorie aufgefasst werden kann. Denn der Wert von Unterrichtsinhalten ist für Lernende anfangs oft schwer zu greifen, auch bei *optimalen* Lehr- und Lernbedingungen. Der Aspirationsbegriff kann dazu genutzt werden, um den psychologischen Prozess zu beschreiben, durch den Lernende die anfängliche Fremdheit des Lernstoffs überwinden und schließlich als Bereicherung der »Qualität der unmittelbaren, alltäglichen Erfahrung« (Pugh, 2002, S. 1101) erkennen können. Lernen ohne Aspiration, d.h. ohne eine als bedeutsam empfundene und dadurch motivierende Verbindung zum intrinsischen Wert des Lernstoffs, führt – wie Pugh in einer Reihe von empirischen Studien zu »transformative experience« in naturwissenschaftlichem Unterricht belegt hat (z.B. 2010a, b) – zu einer oberflächlichen oder rein pragmatischen Beziehung zu fachlichen Lerninhalten. In diesem Fall sind Lernende an extrinsische Belange wie Noten, Abschlüsse oder Karriereaussichten gebunden oder erhalten nur flüchtige Einblicke in intrinsische Wertquellen, die ihnen schnell wieder entgleiten. Wenn der Aspirationsbegriff die Art und Weise erklären kann, wie Lehrkräfte einen dauerhaften Kontakt mit den intrinsischen Wertquellen ihrer Disziplinen herstellen können, dann weist dies auf eine der zentralen Aufgaben eines bildungsorientierten Unterrichts hin.

Eine zweite und vielleicht noch grundlegendere Verbindung zwischen Aspiration und pädagogischer Praxis betrifft die Art und Weise, wie der Aspirationsbegriff die Beziehung und Interaktion zwischen Lehrer*innen und Schüler*innen aufgreift. Der Blick durch die Brille der Aspiration sensibilisiert dafür – und dies ist auch für dessen Rolle als empirische Heuristik wesentlich –, dass Lehrkräfte eine Verbindung zum intrinsischen Wert fachlicher Bildungsinhalte herstellen müssen, um aspirative, statt bloß ambitiöse Lernprozesse in Gang zu setzen. Die zuvor herangetragene Unterscheidung zwischen intrinsischen und extrinsischen Wertquellen ist hier eigentlich zu unscharf, um solche Vermittlungsprozesse empirisch beschreiben und beobachten zu können. Eine aspirative Wertevermittlung impliziert eine *existentielle* Verbindung zu intrinsischen Wertquellen. Fachliche Lerninhalte müssen der These nach von Lernenden als wertvoll im Sinne einer Vertiefung ihrer Wahrnehmung und Bereicherung ihres Erfahrungshorizonts empfunden werden, sodass sie auch entschlossen sind, den Wert der Lerngegenstände weiterzuverfolgen und sich dabei zu verändern. Anders gesagt: die vier Merkmale aspirativer Erfahrung deuten auf potenziell beobachtbare Momente der Lernsituation hin, die erlauben, den aspirativen Charakter der Lehrer-Schüler-Interaktion zu rekonstruieren.

10.3 Implikationen für die Unterrichtsforschung

In der Skizze der verschiedenen Möglichkeiten bildender Erfahrung wurde deutlich, dass der Begriff der Artikulation für *Versuche des Selbstentwurfs* steht, in denen starke Wertungen im Anschluss an fachliche Gegenstände als Medien der Selbstverständigung gedeutet und präzisiert werden. Resonanz wiederum steht für *positive, bestärkende Erfahrungen der Selbstwirksamkeit*, die aus der gelungenen Artikulation heraus entstehen können. Die Resonanztheorie beschreibt somit einen wünschenswerten Zustand der Weltbeziehung, die prinzipiell durch die Auseinandersetzung mit Unterrichtsinhalten entstehen kann. Aspiration indes beschreibt die Form der Motivation, die es ermöglicht, Begegnungen mit Herausforderung und Schwierigkeit, aber auch mit der Neuartigkeit akademischer Inhalte, zu gelingenden Resonanzerfahrungen und Artikulationen zu verwandeln. Damit kann der Aspirationsbegriff die Resonanztheorie und den Artikulationsbegriff in entscheidender Weise ergänzen. Er gibt Auskunft darüber, welche psychologischen Bedingungen vorhanden sein müssen, damit Resonanz als eine bestehende Beziehung zur Welt (und zum Unterrichtsstoff) entstehen kann. Das gleiche gilt für die Artikulationstheorie: Artikulationen sind dann sinnvoll, sofern sie an den Werten gekoppelt sind, die im jeweiligen fachlichen Kontext vorhanden sind.

Mit diesen drei Begriffen kommen schließlich weniger irritierende Momente oder ein Scheitern in den Blick, sondern ideenreich gestaltete fachliche Kontexte und Arrangements, die es erlauben, in der Auseinandersetzung mit Gegenständen Präferenzen und Wertungen zu artikulieren und erproben zu können. In der Beobachtung unterrichtlicher Interaktionen können damit unterschiedliche bildungsbedeutsame Dimensionen in ihrem Zusammenspiel empirisch in den Blick genommen werden und analysiert werden, welche Bedingungen für Bildungsprozesse bei der gemeinsamen Strukturierung der Unterrichtssituation (vgl. Blumer, 1969) durch die Lehrkräfte und die Schüler*innen geschaffen werden.

Mit der Taylor'schen Artikulationstheorie kann der Blick für das Austesten und Ausprobieren von für den Lernenden neuer Begrifflichkeiten und theoretischer Perspektiven geschärft werden, und zwar prinzipiell in allen schulischen Lernfächern (vgl. auch Giesinger, 2010). Solche sprachlichen Experimente sind nicht nur als Übungsformen zu verstehen, die zu gesteigertem Wissen im relevanten Feld führen. Vielmehr stellen sie einzigartige Gelegenheiten für transformative Artikulationsversuche dar, wenn sie pädagogisch angemessen unterstützt werden (vgl. Pugh, 2011).[23]

Das Konzept der Resonanz lenkt den empirischen Blick auf die emotionale Komponente des Lernens und affektive Reaktionen. Emotionen und Gefühle sind die Voraussetzung für das Erleben von Sinn und eine wichtige Möglichkeit, subjektive Bezüge zu Lerninhalten herzustellen (vgl. auch Huber, 2018). Der Resonanzbegriff kann in pädagogischen Kontexten dafür sensibilisieren, dass schulische Bildungsprozesse Erfahrungsräume benötigen, in welchen ganzheitliche Auseinandersetzungen und Erlebnisse mit fachlichen Lerninhalten ermöglicht werden. Resonanz steht sowohl für eine bestimmte Qualität der Lehrer-Schüler-Beziehung als auch der Beziehung zum Gegenstand.

> »In Resonanzbeziehungen haben Schüler und Lehrende Kontakt zueinander, die Lehrenden können sich für die Sache begeistern und zwischen den Schülern und der Sache findet etwas statt, das Wolfgang Klafki als ›Erschließung‹ genannt hat« (Beljan & Winkler, 2019, S. 57).

Der Aspirationsbegriff kann schließlich dazu genutzt werden, um den psychologischen Prozess zu beschreiben, durch den Lernende die anfängliche Fremdheit des Lernstoffs überwinden und schließlich als Bereicherung der »Qualität der unmittelbaren, alltäglichen Erfahrung« (Pugh, 2002, S. 1101) erkennen können. Lernen ohne Aspiration, d. h. ohne eine als bedeutsam empfundene und dadurch motivierende Verbindung zum intrinsischen Wert des Lernstoffs, führt – wie Pugh in einer Reihe von empirischen Studien zu »transformative experience« in naturwissenschaftlichem Unterricht belegt hat (z. B. 2010a, b) – zu einer oberflächlichen oder rein pragmatischen Beziehung zu fachlichen Lerninhalten. In diesem Fall sind Lernende an extrinsische Belange wie Noten, Abschlüsse oder Karriereaussichten gebunden oder erhalten nur flüchtige Einblicke in intrinsische Wertquellen, die ihnen schnell wieder entgleiten. Wenn der Aspirationsbegriff die Art und Weise erklären kann, wie Lehrkräfte einen dauerhaften Kontakt mit den intrinsischen Wertquellen ihrer Disziplinen herstellen können, dann weist dies auf eine der zen-

---

23 Dies gilt natürlich nicht nur für Artikulationsversuche im Medium der Sprache, sondern gleichermaßen auch für kreativ-ästhetische Versuche des symbolischen Selbstausdrucks durch bspw. Sport, Kunst oder Musik, die Möglichkeiten bieten (vgl. Mollenhauer, 1994).

tralen Aufgaben eines bildungsorientierten Unterrichts hin. Hier geht es also um die Gestaltung motivationsfördernder Lernumwelten und den intrinsischen Wert unterrichtlicher Aktivitäten.

Den hier nur angedeuteten Relationen und Wechselwirkungen zwischen diesen Dimensionen gilt es dann in empirischen Studien mit Blick auf ihre empirische Konkretisierung in schulischen Interaktionsprozessen nachzugehen, wobei ein methodischer Zugang erforderlich ist, der mit einer *gleichschwebenden Aufmerksamkeit* (Freud) für unterschiedliche Momente von Bildung sensibel ist und schließlich: nicht zu vergessen auch Irritationen durch die Dignität der Praxis selbst zulässt. Hier lässt sich an bereits bestehende ethnografische, multimethodische Zugänge anknüpfen, die unterschiedliche Dimensionen von Bildung in ihrer sprachlichen, aber auch leiblichen Dimensionen in den Blick nehmen können und der Möglichkeit von Bildung im Unterricht in ihrer Komplexität ein Stück weiter näher zu kommen erlauben.

Literatur

Bähr, I., Gebhard, U., Krieger, C., Lübke, B., Pfeiffer, M., Regenrecht, T., Sabisch, A. & Sting, W. (2019): *Irritation als Chance. Bildung fachdidaktisch denken.* Wiesbaden: VS.
Bedorf, T. (2010): *Verkennende Anerkennung. Über Identität und Politik.* Frankfurt am Main: Suhrkamp.
Beljan, J. & Winkler, M (2019): *Resonanzpädagogik auf dem Prüfstand: Über Hoffnungen und Zweifel an einem neuen Ansatz.* Weinheim: Beltz.
Benner, D. (2015): *Erziehung und Bildung! Zur Konzeptualisierung eines erziehenden Unterrichts, der bildet.* Zeitschrift für Pädagogik 61(4), S. 481–496.
Blumer, H. (1969): *Symbolic interactionism.* Prentice-Hall, NJ: Englewood Cliffs.
Butler, J. (2001): *Psyche der Macht: das Subjekt der Unterwerfung.* Frankfurt am Main: Suhrkamp.
Callard, A. (2018): *Aspiration: The Agency of Becoming.* New York: Oxford University Press.
Fuchs, T. (2014): »Das war das Bedeutendste daran, dass ich mich so verändert habe.« Mit Ehrgeiz und Ansporn über Umwege zum Ziel – der ›Bildungsweg‹ Hakans Oder: Ist jede Transformation von Welt- und Selbstverhältnissen sogleich bildungsbedeutsam? In: H.-C· Koller & G. Wulftange, G. (Hrsg.), *Lebensgeschichte als Bildungsprozess?* Bielefeld: transcript, S. 127–151.
Geier, T. & Pollmanns, M. (2016): *Was ist Unterricht? Zur Konstitution einer pädagogischen Form.* Wiesbaden: VS.
Giesinger, J. (2010): Bildung als Selbstverständigung. *Vierteljahrsschrift für wissenschaftliche Pädagogik* 86(3), S. 363–375.
Huber, M. & Krause, S. (2018): *Bildung und Emotion.* Wiesbaden: VS.
Joas, H. (2002): *Die Entstehung der Werte.* Frankfurt am Main: Suhrkamp.
Jung, M. (2009): *Der bewusste Ausdruck. Anthropologie der Artikulation.* De Gruyter: Berlin/New York.
Krinninger, D. & Müller, H.-R. (2012): Hide and Seek. Zur Sensibilisierung für den normativen Gehalt empirisch gestützter Bildungstheorie. In: I. Miethe & H.-R. Müller (Hrsg.), *Qualitative Bildungsforschung und Bildungstheorie.* Opladen: Budrich, S. 57–75.
Koller, H.-C. (2012): *Bildung anders denken. Einführung in die Theorie transformatorischer Bildungsprozesse.* (1. Aufl). Stuttgart: Kohlhammer.
Lipkina, J. (2021): Bildung und Transformation ›anders denken‹. Über die Bedeutung positiver Erfahrungen für Bildungsprozesse im Anschluss an Charles Taylor. *Zeitschrift für Pädagogik* 67(1), S. 102–119.

Lipkina, J. & Yacek, D. (2023): Unterrichtliche Transformationsforschung – Formen bildsamer Erfahrung im schulischen Unterricht. *Zeitschrift für Erziehungswissenschaft*, 1–23, S. 1105–1127.

Lübke, B., Bähr, I., Gebhard, U., Krieger, C., Pfeiffer, M., Regenbrecht, T., Sabisch, A. & Sting, W. (2019): Zur empirischen Erforschbarkeit von Irritationen im Fachunterricht. Forschungsstand und method(olog)ische Überlegungen. In: I. Bähr, U. Gebhard, C. Krieger, B. Lübke, M. Pfeiffer, T. Regenrecht, A. Sabisch & W. Sting (Hrsg.), *Irritation als Chance. Bildung fachdidaktisch denken*. Wiesbaden: VS, S. 177–220.

Marotzki, W. (1999): Bildungstheorie und Allgemeine Biographieforschung. In: H.H. Krüger & W. Marotzki (Hrsg.), *Handbuch erziehungswissenschaftliche Biographieforschung*. Opladen: Budrich, S. 58–67.

Mollenhauer, K. (1994): *Grundfragen ästhetischer Bildung. Theoretische und empirische Befunde zur ästhetischen Erfahrung von Kindern*. Weinheim: Juventa.

Paul, L. A. (2014): *Transformative experience*. Oxford: Oxford University Press.

Paul, L. A. (2015): Transformative choice: Discussion and replies. *Res Philosophica*, 92(2), S. 473–545.

Pugh, K. J. (2002): Teaching for idea-based, transformative experiences in science: An investigation of the effectiveness of two instructional elements. *Teachers College Record*, 104(6), S. 1101–1137. Columbia: Columbia University

Pugh, K. J. (2011): Transformative Experience: An Integrative Construct in the Spirit of Deweyan Pragmatism. *Educational Psychologist*, 46(2), S. 107–121.

Pugh, K. J., Linnenbrink-Garcia, L., Koskey, K. L., Stewart, V. C., & Manzey, C. (2010a): Motivation, learning, and transformative experience: A study of deep engagement in science. *Science Education* 94(1), S. 1–28.

Pugh, K. J., Linnenbrink-Garcia, E. A., Koskey, K. L. K., Stewart, V. C., & Manzey, C. (2010b): Teaching for transformative experiences and conceptual change: A case study and evaluation of a high school biology teacher's experience. *Cognition and Instruction* 28(3), S. 273–316.

Reh, S. (2015): Bildung als Zueignung – Zueignung statt Bildung? In: C. Leser & T. Pflugmacher (Hrsg.), *Zueignung. Pädagogik und Widerspruch* (S. 327–343). Opladen: Budrich.

Rosa, H. (1998): *Identität und kulturelle Praxis. Politische Philosophie nach Charles Taylor*. Frankfurt am Main: Campus.

Rosa, H. (2016): *Resonanz. Eine Soziologie der Weltbeziehung*. Frankfurt am Main: Suhrkamp.

Rucker, T. (2014): *Komplexität der Bildung. Beobachtungen zur Grundstruktur bildungstheoretischen Denkens in der (Spät-)Moderne*. Bad Heilbrunn: Klinkhardt.

Taylor, C. (1992): *Negative Freiheit. Zur Kritik des neuzeitlichen Individualismus*. Frankfurt am Main: Suhrkamp.

Taylor, C. (1994): *Quellen des Selbst. Die Entstehung der neuzeitlichen Identität*. Frankfurt am Main: Suhrkamp.

Taylor, C. (2017): *Das sprachbegabte Tier. Grundzüge des menschlichen Sprachvermögens*. Berlin: Suhrkamp.

Tenorth, E. (2016): *Die Rede von Bildung. Tradition, Praxis, Geltung – Beobachtungen aus der Distanz*. Stuttgart: Metzler

Wiezorek, C. (2016): (Keine) Bildungsprozesse bei Kindern, (aber), verlaufskurvenförmige Entwicklung und biographische Orientierungen. In: R. Kreitz, I. Miethe & A. Tervooren (Hrsg.), *Theorien in der qualitativen Bildungsforschung – Qualitative Bildungsforschung als Theoriegenerierung*. Opladen: Budrich, S. 61–82.

Wischmann, A. (2010): *Adoleszenz – Bildung – Anerkennung. Adoleszente Bildungsprozesse im Kontext sozialer Benachteiligung*. Wiesbaden: VS Verlag.

Verzeichnisse

Die Autorinnen und Autoren

Dr. Frank Beier ist wissenschaftlicher Mitarbeiter und Leiter des Graduiertenforums Lehrerbildung am Zentrum für Lehrerbildung, Schul- und Bildungsforschung an der TU Dresden.

Wolfgang Endres ist Referent in der Lehrerfortbildung, Sozialpädagoge und Theaterregisseur.

Marieke Schaper ist wissenschaftliche Hilfskraft in der Abteilung Schulpädagogik am Institut für Erziehungswissenschaft an der Eberhard Karls Universität Tübingen.

Prof. Dr. Pierre-Carl Link ist Professor für Erziehung und Bildung im Feld sozioemotionaler und psychomotorischer Entwicklung am Institut für Verhalten, sozioemotionale und psychomotorische Entwicklungsförderung der HfH Zürich.

Dr. Julia Lipkina ist wissenschaftliche Mitarbeiterin am Fachbereich Erziehungswissenschaften am Institut für Pädagogik der Sekundarstufe an der Goethe-Universität Frankfurt.

Prof. Dr. Michael May ist Professor für Didaktik der Politik am Institut für Politikwissenschaft an der Friedrich-Schiller-Universität Jena.

Sarah Prinz ist Masterstudentin an der Universität Wien.

Prof. Dr. Thomas Rucker ist Professor der Erziehungswissenschaft mit dem Schwerpunkt Erziehungs- und Bildungstheorie am Institut für Allgemeine Erziehungswissenschaft an der RPTU Kaiserslautern- Landau.

Prof. Dr. Henning Schluß ist Professor für Empirische Bildungsforschung und Bildungstheorie an der Fakultät für Philosophie und Bildungswissenschaft an der Universität Wien.

Dr. Michael Veeh ist wissenschaftlicher Mitarbeiter am Lehrstuhl für Deutschdidaktik sowie des Deutschen als Zweitsprache an der Ludwigs-Maximilians-Universität München.

Dr. Douglas Yacek ist hauptamtlicher Dozent für Ethik und interkulturelle Kompetenz an der Hochschule für Polizei und öffentliche Verwaltung NRW und wissenschaftlicher Mitarbeiter am Lehrstuhl für Allgemeine Erziehungswissenschaft an der TU Dortmund.